Wolfgang Eichler

Kommunikation und Sprache in der Wirtschaftswerbung

D1665303

Igel Verlag
Sprachwissenschaften

Wolfgang Eichler

Kommunikation und Sprache in der Wirtschaftswerbung

Ein Studienbuch

IGEL VERLAG

HAMBURG

Covergestaltung unter Verwendung eines Photos von www.photocase.com

Wolfgang Eichler

Kommunikation und Sprache in der Wirtschaftswerbung

1. Auflage 2009 | ISBN: 978-3-86815-134-3

© IGEL Verlag GmbH , 2009. Alle Rechte vorbehalten.

Die Deutsche Bibliothek verzeichnet diesen Titel in der Deutschen
Nationalbibliografie. Bibliografische Daten sind unter
http://dnb.ddb.de verfügbar.

Dieses Fachbuch wurde nach bestem Wissen und
mit größtmöglicher Sorgfalt erstellt. Im Hinblick
auf das Produkthaftungsgesetz weisen Autoren
und Verlag darauf hin, dass inhaltliche Fehler
und Änderungen nach Drucklegung dennoch
nicht auszuschließen sind. Aus diesem Grund
übernehmen Verlag und Autoren keine Haftung
und Gewährleistung. Alle Angaben erfolgen ohne
Gewähr.

Vorwort

Obwohl über Wirtschaftswerbung viel geschrieben wurde und wird und es auch periodische Veröffentlichungen (z. B. das Jahrbuch des Deutschen Werberats) gibt, ist die Zahl der Publikationen, die sich umfassend mit der Kommunikation und Sprache in der Wirtschaftswerbung befassen, gar nicht so groß. Außerdem stammen wesentliche Arbeiten bereits aus den späten 1960er Jahren (z. B. Ruth Römer *Die Sprache der Anzeigenwerbung* 1968) und den kritischen 1970er und 1980er Jahren, (z. B. Dieter Flader *Strategien der Werbung* 1974, Arman Sahihi und Hans D. Baumann, *Kauf mich!* 1987 oder die Arbeit von Manuela Baumgart zu den rhetorischen Mitteln von 1992). Den aktuellen sprachwissenschaftlich-philologischen Forschungsstand fasst am besten das Buch *Werbesprache* von Nina Janich (1. Auflage 2001) zusammen, nachdem schon Bernhard Sowinski 1998 mit seinem Büchlein *Werbung* vorangegangen war.

Die weiterführende Forschung in den 1980er und 1990er Jahren geschah eher in der Soziologie, z. B. zu Frauenbildern (Christiane Schmerl) oder Partnerstereotypen, z. B. in Heiratsanzeigen (Birgit Stolt und Jan Trost), in der Psychologie, (vgl. z. B. den bereits genannten Dieter Flader und Ingrid Bußmann, *Werbepsychologie* 1993), und im werbestrategischen Bereich, vgl. Gabriele Bechstein, Hans Jürgen Rogge oder Werner Kroeber-Riel.

Heutzutage finden wir insbesondere detailorientierte Forschungen zu ganz speziellen Fragestellungen vor, auch wenn die Titel manchmal einen umfassenderen Ansatz versprechen.

Es gibt eine schöne, allerdings schon etwas veraltete Bibliographie mit Kommentaren zu unserem Thema, erschienen 1997 im Julius Groos Verlag (Albrecht Greule und Nina Janich *Sprache in der Werbung*). Hier war ergänzend zu recherchieren.

Das vorliegende Buch soll mit einem weit gefassten Kommunikationsbegriff die gesellschaftlichen Grundlagen, die Erscheinungsformen der Wirtschaftwerbung und die wesentlichen Forschungsansätze anschaulich dokumentieren. Die Darstellung wird belegt mit vielen konkreten Beispielen aus Anzeigen, aber auch aus der Fernseh- und der bislang wenig beachteten Katalogwerbung. Ergänzt werden eigene Analysen, die zusammen mit Studierenden erarbeitet wurden und als Analysehilfen für das eigene Tun dienen können.

Es werden interessante Forschungsrichtungen in ihren Ansätzen nachgezeichnet, z. B. *Ist Werbung überhaupt Kommunikation* (Sprachhandlungstheorie, Franz Januschek 1976) oder Zeichentheoretisches (Roland Barthes u. a., *ikonische und ikonographische Botschaft*), Tiefenpsychologisches (*frühkindliche Reaktionsschemata*, Dieter Flader 1974) oder der explizit feministische Ansatz bei Christiane Schmerl (*Frauen, gesteckt in Zwangsjacken*), die jeweils spannend zu lesen sind und interessante Denkanstöße geben.

Hierin und durch die transdisziplinäre Weite unterscheidet sich das vorliegende Buch von anderen. Der Gegenstand der Wirtschaftswerbung kann, meiner Meinung nach, in einer einzigen Disziplin nicht adäquat behandelt werden. Vielmehr sind es die „Abbruchkanten und Übergänge" der einzelnen Disziplinen wie Soziologie, Psychologie oder Diskursforschung, an denen sich die interessantesten Fragestellungen finden lassen. Dazu gehört, gerade auch in der gegenwärtigen Wirtschaftskrise, die Erörterung von Fragen der Ethik und der Enkulturation von Wirtschaftswerbung.

Das Buch ist bewußt allgemeinverständlich geschrieben, es will auch in der Aufmachung und sprachlichen Ausführung ein wenig für sich selbst werben.

Das Buch ist zunächst einmal für Menschen bestimmt, die mit der Wirtschaftswerbung im Alltag mündig umgehen wollen. Es wendet sich demnach an alle, die dem Phänomen Wirtschaftswerbung eher reflektierend, als konsumierend, begegnen möchten.

Es werden auch Kolleg/innen an der Universität, Medienwissenschaftler/innen, Germanistikdozent/innen und vor allem auch Studierende sowie verantwortungsbewusste Werbetreibende darin Wesentliches finden. Und ein wenig sind auch Politiker/innen angesprochen, die Gesetze und Verordnungen zur Einschränkung oder Verbreitung von Wirtschaftswerbung machen.

Ein so breit aufgestelltes Buch wie dieses entsteht nicht ohne Mithilfe. Es ist in langjähriger, fruchtbarer Zusammenarbeit mit Studierenden in Seminaren zum Thema gewachsen. Ihnen sei vor allem Dank. Das Buch wäre aber auch nicht ohne die tatkräftige Mithilfe von Frau Constance Hoffmann entstanden. Sie hat nicht nur durch immer wieder kritische Anmerkungen praktisch das Lektorat übernommen, sondern darüber hinaus auch manche Recherche und die gesamte technische Aufbereitung.

Oldenburg und Waake im April 2009 Wolfgang Eichler

1. Einführung: Wirtschaftswerbung als Phänomen

Dass Wirtschaftswerbung in unserem Leben und in unserer arbeitsteiligen Wirtschaftsgesellschaft eine große, wenn nicht sogar eine dominierende Rolle spielt, ist mittlerweile ein Gemeinplatz. Wir wollen das Thema in drei Ansätzen behandeln: einmal kurz mit der Fragestellung „Was ist Wirtschaftswerbung?", dann mit einer Betrachtung über das Wirken von Wirtschaftswerbung in unserem alltäglichen Leben und schließlich anhand von Fakten und Zahlen.

1.1 Definition und Funktion

Schon 1887, als Werbung noch **Reklame** hieß, gab Cronau eine sehr genaue Definition davon, was Werbung ist, was sie will und wie sie wirkt (zitiert nach Rudolf Seyffert *Werbelehre* 1966, S. 4):

> „Man versteht unter Reclame im weiteren Sinne, durch irgendein Mittel, sei es durch Wort, Schrift oder eine That, Interesse für eine Sache, eine Person, einen Gegenstand oder ein Unternehmen zu erregen; im engeren Sinne versteht man darunter die empfehlende Anzeige, bei der im Unterschiede von der einfachen Annonce die Anwendung raffinierter Mittel zur Erweckung des öffentlichen Interesses wesentlich ist."

Weitere Definitionen sind Legion. So schreibt Carl Hundhausen in *Wirtschaftswerbung* 1963, S. 137:

„Werbung sind alle Äußerungen, die sich an diejenigen richten, deren Aufmerksamkeit zu gewinnen versucht wird.", und Rudolf Seyffert definiert in *Werbelehre* von 1966 auf S. 7:

> „Werbung ist eine Form der seelischen Beeinflussung, die durch bewussten Verfahrenseinsatz zum freiwilligen Aufnehmen, Selbsterfüllen und Weiterpflanzen des von ihr dargebotenen Zweckes veranlassen will."

Karl Christian Behrens (*Absatzwerbung* 1963, S. 12) grenzt den Bereich Wirtschaftswerbung dadurch aus, indem er das **Ziel des Absatzes** in den Vordergrund stellt:

„Absatzwerbung umfasst die verkaufspolitischen Zwecken dienende, absichtliche und zwangfreie Einwirkung auf Menschen
mit Hilfe spezieller Kommunikationsmittel."

Wolfgang Brandt (*Die Sprache der Wirtschaftswerbung* 1973, S. 19) definiert Wirtschaftswerbung so:

> „1. Der Werbende ist ein Unternehmen der Produktion, des
> Handels oder der Dienstleistung;
>
> 2. Die Objekte, für die geworben wird, sind Waren oder Dienst
> leistungen;
>
> 3. Das Ziel der Werbung ist der Kauf oder die entgeltliche Inan
> spruchnahme der Werbeobjekte, d. h. letztlich: der vom Wer
> benden direkt angestrebte Profit."

Susanne Eichholz (*Automobilwerbung in Frankreich* 1995, S. 14) definiert
Wirtschaftswerbung schließlich in Anlehnung an Gabriele Bechstein
(*Werbliche Kommunikation* 1987 S. 315) als werbliche Kommunikation, als
eine „an die Allgemeinheit gerichtete Kommunikation."

Das Thema Kommunikation und der zugrunde gelegte Kommunikationsbegriff werden uns in Kapitel 2.2 ausführlicher beschäftigen.

Wirtschaftswerbung ist eine Erscheinung, die nicht erst mit der Industrialisierung und der Entstehung einer arbeitsteiligen Wirtschaftsgesellschaft
ihren Anfang nahm (vgl. u. a. Günter Schweiger und Gertrud Schrattenegger *Werbung* 2005), es hat schon in der Antike und im Mittelalter
den Ausrufer und auch Arten von „Wandzeitungen" und Aufrufe für den
Erwerb von Waren und Dienstleistungen gegeben, und die werbliche Dekoration von Waren oder der Probeausschank waren längst gang und gäbe.

Die **Wirtschaftswerbung weitete sich mit der Industrialisierung und Arbeitsteilung** aber **erheblich aus.** Mit dem „Auseinandertreten" von Produzentinnen und Konsument/innen wurde es notwendig, systematisch
Waren und Dienstleistungen bekannt zu machen, sie anzubieten und für
den geregelten vorhersagbaren Absatz zu sorgen (zur neueren Geschichte der Werbung siehe Michael Kriegeskorte *100 Jahre Werbung im Wandel* 1995). Der Wettbewerb zwischen Produzent/innen gleicher oder ähnlicher Güter führte darüber hinaus zu einem **„Verdrängungswettbe**

werb", d.h. es wurde mehr und mehr nötig, überhaupt erst das **Bedürfnis, ein bestimmtes Produkt besitzen zu wollen, zu wecken**, sei es, dass die natürlichen Bedürfnisse bereits gedeckt waren, wenn man z. B. ein noch funktionierendes Produkt (z. B. ein Auto) besaß, oder sei es, dass für eine Ware überhaupt kein natürliches Bedürfnis bestand: *„Angebot schafft Nachfrage"* heißt es bei den Produzent/innen, und wer bewirkt die Nachfrage? Die Werbung.

So wurden die Methoden der Wirtschaftswerbung immer differenzierter, die Aufwendungen immer größer, und die aufkommenden Massenmedien, Printmedien und elektronischen Medien, gaben den Werbetreibenden neue Plattformen und Gestaltungsmittel einschließlich des bewegten Bildes und des Tons neben der Sprache. Dieter Flader (*Strategien der Werbung* 1974, S. 4) schreibt:

> „Die ökonomische Funktion der Werbung besteht darin, für die Massenproduktion der Großbetriebe in den industriell fortgeschrittenen Ländern einen relativ stabilen Markt bzw. Marktanteil zu sichern, ihn auszuweiten, und – wenn möglich – einen neuen Markt herzustellen."

Fassen wir zusammen:

Auf der (Ab)Senderseite hat Wirtschaftswerbung in unserer Konsumgesellschaft im Wesentlichen folgende Aufgaben/Funktionen:

- **Bekanntmachen** einer Ware oder Dienstleistung (Aufklärungs-, Informationsfunktion),
- Regelung des Zusammenhangs zwischen Waren- und Dienstleistungsproduktion und **Absatz** (Regelungsfunktion),
- **Bedürfnisweckung** für Waren und Dienstleistungen, soweit für diese kein natürliches Bedürfnis besteht (Innovationsfunktion),
- **Sicherung und Ausbau des Marktanteils** (Verdrängungswettbewerb),
- Erziehung zur **Markentreue** und **Pflege der Beziehungen** zum Kunden / zur Kundin (Marktpflege und Public Relations),
- Bewirkung gesellschaftlicher Veränderungen, **Trendsetting**, Vereinnahmung (siehe unten und Kapitel 5).

Dem entsprechen auf der Empfängerseite die folgenden kommunikativen Erwartungen und Funktionen:

- die Erwartung, Informationen zu erhalten,

- die Appellfunktion (Ich nehme an, dass die Wirtschaftswerbung mich beeinflussen will.), die Erinnerungs-/Bestätigungsfunktion (Ach, das kenne ich ja schon, gut, dass du mich daran erinnerst!), die Kaufaufforderung, heute meist indirekt als „Überredung" empfunden (persuasive Funktion) sowie zunehmend eine unterhaltende und lebensmitgestaltende Funktion.

1.2 Berührungspunkte in unserem Alltag

Wir leben in einer Zeit intensiver Wirtschaftswerbung. Werbung ist in unserer „Informationsgesellschaft" ein nicht wegzudenkender, lebens(mit)-bestimmender Faktor geworden. Wie weit allerdings die verschiedenen Erscheinungsformen der Wirtschaftswerbung (Näheres siehe Kapitel 2.4) bereits unser persönliches und unser gesellschaftliches Leben bestimmen – böse gesagt, wie weit unser Dasein bereits mit und von Wirtschaftswerbung „durchseucht" ist –, das machen sich die meisten „Wirtschaftsubjekte" (sind sie nicht eher Wirtschaftsobjekte, die Werbetreibenden wie die Umworbenen?) oft gar nicht klar. Dennoch gibt es dazu eine Reihe neuerer Studien u. a. von Hans A. Hartmann (Hrsg.) *Bilderflut und Sprachmagie* 1992, Rainer Gries, Volker Ilgen und Dirk Schindelbeck *Ins Gehirn der Masse kriechen!* 1995, Herbert Willems *Die Gesellschaft der Werbung* 2002, Guido Zurstiege *Werbeforschung* 2007.

Dazu ein kleiner Selbstversuch:

Versuchen Sie, lieber Leser, liebe Leserin, einmal, in den zwei Morgenstunden vom Zähneputzen über die Frühstückssendung einschließlich des Weges zur Arbeit minutiös die Zahl und Art der Werbungen zu protokollieren – den Werbeaufdruck auf der Zahnpastatube ebenso wie den auf der Cornflakes-Tüte, weiter die pseudoredaktionellen Teile und die Anzeigen in der Morgenzeitung, die Prospektbeilagen darin, die Werbespots im Rundfunk oder im Frühstücksfernsehen, die Werbeplakate und Leuchtschriften auf dem Weg zur Arbeit, die Schaufensterdekorationen usw. –, dann werden Sie das Ausmaß der Wirtschaftswerbung in Ihrem Leben unschwer begreifen. Sicher haben Sie gut gezählt, aber ganz gewiss sind Sie nicht auf die Zahl gekommen, die der Spiegel in Heft 52, 1992 in einem Beitrag von Cordt Schnibben, *„Die Reklamerepublik"*, S. 115 in einer großen Recherche zum Thema Werbung konstatierte:

„Wer mit dem Funkspot wach wird, frühstückt und seine Tageszeitung liest, zur Arbeit fährt, im Job Radio hört, eine Zeitschrift
liest und abends fernsieht, der nimmt jeden Tag 1.200 Werbebotschaften mit ins Bett [...]. 436.000 Hörfunkspots wurden
1991 gesendet, 328.000 Fernsehspots füllten die Bildschirme,
220.000 mehr als fünf Jahre davor."

Das ist heute, auch durch das Auftauchen ganz neuer interaktiver Werbeformen (Internet), nicht weniger geworden.

„Wo sich die Werbung mit dem Leben kreuzt" lautet der Titel eines Aufsat-
zes, den ein Werbetreibender (Wolfgang Pauser) vor gut 10 Jahren (am
15.08.1997) in der Wochenschrift Die Zeit publizierte: In eher künstlerischen, witzigen Beispielen wird hier werbetypisch locker-flockig über den
Bezug zwischen Wirtschaftswerbung und dem Leben geschrieben, nicht
so, dass eine Botschaft *„Werbung ist Leben"* herüberkommt, eher Zufälli-
ges, künstlerisch Interessantes wird zusammengepackt. Aber noch ist alles recht optimistisch: Werbung ist prima.

Viel ernster sind zwei Beiträge in derselben Zeitung nur knapp zehn Jahre
später über das so genannte **Wohlstandsparadox**: Ab einem gewissen
Wohlstand erfüllt uns der Konsum nicht mehr mit Glück. Sicherlich ken-
nen Sie die Erfahrung, dass Sie sich etwas Langgewünschtes gekauft haben und just in diesem Augenblick haben Sie keine Freude mehr daran. In
Die Zeit vom 19.12.2007, S. 15-17 gibt es zwei Artikel, der eine, *„Vom
Glück der Erleuchtung"*, von der Redakteurin Iris Radisch und der zweite,
„Wir wissen nicht mehr, was wir haben", ein Interview mit dem Soziologen
Hartmut Rosa, der auch das bekannte Buch *Beschleunigung. Die Veränderung der Zeitstrukturen in der Moderne* (2006) geschrieben hat, in denen
von der geradezu „glücksvernichtenden Beschleunigung" unseres Lebens
durch Überkonsum, veranlasst u. a. durch die Glücksversprechen der
Werbung und den rasenden Durchlauf von Waren und kommerziellen Er-
lebnisangeboten in unserem Leben, die Rede ist. Daraus zwei Zitate:

Zunächst eines von der Redakteurin Iris Radisch (S. 16):

„Das Selberleben ist [...] ein unverzichtbarer Grundbaustein für
die Entwicklung von Intelligenz und des Glücksgefühls [...]. Und
anhaltende Befriedigung kann uns die Vielzahl der Erlebnisse,
auch der Kauf- und Bildschirmerlebnisse, erst dann verschaffen,
wenn sie sich mit unserem Leben so verknüpfen, dass echte Erfahrungen daraus erwachsen [...]. Konsumkritik ist heute nötig,

um sich selber vor der Welt und ihren rasenden Warenströmen in Sicherheit zu bringen und überhaupt wieder Spaß an Einkäufen zu haben [...]. Auf der aussichtslosen Suche nach dem anhaltenden Warenglück kaufen wir immer mehr in immer kürzeren Intervallen. Wobei die meisten Käufe nicht mehr der Lustbefriedigung dienen [...], sondern der Statusvermehrung."

Sodann ein Zitat aus dem Interview mit Hartmut Rosa:

„Wir kaufen alle immer mehr. Es gibt kaum jemand, der nicht zwanghaft konsumiert. Ich auch. Ich kaufe zwanghaft CDs, bei anderen sind es Klamotten, Schuhe, Brillen. Viele Männer, die behaupten, immun zu sein, kaufen sich ständig neue Bohrer oder Schraubenzieher. [...] Je mehr ich mir kaufen kann, je kürzer hält die Befriedigung [...]. Wir müssen von dem, was wir gekauft haben, enttäuscht werden."

Hierzu die folgenden Ergänzungen des Autors:

In den Schränken der Frau des 1986 vertriebenen, philippinischen Diktators Ferdinand Marcos soll man 429 Paar Schuhe gefunden haben. Und: **Es gibt das Störungsbild der Kaufsucht**, im Volksmund auch Kaufrausch genannt. In diesem Zusammenhang hat der Autor einst einen Mediziner beraten, der Immobilien sammelte, bis er pleite war, dann erst kam er zur Beratung. Oder: Konzernvorstände – Manager als Millionen-Sammler, die Gehälter dienen als Statussymbol?

Heute wird wieder die Frage gestellt: **Sollte man das Geldverdienen und das Waren-Besitzen nicht einfach auf das beschränken, was man wirklich ausgeben bzw. verwenden und gegebenenfalls beherrschen kann?** Wahrhaftig, das durch Werbeglücksversprechen und die Mehr-Mehr-Ideologie unseres Wirtschaftssystems verursachte Wohlstandsparadox ist oft mehr Qual als Freude und Glück, und eine Kulturelite von immerhin ca. 15 Millionen Menschen beginnt, sich zu „entschleunigen", vor allem im Warenkonsum und bezüglich rasch angekaufter Events. Dass es auch ein Phänomen der „Zwangsentschleunigung" (Sich ergebend aus Arbeitslosigkeit, Armut) gibt, sei angemerkt und ist keine angenehme Erscheinung.

Eva Heller schrieb in ihrer Arbeit *Wie Werbung wirkt* bereits 1995:

„Die Anmaßung, die Käufer beliebig manipulieren zu können, versagt auch, wenn es um notwendigen Konsum geht. Was notwendig ist, kann aber nicht biologisch definiert werden, wie es eine auf Naturgesetze abzielende Argumentation suggeriert. Was notwendig ist, ist durch die gesellschaftliche Entwicklung bestimmt, und der soziale Radius des Einzelnen bestimmt seine individuelle Anpassung an diese Entwicklung. – Um im biologischen Sinn zu überleben, braucht der Mensch kein Auto und kein Radio, aber um den Anforderungen der Gesellschaft gerecht zu werden, brauchen viele ein Auto und fast alle ein Radio."

Und 2008 wird in dem Buch von Benjamin Barber *Consumed. Wie der Markt Kinder verführt, Erwachsene infantilisiert und die Demokratie untergräbt* sinngemäß ausgeführt, dass durch eine entfesselte Güterwirtschaft die Menschen zur Befriedigung „künstlicher Bedürfnisse" gebracht werden, dass, angetrieben durch eine gigantische Werbeindustrie die Verbraucher/innen wie Kinder den Seifenblasen des Shopping-Glücks hinterherlaufen und dass sich ein neuer *„Naturzustand"* breit mache, in dem *„Gewalt und Betrug die Kardinaltugenden sind"*.

Unsere Fragestellung ist also ernst:

Kreuzt sich Werbung mit unserem Leben im Sinne einer nur zufälligen, verschieden gerichteten Bewegung (so wie sich Straßen kreuzen) oder kreuzt sich Wirtschaftswerbung mit unserem Leben bereits im Sinne von „sich paaren, Lifestyle kreieren (vgl. Barbara Hölscher *Lebensstile durch Werbung* 1998), in einer symbiotischen Verflechtung sein" (im metaphorischen Sinne), und dies nicht nur mit glücklichen, sondern auch mit fatalen Folgen? Ich meine, in guter Gesellschaft mit anderen Autoren, das Letztere ist bereits der Fall: **Wir können ohne Wirtschaftswerbung gar nicht mehr leben** (sie ohne uns sowieso nicht), Wirtschaftswerbung ist ein gestaltender und missgestaltender Bestandteil unseres persönlichen wie gesellschaftlichen Lebens geworden, in manchem **ein Segen und ein Fluch**. Dazu die folgenden zwölf Thesen:

1. Wirtschaftswerbung bestimmt unser Leben und unsere Lebensentscheidungen.

Heute fallen oft wichtige Lebensentscheidungen, ja werden Lebenspläne mithilfe von Werbung gemacht. Werbung bietet uns Selbstdefinitionen an, nennt uns die Lebensziele, nach denen wir streben sollen („Mein Haus. Mein Auto. Mein Boot.", Sparkassenwerbung), wichtige Dinge und

Dienstleistungen, ohne die wir glauben, nicht mehr auskommen zu können. Werbung gibt uns das große Glücks- und Erfolgsversprechen, sie verspricht ein Leben in „Events", von der Wirtschaft produziert und mithilfe
der Werbung verkauft (siehe Thesen 2., 6., 8., 11.).

2. Wirtschaftswerbung beschleunigt unser Leben.

Die Beschleunigung geschieht durch Werbeglücksversprechen und im
Sinne eines Kauf- und Konsumzwangs soweit, bis dieser Konsum selbst
nicht mehr möglich wird, das mit der Ware versprochene Glück nicht
mehr erreichbar ist. Kurz: wir folgen blind der Ideologie des Konsumismus. Wir erliegen den Dingen und Möglichkeiten, können den „Innovatio-
nen" und „Optionen" (schon unseres Handys oder Computers) gar nicht
mehr folgen. Wir leben im „Hamster-Rad" (wörtlich zu nehmen), in einer
**Waren-, Nachrichten-, Reiz-, Innovationen- und Optionen-Über-
flutung.**

3. Manche Bedürfnisse entstehen heute oft erst durch Wirtschafts-
werbung.

Vieles, was wir heute zum Leben brauchen und was unsere
(Er)Lebenswelt konstituiert, kommt über die Wirtschaftswerbung in die
Welt, man denke nur an die Aerobic- und Fitnesswelle, an Sonnenstudios,
an gekaufte Lebensevents, Geburtstagsfeiern „all inclusive" oder Inter-
net-Partner-Center, über die wir uns sportliche Ertüchtigung, gutes Aussehen, Gesundheit und Wohlbefinden, Freundschaften und Lebenspart-
ner, gewissermaßen „in handlichen Portionen abgepackt" kaufen können.
Werbung macht süchtig.

Es soll nicht geleugnet werden, dass Sport oder der Partnerwunsch legi-
time Bedürfnisse sind und dass die Bereitstellung von Realisierungsmög-
lichkeiten gut ist, nur die Art ihrer Realisierung, die Ablenkung vom
Selbst-Gestalten (richtiges Fahrradfahren oder Laufen in der Natur, natürliche Gemeinschaft statt Speed-Date), ihre Lenkung in geldwerte „Verpa-
ckungen" und vielleicht auch das Verleiten zu inflationärer Nutzung –
Partnersuche als Internetsport – werden hier kritisiert und können zum
Fluch werden.

4. Werbung verändert unsere Umwelt, schafft künstliche „Landschaf-
ten" und virtuelle Welten.

Wenn wir heute in Ocean-, Museums-, Vogel- und Erlebnisparks, in Spaß-
bädern mit anmietbaren „Liebesgrotten", in künstlichen Tropenland-

schaften an der Ostsee, in Erlebnis- und Einkaufsparadiesen, in so genannten „Malls" ganze Tage abwechslungsreich verbringen (vgl. Silke Schwartau und Armin Valet Vorsicht Supermarkt! 2007), ein Familienfest voll organisiert feiern, ein Abenteuer „sauber verpackt" und „gut portioniert" und bestimmt erfolgreich erleben können, dann handelt es sich um Ereignisse, die durch Werbung überhaupt erst möglich wurden. Etliches von diesem ist sicher eine Bereicherung, aber es ist auch Ausdruck einer entfremdeten werblich-künstlichen Welt.

Da werden ganze Straßen überdacht, das schlechte Wetter herausgenommen und in Malls, **Einkaufs-, Wellness- und Erlebnisparadiese** verwandelt, in denen die Menschen in einem künstlichen Klima, in einer künstlichen „Landschaft" ohne eigene Anstrengung fast alle ihre – vermeintlichen – Bedürfnisse befriedigen können: Sie können flanieren, etwas essen und können (Einkaufs)Wünsche umfassend und in allen Schattierungen befriedigen, sie können animiert sporteln, baden, unter künstlich hergeschafften Palmen, Bäumen, Pflanzen und Tieren spielen, unter künstlicher Sonne am künstlichen Strand liegen, die Unterwasserwelt hinter der Scheibe genießen.

All dies ersetzt für nicht wenige Menschen **das selbst gestaltete Leben**, das Selbst-Erleben (siehe oben), die **eigene Bemühung** um weite Reisen, die Suche nach **sinnstiftenden Betätigungen** oder nach Freunden und Gemeinschaft aus eigener Kraft, ersetzt z. T. die Familie oder den Sportverein.

Dazu kommt neuerdings **die Schaffung virtueller Welten**, ob Computerspiel, Fernsehen oder ein neues Leben im Internet, alles scheinbar realitätsnah gestaltet, aber doch irgendwie fern aller gesellschaftlichen Realität.

All dies ist im Zuge von Werbung geschaffen, durch Werbung bekannt gemacht und verbreitet worden. Die künstlichen Lebensräume in unseren modernen Großstädten, in unseren Fahrzeugen und Wohnungen – wetter- und klimaunabhängig – sind ein gutes Beispiel für das, was da auf uns zukommt.

5. Werbung ist im (kulturellen) Trend und schafft Trends.

Werbung muss und wird aktuelle gesellschaftliche Trends aufgreifen und sie stabilisieren, sie wird auch neue Trends setzen. Folgende Trends sollten z. B. 1993 (nach Matthias Horx *Trendbuch* 1993) in der Wirtschaftswerbung „in" sein:

1. Rezessionskultur,

2. Ökolozismus,

3. Postemanzipation,

4. Teddybärenwelt,

5. langsamer Abschied von der Schriftkultur,

6. Rückkehr der Spießer,

7. Generation-X-Syndrom,

8. mein kleines Universum.

Vieles davon gilt heute noch, vgl. Kapitel 5.

6. Sponsoring der Wirtschaft zum Zwecke der Werbung macht heute Kultur und Profisport erst möglich.

Viele Kultur- und Sportveranstaltungen, Ausstellungen, aber auch Programmpunkte im Fernsehen usw. werden erst durch Sponsoring möglich und stellen insofern **Werbung für den Sponsor** dar. Dass mancher Sportverein ohne seinen Sponsor finanziell nicht leben kann (man denke nur an die *Allianz-Arena* oder das *Team Telekom* oder an die Bandenwerbung in Stadien und auf Trikots), dass fast jede Sendung mit der Nennung des Sponsornamens, der Sponsorfirma beginnt, dass viele Kulturveranstaltungen – Vorträge, Ausstellungen (oft schon in den entsprechenden Banken stattfindend), Musikveranstaltungen oder Bühnenaufführungen, Dichterlesungen – auf Unterstützung angewiesen sind, ja dass Ausstellungskataloge oder ganze Bücher ohne die Werbewirtschaft nicht erscheinen können, ist für uns fast schon Alltag geworden, obwohl es z. B. das Sponsoring von Fernseh- und Rundfunksendungen durch die Werbewirtschaft in der uns bekannten Form noch keine 20 Jahre gibt, vgl. Kapitel 2.1.

7. Die Werbung macht die Musik!

Sponsoring ist aber noch nicht alles: Mittlerweile **bestimmt die Werbewirtschaft**, zumindest bei den „freien" Rundfunk- und Fernsehsendern, **welches Programm an welchem Tag zu welcher Zeit mit welchen Werbespots versetzt gesendet wird** – sie liefert z. T. das Programm komplett fertiggemacht frei Sender, ja (nach Der Spiegel 52 1992, S. 92 in der ihm eigenen drastischen Formulierung) mittlerweile bestimmt die Werbung,

„welche Zeitschrift, welcher Fernsehsender überlebt, sie schafft Dinks*, Woopies und Ultras, sie macht Politik, sie sagt uns, was Glück ist; sie erfindet Sprache, sie verbraucht Sprache, sie macht jung alt und alt jung."

[* Anmerkung des Autors: kurzlebige, heute schon vergessene Begriffe für „Menschentypen" oder Typen von Lebensentwürfen, hier z. B. Dink: *double income, no kids.*]

Die angegebenen Zahlen über die (hohe!) Akzeptanz der Werbung im Vorprogramm des Fernsehens sprechen ebenfalls eine deutliche Sprache:

Akzeptanz der Werbung im Vorprogramm in %
Frage: Wie finden Sie eigentlich die Werbung im Vorprogramm?

	Ge-samt	Geschlecht (m = männlich; w = weiblich)		Alter (in Jahren)				
		m	w	bis 19	20-24	25-29	30-39	über 40
prinzipiell gut	10	11	10	18	11	9	5	14
manchmal witzig / unterhalt-sam	58	58	57	57	65	59	50	38
könnte gut ver-zichten	23	22	19	19	17	23	32	30
ärgerlich	9	9	6	6	6	9	13	17
Basis (n)	(1106)	(619)	(487)	(117)	(374)	(294)	(257)	(63)
Quelle: Media Perspektiven 11, 1988, S. 78								

8. „Werbung ist vom „*Geheimen Verführer*" (Vance Packard 1969) zur öffentlichen Kraft, manchmal sogar Gewalt geworden."

Man spricht heute bereits vom *kulturindustriellen Machtkomplex* (Titel des Buches von Dieter Prokop 2005), den Medien, Werbung und Politik bilden, und im Wortlaut der Überschrift urteilt *Der Spiegel* im genannten Artikel S. 116 und fährt S. 117 fort:

„Die Branche nennt dies **„Werbung der dritten Art"**: Fakts, Filme und Geschichten aus dem Leben von vorbildlichen Konsumenten, die das Zähneputzen lieben, am Pool träumen und das

Wäschewaschen genießen. Die Krawattenmuffel werden ange-
klagt, die Hutlosen geächtet, die Unterhosenschweine geoutet.
Die Werbung entblößt(e) den Verbraucher, um ihn anzuziehen
[...]. **Heute verkauft Werbung Aufklärung, Lifestyle und
Sehnsucht.**"

(Hervorhebungen vom Autor, vgl. auch das interessante Buch von Barbara Hölscher *Lebensstile durch Werbung* 1998.)

9. Werbung verwertet die moderne Welt.

Ein Werbetreibender, der „Kreativdirektor" (!) Helmut Sendlmeier sagt im
Spiegel (ebd. S. 118): „Kreativ sein in der Werbung bedeutet, sich die Welt
auf ihre Verwertbarkeit für Werbung anzuschauen." Dabei wird mittlerweile auch das Böse und Traurige in der Welt nicht ausgespart, siehe die
Benetton-Werbung, die seinerzeit nicht nur die Öffentlichkeit erregte,
sondern auch in der Wissenschaft Resonanz fand, vgl. Camelia Ratiu *Sterbende Aidskranke und blutverschmierte T-Shirts* 2005, Barbara Könches
Ethik und Ästhetik in der Werbung 2001, Werner Gaede *Abweichen... von
der Norm* 2002. Im Gegenteil: Kreativität findet sich auch im Abweichen
von der Norm - dies in der Anzeige und nicht das Produkt selbst zieht die
Käufer/innen in die Läden und: „Werbung wird so zum Ereignis, dass sie
nicht mehr auf den Anzeigenseiten, sondern auf den Redaktionsseiten
wirbt" (vgl. *Spiegel* ebd. S. 120). Auf diese Weise wird Wirtschaftswerbung
heute im Fernseh- und Rundfunkprogramm auch außerhalb der Werbeblöcke wirksam – Sonntagsblätter mit redaktionellem Teil kostenlos ver-
teilt. Unverblümte Werbung in Modenschauen der Frauenzeitschriften
oder in Fernsehsendungen wie *„Der Preis ist heiß"* oder *„Glücksrad"* oder
die Schleichwerbung in der Umgebung vieler Film- und Sportidole (Welchen Wagen fährt der Chefarzt der Schwarzwaldklinik oder der Liebhaber
bei Rosmunde Pilcher, welches Parfüm bevorzugt Steffi Graf?) sind gute
Beispiele.

Abb. 1 Benetton (Bekleidung)

10. Antiwerbung ist das Letzte!

Nach *Der Spiegel* 1992, S. 118 ist:

„Antiwerbung die vorerst letzte Beute, die der Branche bei ihrem Raubzug durch die Ideenwelt in die Hände gefallen ist", wobei es sich, das zeigt das folgende Beispiel, um eine besonders raffinierte Form von Werbung mit dem schönen Schein handelt:

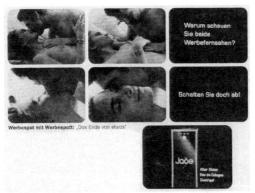

Abb. 2 Jade (Kosmetik)

11. Werbung als Ideologie der Konsumgesellschaft

Werbung, so schlussfolgert *Der Spiegel* ganz richtig, ist zum Motor der herrschenden Gesellschaftsideologie geworden, vgl. ebd. S. 126:

„Der (durch die Werbung) angeheizte Konsumismus, die letztlich triumphierende Ideologie dieses Jahrhunderts, siegt jeden Tag, weil er seine Untertanen immer auf's Neue in der Schwebe zwischen Wunsch und Erfüllung zu halten versteht."

Zweifellos harte Worte (*Der Spiegel* findet noch härtere, die ich aber so nicht unterschreiben möchte), aber diesem ist nichts hinzuzufügen: Derart „kreuzt" sich Werbung heute mit unserem Leben.

12. Werbung verführt zum Eskapismus, im Extremfall zum Realitäts- und Soziabilitätsverlust

Werbung ist „Kunst" und in diesem Begriff steckt kunstvoll, künstlerisch (und fiktional), aber auch künstlich, unnatürlich.

Nicht nur bedient sich die Werbung der künstlerischen Mittel Bild, Ton und Sprache – was ja weitgehend Thema des Buches sein wird –, sondern sie schafft auch künstliche Welten, „gaukelt uns etwas vor", was es gar nicht gibt, versetzt uns in Stimmungslagen, die durch unsere Erfahrungen mit dieser Welt nicht gerechtfertigt sind. Wir sprechen vom schönen (heute auch manchmal unschönen) Schein. Es gibt also den großen Widerspruch zwischen der erfahrbaren Wirklichkeit und den kunstvoll-künstlichen Szenarien der Wirtschaftswerbung (vgl. *Happy: das Versprechen der Werbung* von Christoph Doswald und Stefan Banz 2002) und das soll die folgende kleine Aufstellung mit jeweils einem kritischen Kommentar des Autors verdeutlichen:

- *Unheimlich potent und geliebt von schönen Frauen* (Autowerbung, *gibt's die Frauen gleich mit?*)

- *Freiheit und Abenteuer* (Zigaretten, *Rauchen kann tödlich sein*)

- *Tagesablauf einer aktiven, glücklichen, gesunden, erfolgreichen Frau* (Kaffeewerbung, *und wie ist es mit Teetrinker/innen und Männern, Kindern?*)

- *Im Einklang mit Wissenschaft und Forschung* (Zahnpasta, *Credo der Wissenschaft: Wir wissen eigentlich erst ganz wenig.*)

- *Das Geheimnis ewiger Jugend* (Kosmetika, *die Schichten werden immer dicker?*)

- *Voll angenommen, in der Gruppe total „in"* (Zigarettenwerbung, *besonders mit Raucherbein, und was ist mit den ausgeschlossenen Raucher/innen auf der Straße, außerhalb der Kneipe?*)

- *Exotik und Südsee* (Alkohol, *macht süchtig*)

- *Ideale, wunderschöne Landschaft* (Schokolade, *alles bald verwüstet in Braun?*)

- *Alles geht wie von selbst* (Wasch-, Putzmittel, *ein Glück, ich leg mich schon mal schlafen*)

- *Ganz im Einklang mit der Natur: Wir haben verstanden!* (Auto, *wie viel CO2 stoßen Sie aus pro Kilometer?*)

- *Oh, wie bin ich glücklich* (Kosmetika, *ja, nicht du, sondern die Industrie*)

- *So richtig wild und „rollig"* (Jeans, *ja, damit kehrt die Potenz und Liebe zurück, das Un/Glück liegt an deinen Hosen*)

- *Gemeinschaft auf einem Segelschiff* (Bier, das sollte man auf See lassen, die Wasserschutzpolizei ist aktiv und die Sandbänke und Riffe warten schon)
- *Glückliche Familie* (Versicherung, manchmal hat man Glück, wenn man sie nicht hat)
- *Erfolgreich im Geschäft und Beruf* (Bank, ja, die Bank gewinnt immer)
- *Mein Auto, mein Haus, mein Boot!* (Sparkassenwerbung, Anlageberatung, siehe oben Beschleunigung)
- *Die armen Kinder draußen drücken sich bewundernd die Nase platt* (Auto, an meinem nicht, aber vielleicht werfen sie bald Steine)
- *Oh wie grausam ist die Welt – zum Glück – weit weg von uns* (Kleidung, pass auf, bald gibt's das Elend auch hier)
- *Alles steht auf dem Kopf* (Auto, wir hoffen nicht, dann war's das mit dem Auto und manchmal auch mit dem Menschen darin)

Eine ideale, problemfreie, ewig junge, frühlingshaft üppige Welt zu suggerieren, ja auf Zeit zu schaffen, in die die Menschen aus den Bedrängnissen, Notwendigkeiten und Mäßigkeiten des so genannten „grauen Alltags" entfliehen, in der Hoffnung, letztlich geliebt, ver- und umsorgt zu sein, die **Erzeugung eskapistisch-evasorischer, privatistischer, wirklichkeitsentfremdender Einstellungen** kann für manche Menschen eine große Gefahr darstellen. Der schöne Schein mag für den Einzelnen im Augenblick wunderbar sein, auf Dauer schadet er mehr als er vermeintlich nützt. Schnell holt uns der Alltag, der gar nicht grau sein muss, wieder ein. Und: Wäre es nicht (wie bisher) besser, „andere Welten" auf Buchlektüre oder Theateraufführungen und Kinofilme zu beschränken, wo man weiß, dass es Poetik (deutsch „Gesetztes, Gemachtes") ist, als den Verkauf über eine nicht existente Welt des schönen Scheins zu organisieren? Abgesehen davon, dass politisch und gesellschaftlich manchmal ganze Bevölkerungsgruppen/Völker vom „freien Markt" ausgeschlossen bleiben, man denke an die (falsche) Wahrnehmung und Verführungskraft des Westens bei der DDR-Bevölkerung über das West-Fernsehen.

Aber Mann/Frau muss gar nicht in diese Großunternehmungen gehen, auch im Kleinen, Alltäglichen macht sich **der schöne Schein** breit. Mann/Frau schaue sich nur einmal an, was für Lebensvorstellungen durch bestimmte Lifestyle-Magazine oder Frauenzeitschriften implizit nahe gelegt werden und wie sehr die Ware, vorgeführt durch Models und Dressmen, auch im redaktionellen Teil zum Bestellen (der so genannte Bezugsquellennachweis wird gleich mitgeliefert) verlockt und möglicherweise zu Lebensvorstellungen verleitet, die scheitern müssen: zu den so genannten „cleanen", problemfreien Beziehungen statt der familiären und Partner-Beziehungsarbeit, möglicherweise zu falschem sexuellen Leistungsdruck oder infantilen Reaktionsschemata (vgl. Kapitel 2.6), zur Äußerlichkeit statt inneren Werten, zum Warten statt zur Aktivität.

Frau glaubt möglicherweise, sich mit einem Kleid Schönheit kaufen zu können, Mann mit einer Zigarette Freiheit und Abenteuer, der Oldie mit einem Wohnmobil den Jungbrunnen (*„Die Zeit ist reif für Hymer"*), alles Dinge, die uns als mündige Bürger/innen entmündigen können, die so tun als ob.

13. Werbung als Inszenierung

Und wenn heute ganze Wahlkämpfe bis in die Gestaltung der Auftritte und Themen, bis zur Auswahl der Kleidung und des Typs der Politiker/innen von Werbeagenturen geplant werden, möglicherweise der Werbe- und Mediengeschicktere und nicht das Wahlprogramm oder die erbrachte Leistung gewinnen, dann sollten wir nachdenklich werden, ebenso wie wenn ein hohes deutsches Gericht urteilt: „Wer Wahlkampfversprechen glaubt, kann daraus keine Ansprüche herleiten", es ging immerhin um Helmut Kohls Versprechen von den blühenden Landschaften im Wahlkampf 1998. Abgesehen davon, dass es mich mehr und mehr wundert, dass Prominente, Politiker/innen, Sportler/innen, Filmstars sich derart zum großen Werbespektakel benutzen lassen (vgl. H. Schäfer, J. Reiche 1999 oder Harald. S. Fanderl *Prominente in der Werbung* 2005), sind wir hier m. E. auch an einer moralischen Grenze angelangt (siehe dazu Kapitel 2.1). Der schöne Schein ist eben doch nur Schein, der daraus hervor wachsende Realitätsverlust für manche Menschen gefährlich, die Flucht aus der Wirklichkeit zwar oft angetreten, aber letztlich nicht möglich: Wir und die Politiker/innen sind zu einem kritischen Umgang mit dem Phänomen „schöner Schein" in der Werbung aufgerufen!

1.3 Zahlen und Fakten

Doch nun zurück zu nüchternen Fakten und Zahlen, die **Anteil, Ausmaß und ökonomische Potenz der Wirtschaftswerbung im gesamtwirtschaftlichen Geschehen** dokumentieren sollen.

Schon seit langem ist die Marketingabteilung in Unternehmen die wichtigste Abteilung, die Werbewirtschaft ein bedeutender Marktfaktor, eine expansive Branche geworden. Etwa 2,9 % des gesamten Bruttosozialprodukts wurden 2007 in Deutschland von der Werbewirtschaft erwirtschaftet.

Beginnen wir jedoch mit den **in der Werbung Beschäftigten**. Sie können zufrieden sein. Unter der Überschrift *„Communication-News aus der Werbebranche: Werbewirtschaft legt aktuelle Zahlen über ihre Beschäftigten vor"* war am 21.02.2008 im Internet zu lesen (Quelle: Online-Magazin Absatzwirtschaft hrsg. vom Deutschen Marketing-Verband, Fachverlag der Verlagsgruppe Handelsblatt GmbH, www.absatzwirtschaft.de):

> „Die Lage für die fast 600.000 Beschäftigten in der Werbewirtschaft könnte gegenwärtig kaum besser sein", heißt es in einem Bericht, den der Zentralverband der deutschen Werbewirtschaft (ZAW) zum Arbeitsmarkt der Werbebranche vorlegt. Im Kernbereich der Werbewirtschaft (Stichtag 31.12.2007) sollen insgesamt 186.796 Fachkräfte, davon 134.570 in der Werbegestaltung bei Agenturen, in Grafik-Ateliers, als Werbefotograf/innen, 37.803 in den Werbeabteilungen der Unternehmen sowie 14.423 Beschäftigte in der Verbreitung von Werbemitteln, insbesondere bei Verlagen, Funkmedien oder in der Außenwerbung arbeiten. In den korrespondierenden Bereichen der Zulieferbetriebe, wie der Druckindustrie und Papierwirtschaft, zählt der ZAW zur Zeit 165.923 Beschäftigte, während im Sektor Telefonmarketing rund 210.000 Arbeitsplätze zur Verfügung stehen.

Bezüglich des **Werbeaufwands** selbst und den Anteilen der einzelnen Mediengattungen daran sind folgende Zahlen für 2007 zu vermelden, wobei der Leser sein Augenmerk auf den Anteil, den die Internetwerbung bereits einnimmt, richten sollte. (Quelle: Gesamtverband Kommunikationsagenturen e.V. Frankfurt am Main, www.gwa.de):

Kennzahlen zur professionellen Kommunikation in Deutschland				
Jahr	BIP in %	Werbe-investitionen	Media-Spendings	Agenturen Um-satz / GWA
	1	2	3	4
2008	+1,9*	keine Prognose	keine Progno-sen	+5,5 %*
2007	+4,4	30,77 (+1,8 %)*	20,9 (+3,7 %)	+5,5 %**
2006	+3,5	30,23 (+2,1 %)	20,1 (+5,1)	+7,4 %
2005	+1,5	29,60 (+1,3 %)*	19,1 (+5,3 %)	+6 %
2004	+2,3	29,22 (+1,1 %)	18,0 (+5,7 %)	+1,6 %**
2003	+0,9	28,91 (-2,6 %)	17,1 (+3,1 %)	12,5***
2002	+1,8	29,69 (-5,7 %)	16,6 (-2,6 %)	12,5 (-1,8 %)
2001	+2,0	31,5 (-5,2 %)	17,0 (-6,3 %)	12,72 (+5,0 %)
2001	+2,6	33,2 (+5,7 %)	18,1 (+11,9 %)	12,2 (+15,4 %)

1) Bruttoinlandsprodukt (BIP), nominal in jeweiligen Preisen
* Prognose Sachverständigenrat real

2) Werbeinvestitionen nach ZAW (Honorare, Werbemittelproduktion, Medien)
* Prognose vom Herbst 2007

3) Medie-Spendings nach Nielsen Media Research (Bruttowerbeaufwendungen)

4) Agenturumsatz nach GWA
* Frühjahrsmonitor 2008
** Herbstmonitor 2007
*** Schätzung wegen Sarbanes Oxley Act

Quellen: Statistisches Bundesamt, ZAW, Nielsen Media Research, GWA
2-4 in Milliarden €

Beschäftigte in der Werbewirtschaft 2007	
Werbegestaltung	
Werbefachleute in Werbeagenturen, Grafik-Ateliers, Schau-werber, Werbefotografen, Film- und Lichtwerbung	134.570
Auftraggeber von Werbung	
Werbefachleute in Werbeabteilungen der Anbieter (Hersteller, Dienstleister, Handel)	37.803
Werbemittel-Verbreitung	
Werbefachleute bei Verlagen, Funkmedien, Plakatanschlag-unternehmen	14.423
Zulieferbetriebe	
von Aufträgen der Werbewirtschaft abhängige Arbeitsplätze beispielsweise in der Papierwirtschaft und Druckindustrie	165.923
Telefonmarketing	
nur Call-Center-Plätze (pro Arbeitsplatz durchschnittlich zwei Beschäftigte)	210.000
Beschäftigte in der Werbebranche gesamt	**562.719**
Quelle: ZAW	

Medienvielfalt 1995-2007 in Deutschland								
Medien-arten	1995	2000	2002	2003	2004	2005	2006	2007
Publi-kums-zeitschrif-ten	1.710	2.012	2.159	2.423	2.549	2.603	2.606	3.122
Fachzeit-schriften	3.662	3.390	3.243	3.276	3.342	3.363	3.344	4.170
Zeitun-gen	1.600	1.576	1.567	1.561	1.552	1.538	1.529	1.524
Anzei-genblät-ter	1.325	1.311	1.312	1.292	1.288	1.294	1.350	1.374
TV-Sender	16	21	22	22	22	22	24	24
Funk-Sender	233	261	297	323	331	326	341	341
Plakat-stellen (alle Ar-ten)	382.350	376.392	366.426	355.208	340.580	339.609	320.864	331.159
Quellen: Aegis Media Central Services, Media Insights & Intelligence Magazines, BVDW								

Werbeintensive Branchen in Deutschland			
Branche	Werbeaufwendungen in Millionen €		Veränderungen
	2007	2006	in %
Handelsunternehmen	1.903,4	1.817,2	4,7
Automarkt	1.548,4	1.433,8	8,0
Zeitungen-Werbung	1.263,7	1.173,6	7,7
Publikumszeitschriften-Werbung	996,2	1.022,1	-2,5
Telekommunikation	856,6	932,5	-8,1
Sonstige Medien / Verlage	625,2	535,7	16,7
Pharmazie (B-to-C)	622,3	617,6	0,8
Finanzdienstleistungen	610,5	628,5	-2,9
Schokolade und Süßwaren	592,0	560,5	5,6
TV-Werbung	505,2	499,6	1,1
Bier	393,5	367,6	7,0
Haarpflege	364,3	411,5	-11,5
Bekleidung	352,7	359,4	-1,9
Telefon- und Faxdienste	345,2	381,4	-9,5
Milchprodukte	333,3	335,7	-0,7
Versicherungen	328,0	283,7	15,6
Alkoholfreie Getränke	297,5	246,3	20,8
Rubriken-Werbung	278,9	287,4	-3,0
Finanzanlagen	270,6	227,0	19,2
Spezialversender	266,0	256,2	3,8
Quelle: Nielsen Media Research			

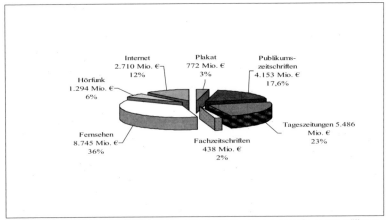

Abb. 3 Werbeumsätze der klassischen Medien inklusive Online in 2007 (gesamt: 23.580 Millionen €), Quelle: Nielsen Media Research (Schätzung auf Basis des 1. Halbjahres 2007, inklusive Keyword-Advertising)

Etwas feiner findet sich das in folgender Graphik (Quelle: Bundesverband Deutscher Zeitungsverleger e. V. Berlin, www.bdzv.de):

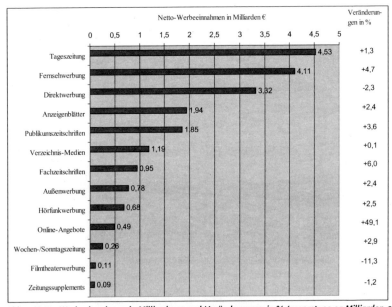

Abb. 4 Netto-Werbeeinnahmen in Milliarden € und Veränderungen in % (gesamt: 20,35 Milliarden € und +2,6 %)

Dabei mag besonders interessieren, was z. B. ein Werbespot zu welcher Zeit im Fernsehen bei welcher Anstalt kostet. Hierzu gibt es einen interessanten Kurzartikel (Quelle: Movie College der Allary Film, TV & Media München, www.movie-college.de):

Was kosten Werbeschaltungen? Die Zeiten der Hochpreispolitik in der Werbung sind wohl vorüber, die meisten Fernsehsender haben ihre Sätze um über 20 % gesenkt. Ein 30-Sekunden-Spot etwa in der ersten Werbeunterbrechung von *„Wer wird Millionär"* kostet 60.000 €. Die Kosten für die Schaltungen werden an den Einschaltquoten orientiert, fallen diese, fallen auch die Werbepreise. Interessant ist in diesem Zusammenhang nicht die absolute Einschaltquote, sondern die unter der begehrten, kaufkräftigen Altersgruppe zwischen 14 und 49 Jahren. Auf diese Weise bestimmt die Werbung kräftig und gnadenlos die Programmgestaltung mit. Werbespots während der *Formel-1*-Übertragung, der attraktivsten Sendezeit, kosten etwa 150.000 €. Deutlich günstiger sind die Werbeschaltungen in den öffentlich-rechtlichen Sendern, die nur vor 20 Uhr Werbung senden dürfen. Die Privatsender versuchen schon lange, den auch durch Rundfunkgebühren finanzierten Sendern ARD und ZDF diese Einnahmequelle zu nehmen, bislang jedoch ohne Erfolg. Man kann in den dritten Programmen im Vorabendprogramm auch schon ab 1.500 € Spots (30 Sekunden) schalten, beim ZDF liegen die Preise je nach Platzierung zwischen 3.600 und 42.600 €. Die Bandbreite der Möglichkeiten ist also recht groß. Die Programmstruktur und die möglichen Werbefenster der ARD kann man online betrachten. Auf den MDR-Seiten kann man auch die Sekundenpreise für die Werbespots abrufen oder in einem praktischen Online-Formular gleich ausrechnen lassen: Das Erste in Mitteldeutschland. Für die werbetreibende Wirtschaft ist es wichtig, auch bei ARD und ZDF Werbespots senden zu können, um ein Monopol der Privaten und die damit verbundenen steigenden Preise zu vermeiden. Das Vorhandensein von Alternativen vor 20 Uhr sorgt zudem für ein niedrigeres Preisniveau im Vorabendprogramm.

Und schließlich die Frage *„wer wirbt wie viel für was?"* (Quelle: Horizont.Net, Deutscher Fachverlag GmbH Frankfurt am Main, www.horizont.net, die Daten stammen von Nielsen Media Research, abgedruckt in Horizont 12/2008):

ALDI erobert die Spitze zurück

Die 20 größten Werbungtreibenden bis Februar 2008

	Ausgaben Januar bis Februar 2008 in Millionen €	Veränderung zu Januar bis Februar 2007 in %	Ausgaben Februar 2008 in Millionen €
Aldi, Mülheim	54,9	17,9	25,1
Media-Saturn, Ingolstadt	54,1	-18,1	8,5
Procter & Gamble, Schwalbach	50,3	8,4	28,1
Unilever, Hamburg	42,1	15,1	21,4
Axel Springer, Hamburg	40,7	13,7	22,1
L'Oréal, Düsseldorf	39,0	12,0	21,1
Lidl, Neckarsulm	31,0	-26,5	15,3
Edeka, Hamburg	29,5	-16,0	12,7
Danone, Haar	29,0	10,5	16,9
Ferrero, Frankfurt	26,7	8,6	17,9
Reckitt Benckiser, Mannheim	24,6	11,8	14,4
T-Home, Bonn	22,9	-30,0	9,2
Volkswagen, Wolfsburg	22,8	-41,4	10,0
Opel, Rüsselsheim	22,4	-2,3	10,9
Gruner + Jahr, Hamburg	21,3	-19,4	9,5
Jamba, Berlin	19,1	3,3	10,2
Renault, Brühl	18,8	41,1	11,7
Toyota, Köln	18,7	-24,5	8,1
McDonald's, München	17,3	-8,4	7,1
Vodafone, Düsseldorf	16,8	139,1	10,4

Viele Top-Marken geben nach

Die 20 am stärksten beworbenen Produkte bis Februar 2008

	Ausgaben Januar bis Februar 2008 in Millionen €	Veränderung zu Januar bis Februar 2007 in %	Ausgaben Februar 2008 in Millionen €
Aldi	54,9	21,9	25,1
Media Markt	33,6	-22,0	6,2
Lidl	31,0	-26,7	15,3
Saturn	20,2	-11,0	2,3
Edeka Aktiv-Markt / E-Center / Neukauf	17,8	-23,3	7,5
McDonald's	14,6	-12,5	6,6
Schlecker	13,4	-24,8	6,5
Rewe	12,9	-1,4	7,3
T-Home Call & Surf Comfort	11,8	-20,1	6,9
Premiere	11,7	6,0	5,2
Danone Actimel	9,7	-0,1	6,3
Ikea	9,6	14,5	5,1
Edeka Imagekampagne	9,1	1.694,0	4,1
Deutsche Bahn	8,6	10,6	5,4
Du bist Deutschland	8,3	keine Angabe	3,4
Ford Focus	8,3	1.481,0	8,2
Penny	8,1	-30,8	3,2
E wie Einfach	8,1	2.935,6	3,7
Vox	8,0	126,0	3,0
Air Berlin	7,5	261,3	3,4

Bruttowerbeausgaben der (Branchen-) Gruppen in Above-the-line Medien

Gruppe	Januar 2008 in 1.000 E	2008 in 1.000 E	2007 in 1.000 E
Handels-Organisationen	152.418	152.418	158.385
Zeitungen-Werbung	99.800	99.800	99.032
Pkw	93.605	93.605	102.517
Publikumszeitschriften-Werbung	80.432	80.432	91.428
Arzneimittel	60.856	60.856	59.590
Telekommunikation	48.959	48.959	53.071
TV-Werbung	47.645	47.645	45.494
Finanzdienstleistungen	41.680	41.680	39.332
Sonstige Medien/Verlage	39.171	39.171	37.559
Milchprodukte – Weiße Linie	28.189	28.189	18.264
Telefon- + Faxdienste	25.454	25.454	26.775
Schokolade + Zuckerwaren	23.656	23.656	25.030
Haarpflege	23.524	23.524	23.423
Spezial-Versender	23.285	23.285	20.126
Online-Dienstleistungen	22.703	22.703	16.864
Rubriken-Werbung	21.763	21.763	21.396
E-Commerce	21.394	21.394	14.574
Reise-Gesellschaften	21.045	21.045	19.494
Körperschaften	19.739	19.739	11.512
Möbel + Einrichtung	19.710	19.710	20.292
Hotels + Gastronomie	17.748	17.748	19.441
Finanzanlagen	17.052	17.052	16.370
Kaffee, Tee, Kakao	15.893	15.893	10.153
Gesichtspflege	15.655	15.655	17.210
Versicherungen	15.216	15.216	19.671
Unternehmens-Werbung	15.170	15.170	10.520
Fluglinien + Touristik	15.032	15.032	13.993
Radio-Werbung	13.112	13.112	13.610
Caritative Organisationen	12.684	12.684	14.669
Bau-Stoffe + Bau-Zubehör	11.693	11.693	15.000
Kraftfahrzeug-Markt – WB Range –	11.664	11.664	18.116
Bekleidung	11.405	11.405	15.394
Putz- + Pflegemittel	11.134	11.134	11.054
Bild- + Tonträger Musik	10.816	10.816	5.326
Energie-Versorgungsbetriebe	10.813	10.813	1.747
Mundpflege	9.448	9.448	12.673
Bier	9.432	9.432	9.688
Fremdenverkehr	9.118	9.118	7.911
Nährmittel	9.012	9.012	7.596

Messen, Ausstellungen, Seminare	8.726	8.726	7.956
Schiffslinien + Touristik	8.339	8.339	6.222
Computer + Zusatzgeräte	8.144	8.144	12.460
Konserven + Fleisch + Fisch	7.323	7.323	8.755
Suppen + Würzen + Saucen	7.294	7.294	6.383
Spiele + Spiel-Computer	6.301	6.301	4.975
Waschmittel	6.291	6.291	10.071
Parfums + Duftprodukte	6.127	6.127	6.015
Tiefkühlkost	5.877	5.877	7.451
Foto + Optik	5.774	5.774	6.720
Alkoholfreie Getränke	5.723	5.723	7.392
Werbeausgaben insgesamt	1.403.287	1.403.287	1.408.535

Die *„innere Befindlichkeit der Werbewirtschaft"*, ihre Erwartungen, Sorgen und Probleme, die Entwicklung der Werbegattungen und nicht zuletzt die Akzeptanz der Wirtschaftswerbung bei der Bevölkerung werden in einem Artikel beleuchtet, den Volker Nickel für den Zentralverband der Werbewirtschaft verfasst hat, hier einige (stark gekürzte) Auszüge (Quelle: Zentralverband der Deutschen Werbewirtschaft e. V. Berlin, www.zaw.de Hervorhebungen vom Autor):

Am intensivsten beschäftigt die deutsche Werbewirtschaft die *„zunehmende Vielfalt der Werbeträger"*, wie 77 % der ZAW-Mitglieder angaben. An zweiter Stelle steht die wachsende Anzahl der Älteren (65 %) und an dritter politische „Werbezensur" (53 %), wie sie insbesondere von Brüssel ausgeht. Ähnlich hoch sind die Sorgen um *„Druck auf die Werbekosten"* (51 %) und die „Moralisierung der Märkte" (47 %). Die Abnahme der Bevölkerung sehen immerhin noch 44 % als Zukunftsfrage der Branche an sowie „Fachkräftemangel" (34 %). [...]

Der deutsche Werbemarkt hat sich kräftig erholt. Im Jahr 2006 übersprangen die Investitionen in Werbung die 30-Milliarden-€-Hürde mit einem Wachstum von 2,1 %. Von diesem Ergebnis profitieren die Medien mit 20,35 Milliarden €. Ihr Werbegeschäft stieg damit um 2,6 %, doppelt so viel wie noch im Vorjahr (1,3 %), teilte der Zentralverband der deutschen Werbewirtschaft (ZAW) in Berlin mit. [...] Danach gehen 61 % der Mitglieder davon aus, dass die digitalen Kanäle den Spielraum für Werbung erweitern und die Konsument/innen zu aktiven Mitgestaltern von Werbung machen (27 %). Nur 12 % rechnen mit der Abwanderung der werbenden Unternehmen aus den traditionellen Medien in das Internet und in mobile Geräte. [...]

Von den mehrfachen Umsatzmilliardären unter den Werbeträgern hätten laut ZAW die **Tageszeitungen** die Einnahmenschwäche des Vorjahres

(2005: -0,6 %) überwunden (4,53 Milliarden € oder +1,3 %). Die leichten Verluste beim Anzeigenumfang hätten sie unter anderem durch mehr Prospektbeilagen ausgeglichen, so dass **Tageszeitungen** dadurch die Mediengattung mit den meisten Werbeerlösen bleiben. Besonders erfolgreich sei im Werbegeschäft des Jahres 2006 das Fernsehen mit 4,11 Milliarden € und damit +4,7 % gegenüber dem Jahr zuvor gewesen. [...]

Nicht vom anhaltenden Werbeaufschwung profitieren konnte die **Werbung per Post**. Ihre Netto-Werbeerlöse seien um 2,3 % auf 3,31 Milliarden € zurückgegangen, weil insbesondere der Versandhandel seine Werbeaktivitäten eingegrenzt habe. Insgesamt steigerten die 13 vom ZAW statistisch erfassten Mediengruppen im Jahr 2006 ihre Werbeerlöse um 516 Millionen € auf nunmehr 20,35 Millionen € (+2,6 %). Von diesem Umsatzgewinn profitierten am deutlichsten die Werbeträger TV mit mehr als einem Drittel (+185 Millionen €) und Online-Dienste (+163 Millionen €). [...] Die traditionellen Medien behielten ihre Position als Werbeträger: Die Marktanteile der Pressemedien blieben bei 47 % auf der Höhe des Vorjahres und damit erneut stabil. Auch die elektronischen Werbeträger – also TV, Radio, Online – verharrten bei ihrem Marktanteil des Vorjahres in Höhe von 25 %. [...] Die werbestärkste Branche blieb 2006 der Handel mit Investitionen von 2,5 Milliarden € (+6,2 %) – so Erhebungen des Forschungsunternehmens Nielsen Media Research. [...]

Zweitgrößter Werbeinvestor war mit einem Plus von 4,5 % auf 1,5 Milliarden € der Pkw-Markt. [...] Für rund 70 % der deutschsprachigen Bevölkerung ab 14 Jahren gelte Werbung als Entscheidungshilfe, Kommunikationsgrundlage bei Produkten und Dienstleistungen und selbstverständlicher Teil des Alltags. [...] Anfang dieses Jahres seien auch in Deutschland das Tabakwerbeverbot sowie das Verbot gesundheitsbezogener Lebensmittelwerbung in Kraft getreten. Weitere Eingriffe bereite die EU-Kommission in Zusammenhang mit der Markenwerbung der Autohersteller und der Lebensmittelproduzenten sowie der Werbung der Anbieter alkoholhaltiger Getränke vor. [...]

Danach bescheinigen 53 % der Bevölkerung der Werbung **Informationsfunktion** bei neuen Produkten und 44 %, sie sei hilfreich für den Verbraucher/ die Verbraucherin. TV-Werbung halten mehr als 38 % der Befragten für informativ und 48 % die Anzeigen in Zeitungen und Zeitschriften. [...] Danach sind nur 8 % der Bevölkerung der Auffassung, dass ein **Leben ohne Werbung viel schöner** wäre – ein Wert, der seit 2004 auf diesem extrem niedrigen Niveau verharrt und den Umkehrschluss zulässt: 92 % der Bevölkerung sehen in Werbung für Waren und Dienstleistungen einen integralen Bestandteil des Lebens. [...] Was den Unternehmen auf dem deutschen Markt die Werbung wert ist, zeigt nur die Dynamik der Werbe-investitionen, die sich allein in den vergangenen 20 Jahren wischen 1987 und 2006 um rund 77 % auf 30 Milliarden € erhöht haben. Übrigens: Trotz der Finanz- und Wirtschaftskrise sind die Werbeausgaben 2008 nur um 2,9% zurückgegangen.

2. Zentrale Dimensionen der Wirtschaftswerbung

2.1 Moral und Moralisieren

Während wir im vorigen Kapitel gesehen haben, dass besonders gesellschaftskritisch orientierte Bürger/innen, Intellektuelle, Journalist/innen und Wissenschaftler/innen gegenüber der Werbung grundsätzliche Bedenken haben, weil sie sie von vornherein als unmoralisch abtun, wollen wir nun den Begriff der Moral in Bezug auf Wirtschaftswerbung von verschiedenen Seiten beleuchten.

Es gibt verschiedene Verwendungen des Wortes Moral, z. B. Moralisieren und Moralvorstellungen als „Ethik des Handelns".

Zunächst einmal verbreitet Wirtschaftswerbung eine bestimmte „Moral" im Sinne von Setzung einer „Lehre/Verhaltensnorm": *„Kauft, damit ihr glücklich, gesund, satt, zufrieden, angenommen usw. werdet."* Ein solches **„Moralisieren"** im Sinne einer vorgegebenen oder empfohlenen Verhaltensnorm können wir z. B. augenblicklich im Rahmen der Öko-, Klima-, Bio- und Gesundheitswelle beobachten, wo die Werbung bestimmte Trends setzt, eine bestimmte „Moral predigt". Ein gutes Beispiel sind die Naturkostprodukte, die ganz wesentlich von der Werbeindustrie deshalb verbreitet werden, weil man mit ihnen gute Geschäfte machen kann. Das bedeutet nicht, dass diese oder andere so beworbene Produkte schlecht sind, sondern nur, dass mit Moralappellen geworben wird, was ebenso nicht automatisch schlecht ist.

Auch für teure Autos mit „Blue-Tech-Technologien" (Mercedes) wird augenblicklich sehr geworben, ich mag mir den verbleibenden CO_2-Austoß gar nicht ansehen. Es gibt ganze Produktlinien, die sich über Moralisieren verkaufen, wie z. B. die Lebensmittel der Marke *„Du darfst"* oder *„Blue-Motion"* (Volkswagen Gruppe). Der Produktname *„Du darfst"* ist selbst eine „Moral".

Kurz: „Die Hersteller haben es erfolgreich verstanden, ihre Produkte im Zeichen der Moralität umzucodieren" (Wolfgang Pauser in *Die Zeit* vom 15.08.1997, S. 91), sei es der „Grünfilter" im Staubsauger, die Bioland-Nahrungskette, die Bezeichnung Ökolavamat für eine Waschmaschine, das so genannte saubere Auto (heißt es doch in der Opel-Werbung: *„Wir haben verstanden"*).

Dabei reicht die Produktlinie *„Du darfst"* bereits in eine andere Form des Moralisierens, nämlich den direkten Appell an das eigene Gewissen, *„Kann ich das meinem Körper antun?"*, herüber. Das geschieht auch, wenn die Werbung an die Moral der Umworbenen in Gestalt weiblicher Fürsorge für die Familie dadurch appelliert, indem sie drohende Fragen des Typs *„Ist dieser Pulli auch angenehm weich?"* (Weichspülerreklame Lenor) oder *„Fühlt mein Mann sich in dem Hemd auch wirklich wohl?"* oder *„Habe ich für meine Familie gut gesorgt?"* (Werbung für Lebensversicherungen) an das Gewissen stellt – wir kennen solche Werbungen zur Genüge.

So konstatiert der bereits genannte Pauser in der Wochenschrift *Die Zeit* dann auch: „Von >Du darfst< beim Frühstück bis zu >Danke< auf dem Klo findet sich der moderne Mensch umgeben von Markenartikeln, die an sein schlechtes Gewissen appellieren." (*Die Zeit* vom 15.08.1997, S. 49). Der genannte Autor nennt dieses Moralisieren übrigens im hohen Maße unmoralisch.

Und: Die Werbeagentur New Sign fragte auf dem Berliner Werbekongress von 1997 *„Kann eine Waschmaschine pazifistisch sein?"* mit folgendem Foto:

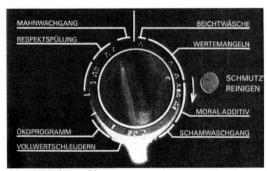

Abb. 5 Waschmaschine

Und damit kommen wir zu einer anderen, vielleicht zentraleren Moral, mit der die Werbung umzugehen hat: **Kann und soll Werbung an sich selbst moralische Ansprüche anlegen, oder sind diese bei der persuasiven Intention werblicher Kommunikation überhaupt ausgeschlossen? Antwort: Doch, sie kann, und die Werbewirtschaft tut es in gewissen Bereichen auch.** Ja, sie muss es sogar noch mehr tun, wenn sie mit ihrer hohen gesellschaftlichen Bedeutung für die Einzelnen und für das Ganze Verantwortung tragen soll, und sie muss gegebenenfalls durch Abmahnung/Aufklärung oder gesetzlich gezwungen werden, einen gewissen moralischen Mindeststandard zu erfüllen, besser noch: **sie sollte am Aufbau einer modernen Gesellschaft verantwortlich teilhaben.**

Zunächst: Es gibt eine Reihe von **Selbstverpflichtungen der Werbewirtschaft** und Institutionen, die eine gewisse sittliche Moral sowie diese Selbstverpflichtung kontrollieren. So gibt es z. B. den **Deutschen Werberat**, eine Einrichtung der Werbewirtschaft, der Verstöße gegen gesetzliche Bestimmungen und Verstöße gegen Anstand und Sitte ahndet. **Jede/r kann sich dort beschweren.** Natürlich greift diese Art der Selbstkontrolle nur bei groben Verstößen und dort, wo ein/e Kläger/in ist – z. B. wenn sich bei pornografischen Darstellungen oder bei Geschmacklosigkeiten zu Lasten bestimmter Personengruppen die Öffentlichkeit oder Interessengruppen melden; dann allerdings wird auch sehr schnell eine Anzeige oder ein Spot vom Markt genommen.

Sobald die Zigarettenmarke West im Rahmen einer Werbeserie z. B. mit einer Domina in Lederkleidung und Peitsche warb, verschwand diese Werbung aufgrund von Frauenprotesten sofort. Auch die Benettonwerbung, die mit dem Elend der Dritten Welt, mit Bildern Hungernder, Kranker und Kriegstoter warb, war sofort sehr umstritten – das führte nicht nur zu Abmahnungen, sondern u. a. auch zu Kündigungen von Niederlassungsmietverträgen oder Lizenznehmer/innen.

Das folgende Beispiel gibt einen Einblick in die **Selbstverpflichtung einer öffentlich-rechtlichen Rundfunk- und Fernsehanstalt** bezüglich der Gestaltung und des Umgangs mit Werbung und zwar über das hinaus, was amtliche Bestimmungen bereits regeln. Es lohnt sich, dies Kleingedruckte näher zu studieren, viele wichtige und neue Bereiche (Sponsoring, Schleichwerbung u. a.) sind ausführlich behandelt. Deshalb wird hier ausführlich, wenn auch gelegentlich gekürzt, zitiert (Quelle: www.wdr-mediagroup.com):

ARD-Richtlinien für die Werbung, zur Durchführung der Trennung von Werbung und Programm und für das Sponsoring in der Fassung vom 06. Juni 2000

Präambel

Die Herstellung und Verbreitung von Programmen ist öffentliche Aufgabe der Rundfunkanstalten. Zur Mitfinanzierung dieser Aufgaben steht den Rundfunkanstalten neben der Werbung das Sponsoring als eigenständige Finanzierungsform zu. Um die Unabhängigkeit der Programmgestaltung und die Einhaltung der Neutralität gegenüber dem Wettbewerb im freien Markt zu sichern und in Ausführung von Artikel 1 § 16 des Staatsvertrags über den Rundfunk im vereinten Deutschland in der Fassung des 4. Staatsvertrags zur Änderung rundfunkrechtlicher Staatsverträge sowie in Ergänzung der Grundsätze für die Zusammenarbeit im ARD-Gemeinschaftsprogramm „Deutsches Fernsehen" vom 09.07.1971, in der Fassung vom 28.04.1981 gelten die nachfolgenden Grundsätze:

---

1. Kennzeichnung der Werbung und Trennung vom Programm

1.1. Werbung ist jede Äußerung bei der Ausübung eines Handels, Gewerbes, Handwerks oder freien Berufs, die im Rundfunk entweder gegen Entgelt oder eine ähnliche Gegenleistung oder als Eigenwerbung gesendet wird mit dem Ziel, den Absatz von Waren oder die Erbringung von Dienstleistungen, einschließlich unbeweglicher Sachen, Rechte und Verpflichtungen, gegen Entgelt zu fördern. Hinweise der Rundfunkanstalten auf eigene Programme und auf Begleitmaterialien, die direkt von diesen Programmen abgeleitet sind, sowie unentgeltliche Beiträge im Dienst der Öffentlichkeit einschließlich von Spendenaufrufen zu Wohlfahrtszwecken gelten nicht als Werbung im Sinne von Satz 1.

1.2. Werbung im Hörfunk und Fernsehen muss als solche klar erkennbar sein. Sie ist im Fernsehen durch optische, im Hörfunk durch akustische Mittel von anderen Programmteilen eindeutig zu trennen. In der Werbung dürfen keine unterschwelligen Techniken eingesetzt werden.

1.3. Werbung darf nur ausgestrahlt werden, wenn sie nach Inhalt und Art der Gestaltung nicht mit anderen Programmteilen verwechselt werden kann. Werbung und Werbetreibende dürfen das übrige Programm inhaltlich und redaktionell nicht beeinflussen.

1.4. In der Fernsehwerbung dürfen keine Personen auftreten, die regelmäßig Nachrichtensendungen oder Sendungen zum politischen Zeitgeschehen vorstellen. Dies ist organisatorisch sicherzustellen.

2. Einfügung der Werbung

2.1. Übertragungen von Gottesdiensten und Sendungen für Kinder dürfen nicht durch Werbung unterbrochen werden.

2.2. Fernsehwerbung muss zwischen den Sendungen eingefügt werden. Einzeln gesendete Werbespots müssen die Ausnahme bilden.

2.3. Unter den nachfolgenden Voraussetzungen kann die Werbung auch in eine Sendung eingefügt werden, sofern die Werbeeinschaltung den Gesamtzusammenhang und den Charakter einer Sendung nicht beeinträchtigt und sofern nicht gegen Rechte Dritter verstoßen wird.

2.4. Fernsehsendungen von mehr als 45 Minuten Dauer dürfen einmal Werbeeinschaltungen enthalten. Dies gilt auch, wenn die Sendungen unterteilt werden. Bei der Übertragung von Ereignissen und Darbietungen, die Pausen enthalten, darf die Werbung jedoch nur zwischen eigenständigen Teilen oder in den Pausen eingefügt werden. Die Berechnung der Dauer einer Sendung richtet sich nach deren programmierter Sendezeit. Mehrere an einem Tag ausgestrahlte Teile eines Programms, z. B. einer Serie, stellen keine einheitliche Fernsehsendung dar, wenn die einzelnen Teile selbständige Folgen/Episoden sind. Gleiches gilt, wenn zwischen zwei Teilen eines Programms neben der Werbung ein zusätzliches redaktionell gestaltetes Programmelement mit eigenem Einschaltwert eingefügt ist.

2.5. Bei der Übertragung von Sportereignissen, die Pausen enthalten, darf Werbung abweichend von Ziffer 2.4. jedoch nur in den Pausen ausgestrahlt werden. [...]

3. Inhalt und Gestaltung der Werbung

3.1. Werbung politischer, religiöser oder weltanschaulicher Art ist unzulässig. Dieses Verbot schließt das so genannte „social advertising" nicht aus, wie beispielsweise Werbung für wohltätige Zwecke.

3.2. Werbung darf nicht irreführen, nicht den Interessen der Verbraucher schaden und nicht Verhaltensweisen fördern, die die Gesundheit oder Sicherheit der Verbraucher sowie den Schutz der Umwelt gefährden. Die einschlägigen Verhaltensregeln des Deutschen Werberates über die Werbung für alkoholische Getränke sind zu beachten. Werbung darf nach Inhalt und Gestaltung nicht gegen Gesetze verstoßen. Zu beachten sind insbesondere das Jugendschutzgesetz, die Vorschriften über das Verbot der Tabakwerbung im Lebensmittel- und Bedarfsgegenständegesetz sowie die Werbebeschränkungen für Medikamente und Heilmittel im Heilmittelwerbegesetz.

3.3. Bei Werbung, die sich auch an Kinder oder Jugendliche richtet oder bei denen Kinder oder Jugendliche eingesetzt werden, darf deren Interessen nicht geschadet oder ihre Unerfahrenheit ausgenutzt werden. Es sind die Verhaltensregeln des deutschen Werberates für die Werbung mit und vor Kindern im Werbefunk und Werbefernsehen einzuhalten.

4. Dauerwerbesendungen

4.1. Dauerwerbesendungen sind zulässig. Die Werbung muss den wesentlichen Teil der Sendung darstellen; der Werbecharakter muss erkennbar im Vordergrund stehen.

4.2. Im Fernsehen ist zu Beginn der Sendung darauf hinzuweisen, dass es sich um eine Dauerwerbesendung handelt. Ferner ist während des gesamten Verlaufs der Sendung darauf hinzuweisen, dass es sich um eine Werbesendung handelt. Im Hörfunk ist zu Beginn der Sendung darauf hinzuweisen, dass es sich um eine Dauerwerbesendung handelt. Während des Verlaufs der Sendung ist auf den Werbecharakter hinzuweisen.

5. Teleshopping

5.1. Teleshopping ist die Sendung direkter Angebote an die Öffentlichkeit für den Absatz von Waren oder die Erbringung von Dienstleistungen, einschließlich unbeweglicher Sachen, Rechte und Verpflichtungen gegen Entgelt.

5.2. Teleshopping findet mit Ausnahme von Teleshopping-Spots im öffentlich-rechtlichen Rundfunk nicht statt. Teleshopping-Spots sind Werbung im Sinne von Ziffer 1.1. Darüber hinaus dürfen sie Minderjährige nicht dazu anhalten, Kauf- oder Miet- bzw. Pachtverträge für Waren und Dienstleistungen zu schließen.

6. Split-Screen

6.1. Eine Teilbelegung des ausgestrahlten Bildes mit Werbung, also die parallele Ausstrahlung redaktioneller und werblicher Inhalte, ist – auch in Form der Laufbandwerbung – zulässig, wenn die Werbung vom übrigen Programm eindeutig optisch getrennt und als solche gekennzeichnet ist. Eindeutigkeit ist insbesondere gegeben, wenn das Werbefenster während des gesamten Verlaufs durch den Schriftzug „Werbung" vom redaktionellen Teil des Programms abgegrenzt ist. Diese Werbung wird unabhängig von der Größe der Werbeeinblendung vollständig auf die Dauer der Spotwerbung angerechnet.

[...]

7. Virtuelle Werbung

Die Einfügung virtueller Werbung in Sendungen ist zulässig, wenn am Anfang und am Ende der betreffenden Sendung darauf hingewiesen wird und durch sie eine am Ort der Übertragung ohnehin bestehende Werbung ersetzt wird. Am Ort der Übertragung vorhandene statische Werbung darf nicht durch Werbung mit Bewegtbildern ersetzt werden. Andere Rechte, insbesondere Urheber- und Leistungsschutzrechte sowie Werbebeschränkungen des deutschen und europäischen Rechts bleiben unberührt.

8. Verbot von Schleichwerbung / Product Placement

8.1. Schleichwerbung ist die Erwähnung oder Darstellung von Waren, Dienstleistungen, Namen, Marken oder Tätigkeiten eines Herstellers von Waren oder eines Erbringers von Dienstleistungen in Programmen, wenn sie zu Werbezwecken vorgesehen ist und die Allgemeinheit hinsichtlich des eigentlichen Zwecks dieser Erwähnung oder Darstellung irreführen kann. Eine Erwähnung oder Darstellung gilt insbesondere dann als zu Werbezwecken beabsichtigt, wenn sie gegen Entgelt oder eine ähnliche Gegenleistung erfolgt.

8.2. Schleichwerbung und entsprechende Praktiken sind unzulässig.

8.3. Zulässig ist die Erwähnung oder Darstellung von Produkten, wenn und soweit sie aus journalistischen oder künstlerischen Gründen, insbesondere zur Darstellung der realen Umwelt, zwingend erforderlich ist. Soweit gemäß Satz 1 Produkte erwähnt oder dargestellt werden, ist durch die Art der Darstellung nach Möglichkeit die Förderung werblicher Interessen zu vermeiden (z. B. Marktübersichten statt Einzeldarstellungen, Vermeiden werbewirksamer Kameraführung und – insbesondere bei Serien – Wechsel der Produkte und unterschiedliche Ausstattung).

8.4. Für die Beschaffung von Rechten an Produktionen sowie Dienst- und Sachleistungen für die Herstellung von Produktionen sind angemessene Entgelte zu vereinbaren. Die unentgeltliche oder verbilligte Entgegennahme von Produktionsmitteln oder sonstigen Leistungen (Produktionshilfe) ist nur zulässig, wenn damit keine Einschränkung der journalistischen oder künstlerischen Darstellungsfreiheit verbunden ist. Ein etwaiger Hinweis auf eine solche Produktionshilfe in Bild oder Ton hat sich unter Vermeidung aller werblichen Effekte auf die Sachinformation zu beschränken.

8.5. Die Entgegennahme von Entgelten oder geldwerten Vorteilen für den Einsatz, die besondere Hervorhebung oder die Nennung von Produkten ist unzulässig. Dies gilt für alle Produktionsbeteiligten.

8.6. Die vorstehenden Bestimmungen sind auch beim Einsatz fremdproduzierter Beiträge zu beachten. In Zweifelsfällen ist die Entscheidung der zuständigen Redaktion einzuholen. [...]

[...]

9. Gewinnspiele

9.1. Gewinnspiele in Hörfunk und Fernsehen sind als Teil des redaktionellen Programms zulässig. Sie dienen zur Information und Unterhaltung der Zuschauer und Zuhörer und bieten einen zusätzlichen Anreiz, ein bestimmtes Programm zu beobachten und so die Bindung zwischen Publikum und Rundfunkanstalt zu vertiefen. Die Verfolgung anderer Zwecke ist grundsätzlich unzulässig.

9.2. Bei der Auslobung von Geld- und Sachpreisen ist darauf zu achten, dass Produkte oder ihre Spender nicht einseitig bevorzugt werden (Wechsel der Produkte). Auf den Spender ist hinzuweisen. Die Darstellung oder Nennung von Produkten oder Spendern ist auf das programmlich Notwendige zu beschränken; jeder über die Information über den Gewinn und/oder seinen Spender hinausgehende Werbeeffekt ist zu vermeiden.

9.3. Innerhalb einer gesponserten Sendung dürfen Produkte oder Leistungen, die der Sponsor zur Verfügung gestellt hat, nicht präsentiert werden. [...]

[...]

10. Sponsoring von Sendungen

10.1. Sponsoring ist jeder Beitrag einer natürlichen oder juristischen Person oder einer Personenvereinigung, die an Rundfunktätigkeiten oder an der Produktion audiovisueller Werke nicht beteiligt ist, zur direkten oder indirekten Finanzierung einer Sendung, um den Namen, die Marke, das Erscheinungsbild der Person oder Personenvereinigung, ihre Tätigkeit oder ihre Leistungen zu fördern.

10.2. Durch Sponsoring dürfen die Erfüllung des öffentlich-rechtlichen Programmauftrages und die Unabhängigkeit der Programmgestaltung nicht beeinträchtigt werden.

10.3. Bei Sendungen, die ganz oder teilweise gesponsert werden, muss zu Beginn und/oder am Ende auf die Finanzierung durch den Sponsor in vertretbarer Kürze deutlich hingewiesen werden; der Hinweis ist in diesem Rahmen auch durch Bewegtbild möglich. Neben oder anstelle des Namens des Sponsors kann auch dessen Firmenemblem oder eine Marke eingeblendet werden. Es gelten die Bestimmungen zum Verbot von Schleichwerbung. Im Übrigen gilt Ziffer 10.6.

10.4. In Programmtrailern für gesponserte Sendungen darf auf den Sponsor nicht hingewiesen werden.

10.5. Es ist auszuschließen, dass der Sponsor in Bezug auf den Inhalt oder die Platzierung der gesponserten Sendung Vorgaben macht oder hierauf in anderer Weise Einfluss nimmt.

10.6. Die gesponserte Sendung darf nicht durch entsprechende besondere Hinweise oder Darstellungen zum Verkauf, zum Kauf oder zur Miete oder Pacht von Erzeugnissen oder Dienstleistungen des Sponsors anreizen.

10.7. Die Unterbrechung gesponserter Sendungen durch Werbung ist nach Maßgabe der Bestimmungen über die Einfügung von Werbung zulässig.

10.8. Politische, weltanschauliche oder religiöse Vereinigungen dürfen Sendungen nicht sponsern. Sendungen dürfen nicht von Unternehmen gesponsert werden, deren Haupttätigkeit die Herstellung von Zigaretten und anderen Tabakerzeugnissen ist.

10.9. Beim Sponsoring von Sendungen durch Unternehmen, deren Tätigkeit die Herstellung oder den Verkauf von Arzneimitteln und medizinischen Behandlungen umfasst, darf für den Namen oder das Image des Unternehmens gesponsert werden, nicht jedoch für bestimmte Arzneimittel oder medizinische Behandlungen, die nur auf ärztliche Verordnung erhältlich sind.

10.10. Nachrichtensendungen oder Sendungen zum politischen Zeitgeschehen (z. B. politische Magazine) dürfen nicht gesponsert werden.

10.11. Die Entgegennahme finanzieller Zuwendungen oder sonstiger geldwerter Vorteile als Gegenleistung für die über das nach Maßgabe der Ziffer 10.3. Zulässige hinausgehende Gestaltung oder Platzierung von Sponsorenhinweisen ist untersagt.

10.12. Das Sponsern von Sendungen in Gemeinschaftsprogrammen bedarf der Einwilligung der Fernsehprogrammkonferenz. Sie kann für bestimmte Sendungen auch allgemein erteilt werden.

11. Übertragung gesponserter Ereignisse

11.1. Bei der Übertragung eines Ereignisses oder bei der Berichterstattung über ein Ereignis, das von einem oder mehreren Sponsoren veranstaltet oder gefördert wird, darf die Unabhängigkeit der Programmgestaltung nicht eingeschränkt werden.

11.2. Es ist darauf hinzuwirken, dass der Programminhalt nicht mit dem Sponsor des Ereignisses identifiziert werden kann und Hinweise auf den Sponsor das von den Rundfunkanstalten nicht zu vermeidende Maß an Werbung nicht überschreitet. Der Sponsor des Ereignisses wird nicht im Vor- und Abspann genannt. Die Vorschriften über das Sponsoring von Sendungen nach Ziffer 10 bleiben unberührt.

12. Gesponserte Sendungen ausländischer Rundfunkanstalten

Für Übernahmen gesponserter Sendungen ausländischer Rundfunkveranstalter gelten Ziffer 10 und Ziffer 11 entsprechend.

13. Grafikidentifikation

13.1. Im Verlauf der Einblendung von Grafiken (Zeitenblendungen, Spiel- und Messständen etc.) bei Sportberichterstattungen können Firmennamen oder Produktnamen von technischen Dienstleistern abgebildet werden, wenn diese im direkten funktionalen Zusammenhang (Quellenangabe) mit der Einblendung stehen. [...]

[...]

14. Hinweise auf Begleitmaterial /Merchandising

14.1. Redaktionelle Hinweise auf Begleitmaterial sind zulässig. Begleitmaterial sind Bücher, Schallplatten, CD's, CD-ROM's, Videokassetten und andere Publikationen, die sich unmittelbar von Sendungen, Programmen oder Veranstaltungen der Rundfunkanstalt ableiten und entweder von ihr, einem Beteiligungsunternehmen oder Dritten produziert oder vertrieben werden.

[...]

15. Spendenaufrufe/ Wohltätigkeitsveranstaltungen

15.1. Spendenaufrufe sollen nur dann verbreitet werden, wenn die Spenden allgemein anerkannten humanitären, sozialen und kulturellen Zwecken dienen und die zweckentsprechende Spendenverwendung ausreichend sichergestellt ist.

[...]

Trotz dieser detaillierten Selbstverpflichtungen muss man sich fragen, ob dies ausreicht und wenn man das erste Kapitel gelesen hat, wird man dies verneinen. Abgesehen natürlich von der Frage, inwieweit solche Selbstverpflichtungen bei diesen Sendern oder bei Konkurrenzsendern überhaupt befolgt werden.

Und ist es nicht an der Zeit, den gesellschaftlich immer dominanter werdenden „Tatbestand Werbung" produktiv in die Gestaltung einer zukünftigen Gesellschaft einzubeziehen, so dass er mitwirkt an einer gezielten Entwicklung hin zum/zur mündigen, demokratischen, toleranten, für die natürliche Mitwelt offenen Bürger/in, möglichst in einem europäischen – oder gar in einem weltorientierten – Kontext anstatt, wie oben bereits angedeutet, an ihrer Zerstörung mitzuwirken?

Soll also Werbung eine weit reichende Verantwortung für die gesellschaftliche Entwicklung, eine umfassende Moral haben? Meine Antwort ist eindeutig ja, und dies, damit sie zu einer Produktivkraft in der Gesellschaft werden kann!

Wir wissen, welchen Einfluss Werbung in der Zeitung, der Zeitschrift, im Rundfunk, im Fernsehen, in Briefen und als Propaganda heute auf die Menschen haben, wir wissen, dass Werbung Trendsetter und gesellschaftliche Kraft ist. Sie nicht für eine politisch gewollte Verbesserung der Lebensverhältnisse, der inneren Einstellungen von Menschen und sie nicht für das Nahelegen von Lebensplänen und Wirklichkeiten zu nutzen, ist m. E. eine gefährliche Unterlassung.

Also, das Werben und das Verkaufen-Wollen werden wir den Werbetreibenden nicht ausreden wollen und können, aber ich glaube, Werbung hat etwas davon, wenn sie mehr informiert als verführt und wenn sie als ein anerkanntes Medium auf bereitwilligere Leser/innen, Zuhörer/innen und Fernsehzuschauer/innen trifft, sich Zug um Zug von dem Vorwurf der massiven Manipulation befreit, kurzum, ein positiver Gesellschaftsfaktor wird. Dies könnte auch dazu führen, dass die traditionell negative Beurteilung der Werbung im Unterricht der Schulen und der bewussteren Klientel einer differenzierten Beurteilung weichen kann. **Heute wird über**

Werbung oft geredet, geschrieben und unterrichtet, als sei sie der Teufel selbst. Das muss nicht sein.

Die pädagogische Beurteilung von Werbung und ihre Behandlung im Unterricht hat Richard Schrodt in *Informationen zur Deutschdidaktik* Heft 3, 1992 anhand von Quelltexten in Schulbüchern und Lehrerkommentaren sehr deutlich herausgearbeitet. Er kommt zu einer durchaus interessanten Einschätzung dieser Position – vgl. seine Darstellungen zur Manipulation dort auf den Seiten 58 ff. Weitere neuere Arbeiten liegen z. B. von Eva Maria Rastner *Werbung* 1998, Christian Rühle *Sekundarstufe II: Rund um Werbung* 2004, Andreas Mertin und Hartmut Futterlieb *Werbung als Thema des Religionsunterrichts* 2001 vor.

Es gab und gibt in der Pädagogik schon seit längerem eine differenziertere und offenere Betrachtung. Ich zitiere nach Richard Schrodt aus dem Lehrerbegleitband Thema „*Sprache neu*" von 1979 S. 63:

„Bei der Analyse der Katalogwerbung soll es nicht [nur, Ergänzung des Autors] um die >Entlarvung< von >Manipulation< gehen. Dass die Wirtschaft wirbt und dabei nicht nur unseren Verstand, sondern auch unser Gefühl anspricht, akzeptieren wir. Ebenso natürlich ist es aber auch, dass wir uns diese Tatsache bewusst machen und die benutzten Mittel kennen lernen. Vielleicht vergrößert das den ohnehin nicht unbegrenzten Spielraum unserer Entscheidungen ein wenig."

Die in diesem Text geäußerte Position ist auch die meine und mag für Erörterungen über das Moralische in diesem Kapitel ein guter Anlass sein.

Wenn es gelingt, die Wirtschaftswerbung moralisch in ein emanzipatorisches, demokratisches Gesellschaftskonzept einzubinden, wird sie den in intellektuellen Kreisen so hoch gehandelten Schrecken als negative gesellschaftliche Kraft verlieren und wird dahin kommen, was sie in einer offenen Gesellschaft sein will: Wohlfeile Informationsquelle für potentielle, mündige Kund/innen. Bei einer solchen Moral könnte es gut sein, dass Werbefachleute selbst mit Material und Konzepten in die Schulen gehen.

Ich muss allerdings eingestehen, dass das angesichts der augenblicklich herrschenden und berechtigten Konsumkritik (siehe oben) keine leichte Aufgabe ist.

2.2 Kommunikationstheorie

Zunächst: Die Mehrheit der Autor/innen bezeichnet **Wirtschaftswerbung als kommunikativen Prozess.** Otto W. Haseloff (*Kommunikationstheoretische Probleme der Werbung* In: Karl Christian Behrens *Handbuch der Werbung* 1975, S. 158) schreibt schlicht: „Wirtschaftswerbung ist geplante öffentliche Kommunikation zum Zweck einer wirksamen Information, Persuasion und Entscheidungssteuerung." Auch neuere Arbeiten halten an dieser Auffassung fest, angefangen bei Peter Schifko (*Die Werbetexte aus sprachwissenschaftlicher Sicht* In: Bruno Tietz *Handbuch der Kommunikations- und Werbewirtschaft* 1982, S. 982f.), Gabriele Bechstein (*Werbliche Kommunikation* 1987, S. 315), über Susanne Eichholz (*Automobilwerbung in Frankreich* 1995, S. 14, 44, 45), Thomas Seifert (*Kommunikationsstrategien in der Werbung* 2000), Siegfried J. Schmidt u. a. (*Handbuch Werbung* 2004) bis hin zu Ingomar Kloss (*Werbung* 2007). Generell sind Werbetreibende dieser Meinung, vgl. den beigefügten anonymisierten Briefauszug, den eine Studentin auf eine Anfrage für ihre Examenshausarbeit vom Executive Creative Director einer bekannten Werbeagentur erhielt:

„B.L., Werbeagentur Z & T, den 24.09.1998

Liebe Frau ...,

was wäre Sprache ohne Redundanz? Würde man in einem Text alles weglassen, was nicht zwingend für das Verständnis notwendig ist, würde ein emotionsloses, technisches Konstrukt übrig bleiben.

Gerade in der Werbung haben wir es aber nicht mit Gebrauchsanweisungen oder juristischen Formulierungen zu tun, sondern mit Kommunikation von Mensch zu Mensch, tatsächlich wird in der Werbung eher geschrieben, wie man spricht. Denn wir wollen lieber mit unseren Kunden reden als ihnen nur mitzuteilen [...]."

Dennoch die Frage: Ist Werbung also Kommunikation und wenn ja, welcher Art?

Und: Was ist Kommunikation überhaupt? Dazu die folgenden Ausführungen:

Kommunikation ist ein soziales Phänomen und kann als „Gesamtheit der zwischenmenschlichen Bedeutungsvermittlung" (Rolf Meyer-Herrmann

Zur Analyse metakognitiver Sprechakte im Sprachunterricht In: Gert Henrici, Rolf Meyer-Herrmann *Linguistik und Sprachunterricht* 1976, S. 33) verstanden werden. Kommunikation ist die Übertragung von Nachrichten und „die durch diese mögliche Steuerung von Erwartungen, Einstellungen und Verhaltensentscheidungen" (Hans Jürgen Rogge *Werbung* 1988, S. 21). Bechstein (1987, S. 3) bezeichnet Kommunikation ähnlich als „den zielgerichteten Vorgang der Bedeutungsvermittlung und der Interaktion zwischen verschiedenen Individuen." Und ich selbst schreibe in meinem Buch *Kommunikation und Leben* (Wolfgang Eichler 2008), S. 10f:

> „Kommunikation ist die menschliche Kontaktaufnahme und Interaktion mit dem Ziel, sich zu verständigen. Die immer wiederkehrende Formulierung >Wir leben in einer Kommunikations- und Wissensgesellschaft< und der enorme Aufschwung der modernen Kommunikations- und Informationstechnologien machen deutlich, dass unser gesellschaftliches Leben durch Kommunikation bestimmt ist. Nicht nur das öffentliche und berufliche Leben, sondern auch das private Leben in Familie, Partner- und Nachbarschaft ist von der Lebensader Kommunikation geprägt, verbunden mit Erfolgen und Misserfolgen darin. [...] Wir Menschen benutzen bei der Kommunikation Zeichen. Man unterscheidet sprachliche Zeichen, Wörter (einschließlich Wortformen und Wortbildungen) und nicht-sprachliche Zeichen wie Mimik (Gesichtsausdruck, Körperhaltung) und Gestik."

Die (nicht nur werbliche) Kommunikation läuft in mindestens vier Teilschritten ab:

1. Ein Sender

2. übermittelt eine Nachricht,

3. um das Verhalten

4. von Empfängern zu beeinflussen.

Diese vier Schritte findet man auch in der Wirtschaftswerbung. Eine Werbeagentur (1) produziert z. B. eine Anzeige (2), die den/die potentielle/n Käufer/in dazu anregen soll (4), das angebotene Produkt zu erwerben (3).

Wirtschaftswerbung als Marketinginstrument stellt die Verbindung zwischen Unternehmen und Verbraucher/innen/Nutzer/innen her. Entsprechend sehen die genannten Autor/innen, aber auch Hans Mayer, Ute Däumer und Hermann Rühle (*Werbepsychologie* 1982, S. 3) Werbung als

Kommunikation an. Sie nehmen einen Kommunikationsprozess mit folgenden Faktoren an:

- Sender oder Kommunikator
- Werbebotschaft oder Kommuniqué
- Übertragungsmedium
- Kommunikationskanal
- Zielpersonen der Kommunikation oder Kommunikanten

Werbekommunikation wird von den meisten Autor/innen allerdings als auf die Übermittlung von Botschaften beschränkt angesehen. Diese Einschränkung gilt nach Bechstein (1987) für die gesamte Massenkommunikation, und sie ordnet die Wirtschaftswerbung als Massenkommunikation ein.

Bei der Massenkommunikation werden die Botschaften von oft **unbekannten Kommunikatoren** (siehe unten Kapitel 3.2) mit Hilfe von technischen Medien, an eine große Zahl von Rezipient/innen gesendet. Diese haben nur eingeschränkte Möglichkeiten bei der Mitgestaltung der Kommunikation, es gibt meist nur ein indirektes Feedback (den Absatz der Ware), wir sprechen deshalb auch von indirekter, einseitiger Kommunikation. Das steht im Gegensatz zur direkten oder zwei- bzw. mehrseitigen Kommunikation, die sich in einem Rollenwechsel der Kommunikationspartner/innen zwischen Sprecher/in und Hörer/in, die die Rollen wechseln, vollzieht. Bei der einseitigen Kommunikation – wie in der Wirtschaftswerbung – lässt die räumliche und zeitliche Distanz einen Rollenwechsel der Kommunikationspartner/innen gar nicht oder nur bedingt zu (vgl. Meyer-Herrmann 1976, S. 38).

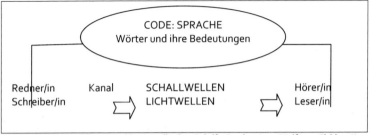

Abb. 6 Modell einseitiger Sprachkommunikation (Schrift, Sendung) aus Wolfgang Eichler „Kommunikation und Leben" 2008, S. 13

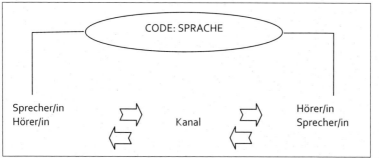

Abb. 7 Modell mehrseitiger Kommunikation (Gespräch, Dialog) aus Wolfgang Eichler „Kommunikation und Leben" 2008, S. 13

Nun kann trotz dieser allgemeinen Feststellung, dass die Werbekommunikation den Anforderungen des Modells der einseitigen Kommunikation genügt, dennoch die Frage gestellt werden, ob und ggbfs. inwieweit Wirtschaftswerbung in den von uns geläufigen Formen tatsächlich echte Kommunikation im Sinne der Beschreibung oben bei Eichler 2008 darstellt.

Dies ist z. B. von Franz Januschek 1974 und 1976 (*Werbesprache, erklärt aus ihrer Funktion und ihren Rezeptionsbedingungen* und *Sprache als Objekt*) grundsätzlich in Frage gestellt worden, danach jedoch nicht mehr. Er spricht von **Scheinkommunikation** mit der Begründung, dass der/die Empfänger/in von Werbenachrichten gar nicht als Kommunikationspartner/in aktiv werden kann, dass die **Kommunikationssituation** von den Werbetreibenden lediglich zum Schein **inszeniert** wird und die suggerierten Kommunikationsintentionen nicht mit den wirklichen Absichten übereinstimmen. Einiges, insbesondere die Inszenierung, ist richtig, das mit den Absichten finden wir auch in anderen „Kommunikationen", z. B. Lügen, Verschleierungen.

Januscheck spricht vom Hauptmedium der Werbekommunikation, der (Werbe)Sprache, sogar von einer „Antisprache", weil sie dazu tendiert, sich der natürlichen Sprache zu bemächtigen (vgl. Januschek 1976, S. 115).

Januschek hat seine Ansichten in so genannten **irrealen Dialogen** veranschaulicht, in denen er vor allem die Verletzung der, allerdings theoretischen, (Norm)Vorgaben der Sprachhandlungstheorie thematisiert. Den Standpunkt von Januschek macht folgender irrealer Dialog über eine Kaffeewerbung für Jacobs Krönung deutlich (Januschek 1976, S. 123):

> *Bert, Bert!*
>
> *Ja, Ernie, was hast du denn schon wieder?*
>
> *Weißt du, Bert, ich habe gerade eine Anzeige in einer Zeitschrift gesehen.*
>
> *Eine Anzeige in einer Zeitung, soso!*
>
> *Ja, Bert, und in der Anzeige, da war eine Frage, und die hieß: „Kennen Sie den Kaffee, der vielen Kurgästen besser schmeckt und bekommt?"*
>
> *Und was hast du geantwortet, Ernie?*
>
> *Geantwortet, Bert? Wieso denn geantwortet?*
>
> *Oder wusstest du die Antwort nicht?*
>
> *Ach so, ... du, weißt du, das hab ich mir noch gar nicht überlegt, Bert ... du, ich glaube, da soll man gar nicht antworten?!*
>
> *Soll man nicht antworten? Also, dann will er die Antwort gar nicht wissen?*
>
> *Wer will sie nicht wissen, Bert?*
>
> *Na, der die Frage in der Anzeige gestellt hat, Ernie; du könntest ihm doch schreiben!*
>
> *Schreiben, Bert? Das ist ja verrückt! Wem soll ich schreiben und warum?*
>
> *Dem, der dich gefragt hat, Ernie. Denn wenn er fragt, ob du diesen Kaffee kennst, warum sagst du ihm das nicht?*
>
> *Du, ich glaube, Bert, ich glaube – richtig, Bert, ich hab's!*
>
> *Was, Ernie?*
>
> *Das Ganze ist ein Scherz! Es hat mich gar keiner gefragt, Bert! Die Frage steht nur so da! Es will gar keiner wissen, ob ich diesen Kaffee kenne, kchchchchch!*

Ehe in die sprachtheoretische und kommunikationspsychologische Diskussion des Problems gegangen wird, zunächst ein in den Augen Januscheks sicher ketzerischer Versuch: Ist es nicht viel wahrscheinlicher, dass die folgenden Kommunikationsabläufe als Absicht des/der Werbetreibenden unterstellt werden können?

Ernie liest: *„Kennen Sie den Kaffee, der vielen Kurgästen besser schmeckt und bekommt?"*
Ernie erhebt die Frage im Text für sich zu einer Frage und beantwortet sie für sich mit *„Nein"* und folgert dann: *„Das muss ich wissen!"* und liest in der Anzeige weiter und diese zu Ende.
Oder: Ernie antwortet für sich mit *„Ja"*: *„Ach ja, Jacobs Krönung ist der Kaffee, der den Kurgästen und mir besser schmeckt und bekommt."*
Und – wie Ernie auch antwortet – immer gelingt die Werbung: Er will Jacobs Krönung.

Die Kommunikatoren in Januscheks irrealen Dialogen wirken auf eine Weise naiv oder kommunikativ unerfahren oder so, als stellten sie sich dumm.

Januscheks Argumentation ist dann auch explizit von einer Reihe von Autor/innen zurückgewiesen worden, so sofort von Schifko 1982, S. 998; er hält die Einschätzungen Januscheks

„[...] für verfehlt, denn es liegt sehr wohl eine Kommunikation mit allen Merkmalen und Auswirkungen einer solchen vor. Richtig ist, dass es sich um eine Kommunikation besonderer Art handelt und dass sie weitgehend gerade die Kommunikation nicht ist, die zu sein sie vorgibt",

vgl. dazu auch das Buch von Mario Kellermann *Suggestive Kommunikation* 1997.

Auch Eichholz (1995, S. 44) argumentiert in diese – kommunikationstheoretische – Richtung, wenn sie schreibt:

„[...] alle Grundvoraussetzungen für einen Kommunikationsvorgang sind gegeben, und außerdem ist der Empfänger in der Regel ein aufgeklärtes Wesen, das das eigentliche Ziel der Werbung durchschauen kann",

vgl. auch Seifert 2000.

Doch wir wollen es noch genauer, entlang der sprachhandlungstheoretischen Implikationen von Januscheks Argumentation, untersuchen, denn Januschek, das habe ich schon angedeutet, argumentierte weitgehend aus einem sprachhandlungstheoretischen Horizont heraus, wo die methodischen Setzungen der **Gleichheit und Gleichberechtigung der Kommunikationspartner/innen**, der **Mehrseitigkeit oder Zweiseitigkeit der Kommunikation** und das **Aufrichtigkeitsgebot** als methodische Voraussetzungen für das „Glücken, Gelingen" von Kommunikation gelten. Diese werden aber dann von einigen Autor/innen auch als Ideale der Kommunikation gesetzt.

Um das genauer zu verstehen, ist ein kurzer **Exkurs in die Sprechakttheorie und Sprachhandlungstheorie** notwendig, die in Kapitel 6 noch einmal aufgenommen werden. Vielleicht ist dies auch etwas für Spezialist/innen, ich möchte dennoch Mut machen, mir zu folgen.

Die Sprechakttheorie nach John Langshaw Austin und besonders John Searle (*Sprechakte* 1971) und die Sprachhandlungstheorie (vgl. die Einführung bei Utz Maas und Dieter Wunderlich *Pragmatik und sprachliches Handeln* 1972) versuchen, über die rein syntaktisch-semantische Analyse von sprachlichen Äußerungen systematisch dadurch hinauszukommen, indem sie die sprachlichen Äußerungen als Handlungen/Tätigkeiten begreifen und diese in eine Reihe mit nicht-sprachlichen Handlungen stellen. Searle fasst den Sprechakt als aus den folgenden Teiltätigkeiten zusammengesetzt auf, die jeweils gleichzeitig vollzogen werden:

1. Äußerungsakt

2. propositionaler Akt

3. illokutiver Akt

4. perlokutiver Akt

Dabei heißt Äußerungsakt in etwa „Es wird etwas in einer Sprache geäußert". Der propositionale Akt beinhaltet den Bezug auf die Welt (es wird über etwas geredet, das es gibt), und es wird ein Thema behandelt, eine Proposition gemacht. Die eigentliche kommunikative Handlung „steckt" im illokutiven Akt – in etwa „Wie ist es gemeint?" – und im perlokutiven Akt – in etwa „Welche Folgehandlung ist beabsichtigt?".

Man spricht deshalb bei der **Sprechakttheorie** auch von einer **Theorie der illokutiven Akte** (der perlokutive Akt bleibt jeweils blass). Der illokutive Akt kann oft durch ein so genanntes performatives Verb (ein Verb des Sagens und Meinens) zum Ausdruck gebracht werden: *„Ich behaupte, dass ...; ich versichere, dass ...; ich rate Dir, dass ..."* usw.

Für den erfolgreichen Vollzug, das Glücken eines illokativen Aktes muss nach Austin und Searle eine Reihe von Bedingungen erfüllt sein:

- Bedingungen des propositionalen Gehaltes: z. B. muss es das Angebotene auch wirklich geben

- Einleitungsbedingungen – so muss der/die Hörer/in bereit sein, auch dem/der Sprecher/in zuzuhören, die Kommunikationspartner/innen müssen das gleiche Zeicheninventar haben usw.

- Aufrichtigkeitsbedingungen – wie die Bedingung der Ernsthaftigkeit und des Wahrheitsgehaltes und

so genannte wesentliche Bedingungen, die sich auf die Intention beziehen – ein Versprechen z. B. beinhaltet eine Verpflichtung des Sprechers/der Sprecherin zur Einhaltung usw.

Es wird deutlich, dass hier eine stark sprachphilosophisch motivierte Theorie idealen Kommunizierens vorliegt, wobei es sich bei den Theorien Austins und Searles um **methodische Voraussetzungen handelt und nicht der Anspruch erhoben wird/werden kann, dass Kommunikation auch tatsächlich immer so ablaufe.**

Dieser sprachphilosophische Trend zur idealen Normierung wird in der Sprachhandlungstheorie, die sich dem marxistischen Sprachverständnis zuordnet – Sprache als Ausdruck gesellschaftlichen Arbeitens – noch verstärkt. Hier spielt z. B. die Interessenlage der Angesprochenen oder Umworbenen eine wichtige Rolle, die der Sprecher/die Sprecherin zu berücksichtigen hat, die Empfindlichkeit gegenüber dem Gleichheitsgebot der Kommunikationspartner/innen wird noch deutlicher konturiert, die Aufrichtigkeit ist absolute Voraussetzung. **In der Sprachhandlungstheorie wird Kommunikation als ein emanzipatorischer Prozess idealisiert.**

Nun sind wir allerdings sehr oft mit Kommunikationssituationen folgender Art konfrontiert:

a) Einseitige Kommunikation: Eine/r sendet, der/die Andere nimmt auf und kann sich nicht zurückmelden. Diese Art der Kommunikation herrscht z. B. beim Lesen eines Buches, in Vortrag und Rede, in Gesetzes- und Verwaltungsverordnungen und in allen Briefen vor. Sie ist also für uns etwas ganz Normales.

b) Auch das Problem der Gleichheit und Gleichberechtigung der Kommunikationspartner/innen einschließlich der Annahme des gleichen Wissenstandes, der gleichen Sprache, des gleichen Zeicheninventars ist ein ideales und kein der Wirklichkeit entsprechendes, wonach empirischen Erfahrungen zufolge selbst im Gespräch unter Gleichen sehr schnell jemand die „Führung" übernimmt und es auch oft sogar institutionelle Ungleichheiten und Ungleichberechtigungen gibt, beispielsweise im Verhältnis zwischen Arzt/Ärztin und Patient/in, Polizist/in und Verkehrsteilnehmer/in, Richter/in und Angeklagtem/r, Lehrer/in und Schüler/in, Eltern und Kind. Dazu kommen natürlich noch individuelle Unterschiede der Kommunikationsteilnehmer/innen: Wie ist jemand gerade heute drauf, wie ist es mit dem Sprachbesitz, wie ist es mit dem Wissensstand zu einem bestimmten Gebiet usw. Kurz, in der Praxis sieht es in der Regel ganz anders aus.

c) Und – leider – ist es auch mit der Aufrichtigkeit oft nicht so weit her: die Sprichwörter des Volkes um die Lüge („*Lügen haben kurze Beine.*", „*Wer einmal lügt, dem glaubt man nicht, und wenn er auch die Wahrheit spricht.*") kennzeichnen die Realität solcher Problematiken. Dennoch soll nicht geleugnet werden, dass Kategorien wie **Gleichberechtigung, Bereitschaft und Aufrichtigkeit als Grunderwartungen auch in der psychologischen Realität der Kommunikationspartner/innen vorhanden** sind oder anders gesagt, wenn der/die Umworbene nicht grundsätzlich bereit ist, der Werbung zuzuhören/zuzuschauen, ihr im Grunde auch zu glauben, wird er/sie den kommunikativen Kontakt ablehnen.

Und damit sind wir bereits bei sozialpsychologischen und kommunikationspsychologischen Fragestellungen, und auch hier ist es mit der werblichen Kommunikation ziemlich kompliziert.

Ein Beispiel: Bei Intellektuellen kommt es traditionell oder aus ideologischen Einstellungen oft zur grundsätzlichen Ablehnung von Werbung, weil Werbung als manipulativ und verlogen eingestuft wird – was diese Kreise aber nicht davon abhält, sich mit gut beworbener Markenware einzudecken nach dem Prinzip: „Das Beste ist für mich gerade gut genug". Und dabei ist nicht leitend, dass diese teure Ware vielleicht fair gehandelt ist (Denken Sie an das *Schwarzbuch der Markenfirmen* von Klaus Werner und Hans Weiss von 2001, das dort sicher bekannt ist) oder aus der Region stammt, sondern Egoismus und Konsumismus.

Und: Auch bei dem/der Normalbürger/in macht sich heute nicht selten eine Werbemüdigkeit breit, wir sprechen sogar von Werberesistenz. „*Wir haben sinkenden Erfolg bei gleichem Etat-Input, ob wir nun in Print oder TV einsetzen*", klagte der Media-Chef der Henkel-Werke im *Spiegel* 52, 1992 S. 115.

Aber selbst **Ablehnung der Kommunikation ist nach Paul Watzlawick u. a. (*Menschliche Kommunikation* 1972) Kommunikation,** denn *„Man kann nicht nicht kommunizieren!"* (Axiom 1). Das Ausbleiben des gewünschten Erfolges einer Kommunikation oder eine ablehnende Stellungnahme ist also noch kein Argument gegen das Bestehen von Kommunikation, abgesehen davon, dass die Werbetreibenden auch eine Rückmeldung erfahren, die sie veranlasst, ihre Strategie zu ändern, z. B. auch mit Antiwerbung zu werben oder sich mehr auf Public Relations zu verlegen, oder z. B. mit einem besonders hohen Informationsanteil in der Werbung zu arbeiten, was bei Hochwert- und Luxusprodukten, vgl. z. B. Werbung für Fertighäuser oder die Mercedes-Werbung, schon oft die Regel ist.

Und: an die **Unterscheidung zwischen kommunikativer Oberfläche und wirklich Gemeintem** hat sich selbst die Sprechakttheorie mit der **Kategorie des indirekten Sprechaktes** gewöhnt, sprachhandlungstheoretisch „verzerrte" Kommunikation gibt es in jeder Prüfung oder im normalen Schulunterricht (vgl. Wolfgang Eichler *Sprachdidaktik Deutsch* 1979). Wir haben es also mit dem Gegensatz zwischen idealen Annahmen der Theorie, hier Sprachhandlungstheorie, und weltpragmatischer Praxis, in der wir zu leben haben, zu tun, also das übliche Theorie-Praxis-Problem oder kurz: Wirtschaftswerbung ist für mich und für die meisten Autor/innen zwar nicht ideale, sondern in manchem verzerrte Kommunikation, aber sie ist Kommunikation, und wenn der/die Werbetreibende mit seinem/ihrem Versuch, eine kommunikative Beziehung zu den Umworbenen aufzubauen (siehe Kapitel 3.1), Erfolg hat, laufen die gewünschten innerkommunikativen Prozesse ab.

Der/Die Umworbene wird tätig, tritt z. B. in eine aktive Text-Bild-Interaktion mit der Anzeige, dem Werbspot, in die er/sie auch etwas Eigenes (siehe Kapitel 2.6) einbringt: zumindest nämlich Wünsche, Erwartungen, Triebe und sein/ihr Selbstkonzept.

Das sieht u. a. Bechstein (1987, S. 59) genauso, wenn sie schreibt, dass der Adressat, die Adressatin einer Anzeige „zur Interaktion und Partizipation am präsentierten Geschehen angeregt werden kann mittels optischer und sprachlicher Kunstgriffe", z. B. durch die „Form der Anrede" oder die „Benutzung unvollständiger Sätze und offener bzw. rhetorischer Fragen" (siehe Janušeks Textbeispiel oben). Schifko 1982, S. 987 spricht von einer „besondere(n) Künstlichkeit und Verfremdetheit" der Werbekommunikation, Kellermann 1997 von suggestiver Kommunikation und unterschwelligen Botschaften. Damit werden wir uns in den folgenden Kapiteln ausführlich beschäftigen.

2.3 Darstellungs- und Strategiemodelle

Es gibt verschiedene Strategien der werblichen Darstellung von Produkten und Dienstleistungen in der Wirtschaftswerbung, wobei letztere, z. B. eine Reise, eine Finanzdienstleistung, eine Rente immer mehr auch als Produkt bezeichnet werden, wir werden das im Folgenden auch tun.

Um die jeweiligen Werbeziele zu erreichen, bedienen sich die Werbetreibenden bestimmter Darstellungsmodelle und Strategien, denn es gilt, die Zielperson schrittweise an das Werbeziel heranzuführen, z. B. ihre Aufmerksamkeit zu gewinnen, dann das Nichtkennen des Produktes zu beseitigen, sie zu überzeugen und letztendlich auch den Kauf auszulösen u. ä.

A) Die AIDA-Formel

Ein älteres, aber immer noch aktuelles Modell zum Aufbau von Werbekommunikation ist die so genannte AIDA-Formel. Sie wurde bereits 1898 von Elmo St. Levis in Amerika konzipiert. Die AIDA-Formel enthält folgende Teilschritte der Heranführung der Umworbenen an den Kaufakt:

- **A** = attention, Erregung von Aufmerksamkeit (Aufreißer)

- **I** = interest, Erweckung von Interesse, sich mit der Werbung weiter zu beschäftigen (das muss noch nicht die Ware selbst sein)

- **D** = desire, Erweckung des Wunsches, die Ware zu besitzen, die Dienstleistung in Anspruch zu nehmen

- **A** = action: Eingabe der heute meist indirekten Kaufaufforderung

Deutlich wird in dieser, in der Werbung der 1950er und 60er Jahre außerordentlich populären „Regel" die Verwobenheit zwischen kommunikativen Funktionen und Intentionen (siehe auch Kapitel 1).

Erläuterung im Einzelnen

Zunächst gilt es, die Aufmerksamkeit der Umworbenen auf sich zu ziehen, die **attention**. Dies ist, wenn man mit Werner Kroeber-Riehl (*Strategie und Technik der Werbung* 1993) davon ausgeht, dass beim Überlesen einer Zeitschrift das Auge des Betrachters/der Betrachterin gerade einmal zwei Minuten auf der Werbeanzeige ruht und dann schon entschieden wird, ob die Anzeige überhaupt „näher bearbeitet" wird, ein wichtiger

Vorgang. Überschriften und Bilder schaffen in der Regel diese Attraktion – und haben oft wenig mit dem beworbenen Produkt zu tun.

Durch einen geeigneten Begleittext, der oft das Bild oder die Headline aufnimmt, wird versucht, das Interesse (**interest**) und wenn möglich auch schon den Wunsch der Adressat/innen (**desire**), das Produkt zu besitzen, zu wecken. Das kann z. B. argumentativ dargestellt oder durch die Einschaltung von sekundären Kommunikatoren (siehe Kapitel 3.2), d. h. Menschen, die das Produkt empfehlen, u. a. m. geleistet werden. Der Kaufakt (**action**) wird meist durch den Slogan (siehe Kapitel 7), die **indirekte Kaufaufforderung** und durch die **Platzierung des Produkts im Bild**, nahe gelegt. Da man bis in die 1940er und 1950er Jahre (vgl. Vance Packard *Die geheimen Verführer* 1969) ausgehend von der behavioristischen Psychologie annahm, dass eine Werbeanzeige in diesen wirkungsvoll ähnlichen Schritten bearbeitet wird, wurden und werden Werbeanzeigen gern aus diesen Komponenten aufgebaut. Das zeigt eine kleine Analyse oben für die ganzseitige Anzeige: der Leser, die Leserin gehe sie noch einmal von links oben nach rechts unten „durch", so nämlich, dachte man lange, wird eine Anzeige gelesen. Obwohl das AIDA-Modell als Stufen-Prozess als zumindest teilweise überholt gilt, sind viele moderne Anzeigen, wie die oben abgebildete, und auch Werbespots nach diesem Modell gemacht.

Nun kann man an diesem an sich einleuchtenden Modell aber auch Kritik üben. Selbst wenn viele Werbefachleute diesem Modell in seinen Grundzügen zustimmen, so gibt es doch Gegenargumente, nämlich die, dass das Stufenmodell aufgrund der zeitlichen Abfolge der Teilwirkungen gegen die Annahmen der Ganzheitspsychologie verstoße (vgl. Hans Jürgen Rogge *Werbung* 1988, S. 19). Denn nach Auffassung der Ganzheitspsychologie können psychologische Prozesse nicht schrittweise und isoliert ablaufen, sondern es wird angenommen, dass sie innerhalb weniger Augenblicke geschehen – man liest eine Anzeige nicht von oben nach unten.

Empirische Untersuchungen mit Hilfe des Pupillometers, mit dem die Augenbewegungen genau aufgezeichnet werden können, zeigen, dass in der Tat eine Anzeige nicht von oben links nach unten rechts gelesen wird (siehe Abbildungen).

Abb. 9 Pupillometer, 3 Beispiele

Außerdem nimmt bei einer schrittweise aufgebauten Werbung nach Rogge (ebd. S. 48) die Menge der erfolgreich Umworbenen von Stufe zu Stufe ab. Also: Die qualitative Wirkung nimmt zwar zu, während die quantitative abnimmt. Schematisch lässt sich dies folgendermaßen darstellen:

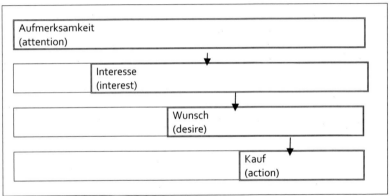

Abb. 10 AIDA-Modell von Hans Jürgen Rogge, 1988

B) Das neue strategische Stufenmodell

Das AIDA-Modell wurde (deshalb) schon in den 1930er Jahren weiterentwickelt zum so genannten neuen strategischen Stufenmodell. Dieses besteht aus den Teilwirkungen:

- **K = Kontakt herstellen**
- **A = Aufnahme der Botschaft sichern**
- **E = Emotionen vermitteln**
- **V = Verständnis erreichen**
- **G = im Gedächtnis verankern.**

Auch nach diesem Modell werden heute Werbungen, Werbeanzeigen, Werbespots hergestellt. Der Zugriff ist hier etwas systematischer, „gleichzeitiger" gedacht, während es sich in der AIDA-Formel um aufeinander folgende Teilwirkungen handelte. Das folgende Beispiel könnte so aufgebaut sein:

Abb. 11 Merci (Schokolade)

C) Das Strategiemodell der Positionierung

In neueren Modellen der Konzeption von Werbung geht es vor allem um die Positionierung eines Produkts am Markt. Der Aspekt der **Differenzierung zu anderen Produkten** wird im Marketing heute durch den Begriff „Positionierung" ausgedrückt.

Diese Positionierung kann nur dann erfolgreich sein, wenn sie die Erwartungen, Motive, Einstellungen, Bedürfnisse usw. der **Zielgruppe** trifft, wenn sie also das Kriterium Relevanz besitzt (Gede, im *Handbuch der Werbewirtschaft* 1982, S. 1002). Dazu gibt es oft umfangreiche Untersuchungen über die Persönlichkeitsprofile möglicher Adressat/innen, deren Daten zum Beispiel über Befragungen oder, von den Betroffenen unbemerkt, über Bonus- und Paybackkarten gewonnen werden. Oft werden diese nur deshalb ausgegeben, weil man an die Grunddaten (bei der Beantragung der Karte einzugeben) und an die Kaufdaten (was wird wo wie oft gekauft) herankommen will.

Auch wissen Werbefachleute ganz gut über Verhaltensweisen von Menschen der verschiedensten Altersgruppe Bescheid, differenzierbar auch nach Sozialstatus, Geschlecht, Bildungshintergrund u. a., diese sind z. T. im Internet abrufbar, vgl. z. B. unter Kapitel 1.3 die im dargestellten Zahlen und Fakten.

Daraus wird dann das **Käuferprofil** nach Art einer **virtuellen Persönlichkeit** erstellt und der konkrete Mensch wundert sich dann über gezielte Werbung, die ihn ungewollt erreicht. Ganze Firmen leben mittlerweile von der Datensammlung und Profilierung für die Werbewirtschaft. Die beliebten Internetportale StudiVZ, Facebook u. a. speichern die Benutzerdaten und geben externen Unternehmen somit eine Plattform, gezielt personalisierte Werbung für ihre Produkte zu machen. Allerdings ist es jedoch so, dass die Nutzer/innen solcher Portale der Weitergabe von persönlichen Daten in den Allgemeinen Geschäftsbedingungen zustimmen müssen.

Zur Positionierung gehört auch die Konzeption der **Werbeziele**. Das geschieht z. B. in Auseinandersetzung mit den folgenden Fragen:

- Soll ein Produkt neu eingeführt werden (*Einführungswerbung*),
- soll für ein eingeführtes Produkt die Markentreue gewährleistet werden (*Erhaltungswerbung*),
- soll ein Produkt von anderen gleichartigen Produkten differenziert werden oder das Konkurrenzprodukt vom Markt verdrängt werden (*Verdrängungswerbung*)
- oder geht es um die Pflege des Firmen

Des Weiteren gehören hierzu die **Werbemittel** und die Konzeption des gesamten Werbevorgangs, der **Kampagne**:Images (*Public Relations*).

- werden gleichzeitig Werbespots, Anzeigen und/oder Plakate, persönliche Anschreiben u. a., geschaltet oder geschieht das in einer abgestimmten Reihenfolge;

- gibt es immer wiederkehrende Elemente, z. B. Slogans (*Wir machen den Weg frei* – Sparkasse), oder Aufbau- und Bildelemente;

- welche Werbemedien, bestimmte Zeitschriften, Rundfunk, Fernsehen, Internet, Präsentationen in Kaufhäusern, Gewinnspiele werden ausgesucht (siehe unter Erscheinungsformen).

Abb. 12 Facebook (Internetportal)

C) Die Imagery-Strategie

Die Imagery-Strategie geht davon aus, dass der/die Umworbene von einem Produkt eine **feste Vorstellung** bekommen muss, dieses als unverwechselbar in sich aufnehmen muss, um dauerhaft Käufer/in zu werden und zu bleiben. Das bedeutet, dass dem Produkt ein möglichst positives und **stabiles Image** verliehen werden muss.

Optimal ist die Imagery-Strategie erfüllt, wenn für den Menschen ein bestimmtes Produkt für einen bestimmten Kaufgegenstand steht, also z. B. *Tempo* für Papiertaschentuch oder *Odol* für Mundwasser oder (früher) *Aral* für Superbenzin, in Ostdeutschland (bzw. der ehemaligen DDR) *Spee* für Waschmittel, *Ata* für Scheuermittel.

Diese Imagisierung beginnt weiter beim unverwechselbaren, „sprechenden" Markennamen: noch einmal *Tempo* (Papiertaschentuch), *Lenor* (Weichspüler), *Golf* (Auto), *Blendax* (Zahnpasta), *Nivea-Sun* (Sonnenbalsam, Hautcreme), *Drei-Wetter-Taft* (Haarspray, Haarfestiger), *Oil of Olaz* (Hautöl), *Meister Proper* (Putzmittel) usw.

Weiter gehören so genannte Hochwertwörter dazu, die dem Produkt Attribute des Besonderen, Edlen verleihen: *Coiffeur* oder *Hair-Stylist* für Friseur, *Balsam* für Creme, *Zahncreme* für Zahnpasta, *Einkaufsparadies, Wellness-Center* usw., siehe unten Kapitel 6.3.

Und natürlich gehören Slogans, immer wiederkehrende Kurzäußerungen, dazu, die den Status von geflügelten Worten annehmen können, wie *„Erst mal entspannen – erst mal Picon"* (Likör), *„Nicht immer, aber immer öfter",* *„Wir machen den Weg frei"* (Sparkasse), *„Dresdener Bank – die Berater-Bank", „Mercedes – Ihr Stern auf allen Straßen", „Leistung aus Leidenschaft", „Freude am Fahren",* ausführlich auch in Kapitel 7.

Schließlich gehören Bilder, vgl. sehr speziell Charlotte Hager *Imagery-Werbung* 2001, auch wenn sie nicht direkt zum Produkt gehören, sowie Design und Form dazu, man achte auf die Formen teurer Parfümflaschen (vgl. Kapitel 2.3), oder immer wiederkehrende Bildstereotype (vgl. Kapitel 2.5): der Marlboro-Mann, die gemütliche Waschfrau Klementine, die gerade Straße/ Autobahn oder der gerade Fluss in der bereits genannten Sparkassenwerbung.

Für einige Produkte stellt sich – gewollt oder unfreiwillig – ein Image in der Gesellschaft, nicht nur bei den Kund/innen, ein, das „Hosenträger-Image" für Opel, das Seriositäts- aber auch Altherrenimage für Mercedes, das Raser-Image für BMW.

D) Die Copystrategie

Ein anderes, ebenfalls moderneres Modell ist die so genannte Darstellungsstrategie – auch Copystrategie genannt. Sie setzt sich damit auseinander, **was** der Zielgruppe **wie** in den Werbemitteln gesagt werden soll. Sie ist ähnlich wie die AIDA-Formel eine wichtige Vorgabe für die Werbegestaltung. Sie bewirkt die Grundkonzeption, die dann von den Grafiker/innen, Fotograf/innen und Texter/innen umgesetzt wird.

Die Copystrategie setzt sich zusammen aus:

- Consumer-Benefit (Verbrauchervorteil, werbliches Versprechen)

- Reason Why (Begründung des Versprechens, Glaubhaftmachung)

- Tonality oder auch Flair (Grundton der Werbung, emotionale Gestaltungsrichtung)

Zu diesen Kategorien im Einzelnen:

Consumer-Benefit

Produkte und Dienstleistungen werden dann gekauft, wenn sie in den Augen des möglichen Käufers, der möglichen Käuferin einen Nutzen stiften. Dies wird in der Werbung als Produktversprechen ausgebracht. Nach Rupert Huth und Dieter Pflaum (*Einführung in die Werbelehre* 1980, S. 85) sind die Consumer-Benefits *„Stimulanz für den potentiellen Käufer"*.

Da viele Güter und Dienstleistungen weitgehend gleichwertig sind (z. B. Auto-Grundnutzen: Mobilität auf der Straße), erreichen die Werbetreibenden mit ausschließlich objektiven Informationen über das Produkt nicht das gewünschte Absatzziel, zumal auch die Konkurrenz auf den Grundnutzen verweisen kann. Consumer-Benefits versprechen daher einen **Zusatznutzen**, d. h. Produkte werden nicht nur ihres Grundnutzens wegen gekauft, sondern sie müssen darüber hinaus als zur Befriedigung auch weiterer Bedürfnisse geeignet dargestellt werden, z. B. dem/der Käufer/in ein bestimmtes Image verleihen oder Prestige geben, z. B. aggressive Sportlichkeit und Potenz: Porsche; Wohlstand, Seriosität: Mercedes.

Man beachte bei der Abbildung Porsche auch, dass das Fahrzeug mit einer attraktiven Frau dargestellt wird, um zu suggerieren, *„mit dem Erwerb eines Porsche machst du dich auch für attraktive Frauen interessant"*.

Abb. 13 Porsche (Autohersteller)

So muss in der Werbung der Zusatznutzen als attraktive Eigenschaft des Produkts herausgestellt werden. Auch Rosser Reeves greift mit der Anfang der 1960er Jahre entwickelten „Theorie des USP (unique selling proposition = einzigartiges Verkaufsversprechen)" die Idee von Grund- und Zusatznutzen auf (Rosser Reeves und Hermann Bullinger *Werbung ohne Mythos* Berlin 1963 zitiert nach Rogge, S. 47 f.). Er fordert darüber hinaus, dass die Werbung auf etwas Einzigartiges des Produktes hinweisen muss, um das jeweilige Produkt von der Konkurrenz abzuheben.

Reason Why

Das Produktversprechen ist dabei eine Behauptung eines Vorteils für den Konsumenten, die Konsumentin. Da Werbung für ein bestimmtes Produkt überzeugen soll, muss dieses Versprechen begründet sein, damit es besser angenommen wird. Oft wird auch der Versuch gemacht, die Behauptung zu beweisen (vgl. Gede 1982, S. 1005).

Dieser mehr argumentativen Art der Präsentation steht die mehr „emotionale" Präsentation gegenüber. Letztere wird z. B. durch die Heranziehung von Autoritäten (der Zahnarzt / die Zahnärztin empfiehlt Blend-a-Med) oder durch die Abbildung attraktiver Frauen mit einem Produkt oder seine Einbettung in wunderbare Landschaften usw. erreicht. Sie fährt stärker auf den **Zusatznutzen** eines Produktes ab, die Werbebotschaft wird akzeptabel gemacht, indem Emotionen, Motive und andere Faktoren (vgl. Gede 1982, S. 1013) herausgestellt werden.

Tonality

Neben dem, was über ein Produkt gesagt wird, ist für die Werbewirkung auch wichtig, wie es gesagt wird. Zur Tonality gehört somit ebenfalls die Festlegung des Darstellungsstils, auch **Grundton** der Werbung genannt. Dieser Grundton wird in Richtung auf eine Zielgruppe und mit Rücksicht auf den Grundton des Inhaltes der Werbebotschaft festgelegt. Huth und Pflaum 1980 nennen z. B. die Aspekte jung, sportlich und vital oder traditionsgebunden als Beispiele nützlicher Tonality, heute kann Natur, Klima, Ökologie oder Nachhaltigkeit auch dazu gerechnet werden.

Ganz neue Konzeptideen, vgl. Axel Mattenklott und Alexander Schimansky *Werbung* 2002 oder Bernd Röthlingshöfer *Marketeasing* 2006, oder gar das *Neuromarketing*, vgl. Hans-Georg Häusel 2007, müssen ihre Effizienz erst noch beweisen, aber sich über sie informieren, sollte man auf jeden Fall.

2.4 Erscheinungsformen

Mit den Prozessmodellen stehen auch die Erscheinungsformen von Wirtschaftswerbung in Zusammenhang. Sie sind zugleich an die „Kanalbedingungen", also an die technischen und medialen Möglichkeiten, jemanden zu erreichen, jemandem etwas zu unterbreiten, gebunden. Versucht man einmal eine Liste von Erscheinungsformen der Wirtschaftswerbung zusammenzustellen, kommt man auf immer neue Werbeformen und Arten von Werbemitteln. Die folgende Liste mit exemplarischen Beispielen erhebt deshalb überhaupt keinen Anspruch auf Vollständigkeit.

1. Plakate, Schilder und offene Ankündigungen

Mit diesen begann die moderne Reklame und die Geschichte des Plakates ist z. T. eng mit der Kunstgeschichte verbunden (beginnend mit Jules Chéret 1870, über den Spätimpressionisten Henri de Toulouse-Lautrec bis hin zu dem Jugendstilkünstler Alfons Mucha um 1900, neuere Ansätze seit den 1950er und 1960er Jahren in der Pop art). Manche der frühen Werbeschilder sind berühmt, z. B. der so genannte *„Durstige Mann"* (Tuborg-Brauerei) oder das Coca-Cola-Schild. Berühmt sind auch die so genannten **Litfasssäulen**, die an wesentlichen Verkehrspunkten standen und heute noch stehen, und auf denen man Werbeflächen mieten konnte und kann. Auch Häuserflächen wurden kunstvoll bemalt (heute z. B. noch in manchen südlichen oder arabischen Ländern üblich). Wir finden Plakatierung auch auf Fahrzeugen, heute sogar auf Bussen und Taxis oder auf den Segeln von Segelbooten.

2. Werbeanzeigen in den verschiedensten Formen von der Privatanzeige, z. B. in einem Bau- oder Supermarkt, bis hin zu den verschiedenen Sparten der Kleinanzeige (Annonce) in den Printmedien oder zu großen Bildanzeigen u. a.

Interessant ist der sehr verschieden hohe Anteil der Informationen, meistens, aber nicht immer wird die Ware beschrieben. Außerdem ist ein gleitender Übergang von bildhaften Elementen zum Text und umgekehrt gegeben. Bilder entstanden zunächst oft als Logos oder einfache Zeichnungen, wurden dann mehr und mehr Fotos und farbige Bilder, die heute eindeutig die Oberhand gewinnen, vgl. dazu Kapitel 2.5.

Neu sind auch die so genannten **Werbe-Anzeigenblätter** – manchmal fast schon Zeitungen –, die oft für einen bestimmten Ort oder einen

Stadtteil entwickelt und von der Werbewirtschaft herausgegeben sowie auch komplett bezahlt werden bis in die Verteilung hinein.

3. **Werbebriefe,** heute per Computer bereits sehr persönlich formuliert, manchmal als erbetenes Angebot, oft als Postwurfsendung, als verkappte Gewinnschreiben oder „Treuebriefe", wenn jemand einmal etwas gespendet hat, bis hin zu persönlichen Schreiben, die Verwandte oder Bekannte im Auftrag von Firmen verfassen.

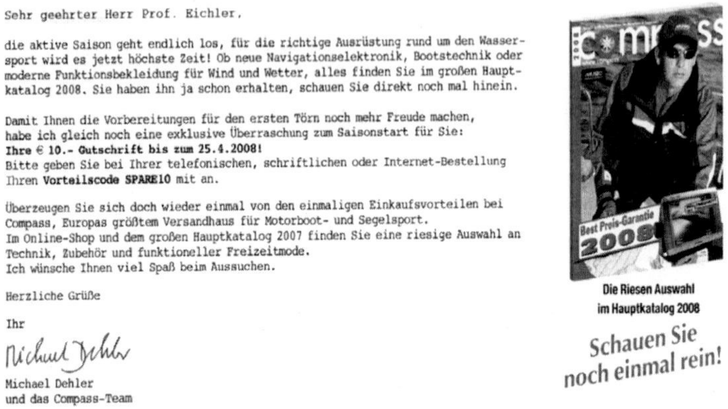

Sehr geehrter Herr Prof. Eichler,

die aktive Saison geht endlich los, für die richtige Ausrüstung rund um den Wassersport wird es jetzt höchste Zeit! Ob neue Navigationselektronik, Bootstechnik oder moderne Funktionsbekleidung für Wind und Wetter, alles finden Sie im großen Hauptkatalog 2008. Sie haben ihn ja schon erhalten, schauen Sie direkt noch mal hinein.

Damit Ihnen die Vorbereitungen für den ersten Törn noch mehr Freude machen, habe ich gleich noch eine exklusive Überraschung zum Saisonstart für Sie:
Ihre € 10.- Gutschrift bis zum 25.4.2008!
Bitte geben Sie bei Ihrer telefonischen, schriftlichen oder Internet-Bestellung Ihren **Vorteilscode SPARE10** mit an.

Überzeugen Sie sich doch wieder einmal von den einmaligen Einkaufsvorteilen bei Compass, Europas größtem Versandhaus für Motorboot- und Segelsport.
Im Online-Shop und dem großen Hauptkatalog 2007 finden Sie eine riesige Auswahl an Technik, Zubehör und funktioneller Freizeitmode.
Ich wünsche Ihnen viel Spaß beim Aussuchen.

Herzliche Grüße

Ihr

Michael Dehler
und das Compass-Team

Die Riesen Auswahl im Hauptkatalog 2008

Schauen Sie noch einmal rein!

Abb. 14 Werbebrief von Compass (Versandhaus für Motorboot- und Segelsport)

4. Banden- und Trikotwerbung im Sport

Wir alle wissen um die Bandenwerbung an den Einfassungen von Stadien, Rennstrecken und auf den Trikots der Sportler/innen. Diese Werbung ist multiplikatorisch: Nicht nur die Zuschauer/innen im Stadion werden mit der Bandenwerbung konfrontiert, sondern manchmal noch viel mehr die Fernsehzuschauer/innen während der Reportagen, dazu gehören auch Siegerehrungen (wo beispielsweise die Skiläufer/innen demonstrativ ihre Skier ins Bild halten). Da Spiel- und Sportreportagen Massenveranstaltungen sind, ist der Werbeeffekt auch durch die Wiederholung der Einblendung je nach Ablauf des Spiels außerordentlich groß, außerdem haben Sportler/innen einen hohen Vorbildwert, sie sind Idole.

5. Prospekte, Broschüren und Katalogwerbung

Mehr auf die gezielte Ansprache bereits vorinteressierter Konsument/innen orientiert ist der große Bereich der Werbung in Form von Prospekten, Broschüren und Katalogen. Es handelt sich um **Bildtextan-**

gebote größeren Umfangs, in der die Nutzung der Ware, der Vorzug eines Produktes oder einer Dienstleistung deutlich vorgestellt und argumentativ untermauert wird. Bei aller Appellorientierung ist der Anteil der Information in der Regel deutlich höher, denn Interesse ist bereits vorhanden. Die Werbung erfolgt also mehr über die Informationsfunktion. Prospekte und Broschüren „verkaufen" komplexere Gegenstände oder auch Dienstleistungen (Hausbau). Bei Katalogen ist das ähnlich. Auch sie enthalten genaue Angebotsbeschreibungen, allerdings ist das jeweilige Angebot stark verkürzt dargestellt. Wenn man sich jedoch z. B. die Anzeigen eines Kaufhauses (Beispiel 1) mit einem Textangebot aus einem Katalog vergleicht (Beispiel 2) merkt man den Unterschied: In einer Anzeige wird summarisch geworben, im Katalog detailliert.

Abb. 15 Katalog- und Anzeigenwerbung (Möbelhaus, Schiffsausrüsterkatalog)

6. Markenzeichen und Logo

Kein Produkt ohne Aufdruck, kein Fahrzeug ohne Markenschild, kaum noch ein Kleidungsstück ohne Logo. Wir wissen, wie schwer es ist, Kinder zum Tragen von „No-Name"-Produkten zu veranlassen, wie wohl sie oft nicht viel schlechter sind als die teuren Markenjeans. Wer „in" sein will, muss Markenmode tragen, teure Lederjacken sind wie Handys und MP3-Player beliebte „Klauobjekte" unter Jugendlichen. Manch einer fährt ein ganzes Leben lang nur Fahrzeuge einer einzigen Marke, z. B. des Typs Mercedes. Manchmal werden die bekannten Krokodile auch an andere Kleidungsstücke angenäht oder es werden Raubkopien von Markenprodukten gemacht. **Mit den Markenzeichen und Logos versuchen die Unternehmen, ein Image zu verbinden,** sich ein Image zu schaffen und dem Produkt ein Image zu geben, und auch die Konsument/innen tragen zur Imagebildung der verschiedenen Marken bei.

Gelingt es einer Firma, als einzige ein bestimmtes Konsumentenfeld dauerhaft zu besetzen (z. B. früher Mundwasser = *Odol*, heute noch Papiertaschentücher = *Tempo* oder Brühwürfel = *Maggi*, siehe oben), dann ist der

Absatz des Produkts gesichert. Die Tatsache, dass manche Logos gestohlen oder kopiert werden, zeigt, dass auch die Konsument/innen dem Markenlogo einen hohen Stellenwert beimessen, es manchmal geradezu mystifizieren. Markenzeichen und Logos müssen stabil bleiben, um das Image zu gewinnen und zu stabilisieren, die Wiedererkennung und die Bestätigung ist es, die den Werbeeffekt ausmacht. Es folgen einige Beispiele für feste Logos:

Bestätigen Sie die Kenntnis von Automarkenzeichen, ordnen Sie zu!

Abb. 16 Markenzeichen 4 verschiedener Autohersteller

7. Kampagnenwerbung

Den Bereich der statischen Texte und Bilder in Anzeigen auf Plakaten oder in Logos verlassen wir mit der Kampagnenwerbung. Hier wird auf mehreren Kanälen in Form von Veranstaltungen, abgestimmt auch mit Werbemitteln der bereits genannten Arten geworben. Das reicht vom Probeausschank, dem Sonderstand im Kaufhaus über die Einrichtungen Sommerschlussverkauf oder der viel verbreiteten *Sales* in den USA; bei uns auch Aktion genannt.

8. Dekoration, Schaufenster-, Kaufstraßenwerbung

Das werbende Ausstellen von Waren, angeboten in einer dekorativen Umgebung gehört zu den ältesten Werbemitteln. Gute selbständige Schaufensterdekorateur/innen – heute heißen sie „Gestalter/innen für visuelles Marketing" – werden hoch bezahlt und sie sind lange im Voraus ausgebucht. Oft wird eine ganze Schaufensterzeile in eine „Werbelandschaft" verwandelt, so dass der/die „Schaulustige" einen geschlossenen Eindruck erhält.

Auch die Präsentation der Waren und Angebote im Inneren des Kaufhauses oder des Ladens ist in der Regel gut durchdacht und dekorativ gestaltet. Außerdem soll gewährleistet werden, dass die Kund/innen möglichst an allen Waren vorbei müssen, wenn sie der Kasse zustreben. Das führt manchmal zu komplizierten „Kaufhausstraßen", besonders konsequent ist hier die Ikea-Kette, bei der man vielleicht nur auf einen Artikel erpicht ist, aber manchmal eine halbe Stunde lang oder fast einen Kilometer Warenstände durchlaufen muss. Sicher – so die Marketingabteilung – wird dadurch der eine oder andere Gegenstand mitgenommen. Diese Konzeption kann für den/die zielbewusste/n Käufer/in aber auch manchmal sehr ärgerlich sein.

Im Zusammenhang mit der Innendekoration ist auch die **musikalische „Begleitung"** der Käufer/innen in Läden und Kaufhäusern zu sehen. Die musikalische Berieselung – meist geleistet durch sehr sorgfältig mit einlullenden Melodien gestaltete Endlosbänder mit Werbedurchsagen dazwischen – dient der positiven Kaufeinstimmung der Menschen und soll ihnen Stress und wache Aufmerksamkeit – letztere ist für ein gezieltes Einkaufsverhalten aber wichtig – nehmen. Auf diese Weise – so rechnen es sich die Werbetreibenden aus – werden zusätzliche Käufe „produziert", auf jeden Fall ist es ein schönes Beispiel für Tonality (Kapitel 2.3).

9. Der **Werbespot** in Rundfunk und Fernsehen

Für die elektronischen Medien Rundfunk und Fernsehen hat sich eine besondere Form der werbewirtschaftlichen Darbietung etabliert, **„das Kurzhörspiel" und „der Kürzestfilm"**, beides wird Werbespot genannt. Werbespots dauern zwischen zehn und ca. 40 Sekunden, selten länger. Oft werden sie heute mit einer kurzen **Wiederaufnahme (Trailer)** nach ein bis zwei anderen Werbespots kombiniert. Es gibt einige gute Lehrfilme über die Konzeption von Werbespots, der Film *Die Welt des schönen Scheins* von Reinhold Rühl (Deutschland 1994) sei hier als Beispiel genannt (Näheres dazu siehe Kapitel 9).

Werbespots dienen auch der politischen Beeinflussung. So werden Anzeigen, z. B. für Wahlkämpfe und für die politische Werbung („Die Bundesregierung informiert" oder Werbung für die Bundeswehr), ebenfalls professionell von Werbeagenturen und außerordentlich aufwendig produziert.

1,5 Millionen DM bzw. 750.000 € für die Produktion eines 30 Sekunden dauernden Werbespot kann man heute schon mal ausgeben, manchmal wird eine ganze Straße (auf alt) umgebaut oder es werden aufwendige Versuche unternommen – z. B. bei der Produktion des Werbespots für *„wenig Pril spült viel"*, wo es darum ging, einen einzigen Tropfen sichtbar aus der Flasche ins Wasser zu bringen, um dies zu filmen. Da es mit dem Original-Pril nicht ging, wurde mit einer besonders kaschierten Pipette gearbeitet.

Werbespots arbeiten mit bewegten Bildern sowie Bildern und Sprache in der Fernseh- und Kinowerbung, sie arbeiten mit Sprache und Geräuschen in der Rundfunkwerbung – sie arbeiten also auf zwei bis drei Kanälen und ermöglichen es insofern, mit großer Suggestivkraft eine erlebbare „Realität" aufzubauen, Näheres siehe unter Kapitel 9.

10. Schleich- und indirekte Werbung

In der Fernsehserie *„Die Schwarzwaldklinik"* fuhr der beliebte Chef Brinkmann einen Audi-Wagen, dieser und auch das Markenzeichen wurden oft gezeigt, und es geht das nicht unbegründete Gerücht umher, dass Audi sich dafür entsprechend erkenntlich gezeigt hat. Als die Wagenmarke gewechselt werden sollte, gab es Unruhe. Auch in den bekannten Liebesfilmen nach Rosamunde Pilcher werden (in England!) von den Hauptfiguren Mercedes-Wagen gefahren.

Nicht nur die Bevorzugung bestimmter Produkte in beliebten Serienfilmen, in denen die Hauptdarsteller/innen eine hohe Vorbildwirkung – ähnlich wie die Sportler/innen – entfalten, ist allgemein üblich, sondern auch in der Programmgestaltung vor allem der privaten Fernsehsender und in öffentlichen Auftritten aller Art wird viel indirekt geworben. Dabei sind redaktionelle Werbesendungen wie *„Der Preis ist heiß"* oder *„Glücksrad"* noch die, die man am ehesten durchschaut. Diese **pseudoredaktionellen Werbesendungen** werden nicht vom Sender, sondern ebenfalls von Werbeagenturen produziert und wie ein gut Teil auch des redaktionellen Teils – den (privaten) Sendern und Medien – komplett zur Verfügung gestellt, einschließlich der Werbeblöcke und der Unterbrechungen der redaktionellen Sendungen. Deshalb kommen „die Freien" auch ohne große Redaktionen und programmgestalterische Aktivitäten aus, werden sie doch fast ausschließlich von der Werbung finanziert. Die anliegende Tabelle zeigt einen Programmausschnitt des Senders RTL:

Abb. 17
*RTL-Programmspalte
aus einer Fernsehzeit
schrift*

11. Prämien und Gewinnspiele

Zu neuen Formen interaktiver Werbung gehören Prämien und Gewinnspiele. Es gibt sie in vielfältigster Art.

So werden für den Abschluss eines **Abonnementvertrages** attraktive Prämien (für den/die Werber/in oder Neu-Bezieher/in) angeboten oder Handys für einen Euro bei Abschluss eines Telefonvertrages. Man kann sich sicher sein: der Preis des Handys oder die Prämie ist im Abonnementpreis bereits „eingepreist", manchmal rechnet die Vertriebsgesellschaft auch damit, dass man **„vergisst" rechtzeitig zu kündigen**. Dasselbe gilt für ein kostenloses Girokonto mit Zuzahlung: gewinnen wird immer die Bank, die Deutschen sind ihrer Bank sehr, sehr treu.

Gewinnspielangebote von Verlagen und Versandkaufhäusern oder von Reiseveranstaltern oder ein guter Teil im heute modernen interaktiven Radio und Fernsehen – die Gewinnspender/innen und die Gewinnware werden ausführlich vorgestellt – sind auch eine Art **Schleichwerbung**. Gewinnspiele können manchmal ganz schön aufwendig (und dreist) sein. So konnte man kürzlich (und kann immer wieder) in den Wintermonaten eine einwöchige Flugreise in die Türkei mit Baumpflanzaktion „gewinnen", bei der die gesamten Flugkosten und ein Teil der Hotelunterbringung „gesponsert" waren/sind, teils vom türkischen Staat (mag man das glauben?), um die Türkei bekannt zu machen, hauptsächlich aber von Teppich-, Schmuck- und Ledervertrieben, die auf den Ausflügen obligatorisch besucht wurden. Man muss diese als Informationsveranstaltungen deklarierten, in Wahrheit **Drückerveranstaltungen** (siehe unten), erlebt haben, um zu wissen, wie resistent man sein muss, und für nicht wenige Teilnehmer/innen wird die Reise teurer als jede andere Pauschalreise in die gleiche Gegend. Da wird mit Anti-Landflucht-Teppichknüpferinnenprogrammen auf die soziale Tränendrüse gedrückt (aber die Verkaufsleiter und Händler scheinen das große Gehalt/Geld zu verdienen) und nebenbei wirbt der/die Reiseleiter/in für hohe Trinkgelder für das Personal, den Busfahrer (und für sich). Das Ganze lohnt sich nur für absolut resistente Naturen, denen es auf den Verlust von ein bis eineinhalb Urlaubstagen auf eine knappe Woche nicht ankommt.

12. Public Relations

Das ist **Werbung, in der sich ein Unternehmen um ein gutes Image bei der Bevölkerung, in der Politik oder bei Institutionen bemüht.** Dazu gehören **Hochglanzbroschüren** über die Leistungen und das soziale und ökologische Gewissen der Bahn oder der Firma Volkswagen, die in den ICE-Abteilen aushängen und die die Bahn-Privatisierung oder ein Öko-Image der deutschen Autowirtschaft voranbringen sollen. Ferner gehören dazu auch **Lobby-Arbeit** und die Arbeit von Pharma-Referent/innen, die den Ärzten und Ärztinnen Ärzte-Muster, Fortbildung und Informationsreisen anbieten.

Dazu gehören auch nach Art der Schleichwerbung die von den Werbeagenturen produzierten **redaktionellen Berichte** über eine Firma oder einen Neubau in Zeitungen und Zeitschriften, in denen über eine Kaufhauseröffnung oder Neubau oder Ähnliches berichtet wird, meist sind Anzeigen darum herum. Man umgeht hier den gesetzlich vorgeschriebenen Hinweis „Anzeige" und hat dann natürlich auch eine Großanzeige der Firma mit eingebaut.

Heute ist es bereits so, dass die Werbe-Wochenzeitung, z. B. *Der Blick*, eine Tages- oder Wochenzeitung herkömmlicher Art bei einer Reihe von Haushalten ersetzt, die also nicht einmal mehr eine Tageszeitung erhalten. Über einen redaktionellen Teil werden Infos über die Region, z. B. Sport, Ereignisse und gelegentlich auch sogar zu wichtigen Themen in der Politik, z. B. über den Euro und eigene Kommentare herausgebracht. Der Leser, die Leserin wird über den Zeitungscharakter in die Werbung „gelockt".

13. Sponsoring

Kein Großveranstalter und kaum eine beliebte Sendung kommt ohne Sponsoring aus. Wir erinnern uns noch an das *Team Telekom* bei den Radfahrern, kennen die *Allianz Arena* oder die *EWE-Arena* (Sportstadion) und freuen uns (nicht), dass *Karstadt-Quelle Versicherungen* oder die *Union Investment* uns das Wetter im Fernsehen sogar bei den öffentlich-rechtlichen Anstalten präsentieren.

Viele Veranstalter, Sportteams oder Vereine kommen ohne das Sponsoring nicht aus, mittlerweile auch die Kunst und Kultur, ja sogar die Wissenschaft: Es gibt ein SAP-Forschungsinstitut an der Universität Potsdam, bei Kunstausstellungen heißt es *„gefördert von der Landes-Sparkasse zu..."*, manchmal finden die Ausstellungen, Vorträge oder Dichterlesungen auch gleich in der Bank statt.

14. Interaktive Internet-Werbung

Eine relativ junge Form der Werbung ist die Internet-Werbung. Wenn man mit einem kostenfreien Email-Zugang arbeitet, bekommt man Werbung als **Pop-Up** oder als Email dazu (damit wird der Zugang finanziert), wenn man eine öffentliche Website, z. B. die der Deutschen Börse, aufruft, gibt es jede Menge von Anzeigen und Pop-Ups gratis dazu, auch solche, die dem Image eines seriösen Handelsplatzes nicht angemessen sind: seltsame Geldbriefe zum Abonnieren für teures Geld.

Besonders an der Internet Werbung ist die Interaktivität: man wird in einer Art Dialog zu den Angeboten hingeleitet, ist man dort erst einmal bei „Buchen" angelangt, muss man schon wissen, wie man da wieder herauskommt.

Zu den Internet-Werbungen gehören auch die **Newsletter**, die man mit einer Anfrage oft versehentlich abonniert, sei es bei der Deutschen Bahn und einer Fluglinie oder einem Reiseveranstalter, einer Verbraucherschutzorganisation oder einem Buchvertrieb. Nicht wenige Geschäfte werden heute über das Internet gemacht, das Internet ist zu einem großen lebendigen Schaufenster, manchmal, besonders für wenig Erfahrene und Ältere, auch schon zur Quälerei geworden.

15. Call-Center und Drückerkolonnen

Wer von uns hat nicht schon mal den Anruf einer freundlichen Frauenstimme bekommen, die einen zu einer Befragung, zu einem Gewinn (den man nie erhält), zu einer netten Info-Pause einlud. Diese Anrufe werden, obwohl verboten, oft willkürlich, unbestellt nach dem Telefonbuch, vorgenommen. Sogar unter dem PISA-Logo (*Erwachsenen-PISA*) wurde bereits zu Werbe-Kaffee-Fahrten motiviert, wer da heil herauskommt, hat schon viel Dickfelligkeit bewiesen.

Seit den Undercover-Reportagen von Günther Wallraff (2007 mehrfach in *Die Zeit*) sind die Geschäftspraktiken der Call-Center-Betreiber/innen mit Recht in die Kritik geraten: nicht nur wegen ihrer Nötigungen der überrumpelten Teilnehmer/innen, die an Psychoterror grenzen, sondern auch, weil die dort Angestellten in übelster Weise ausgebeutet werden.

Call-Center sind die moderne Form der Drückerkolonnen, die noch heute von Haus zu Haus ziehen, um nur eines zu tun: **teure Verträge durch Nötigung** abschließen, überteuerte Produkte verkaufen. **Ich rate niemanden, darauf auch nur ein einziges Mal einzugehen: Hörer einhängen bzw. Tür zu.**

Schlusswort

Kurz die Werbung ist – mehr oder weniger angenehm – allgegenwärtig und vielseitig vertreten in unserem täglichen Leben.

2.5 Der Zusammenhang von Bild und Sprache

In der modernen Wirtschaftswerbung spielt das Bild (auch das bewegte Bild und der Ton in Werbespots und Ladenwerbung) eine große Rolle. Bilder sind nach Ansicht des Verhaltensforschers Werner Kröber-Riel (*Strategien und Technik der Werbung* 1993, S. 107) *„schnelle Schüsse ins Gehirn"*, die sich besonders für die rasche Informationsübermittlung eignen. Da wir in der Regel Werbung nur bruchstückhaft aufnehmen, ist es sinnvoll, den Leser / die Leserin, den Zuschauer / die Zuschauerin über das Bild anzusprechen. **Das Bild wird Blickfang (eye-catcher),** wie wir gemeinhin sagen. Kröber-Riel schreibt ebd. S. 105:

> „Um die Informationen aufzunehmen, die in einer Anzeige in Publikumszeitschriften enthalten sind, müssten die Leser 35 bis 40 Sekunden aufwenden. Tatsächlich wenden sich die Leser einer Anzeige knapp zwei Sekunden zu."

In den zwei Sekunden, die der Leser / die Leserin im Durchschnitt einer Anzeige widmet, kommen nach Kröber-Riel, ebd. S. 135 nur ca. 50 % der visuellen und nur zwei % der sprachlichen Inhalte „rüber".

Nicht wenige Autor/innen sind der Ansicht, dass das Bild mehr und mehr die Sprache verdränge, und es gibt gelegentlich Werbeanzeigen ohne jegliche sprachliche Äußerung. **Dennoch wird mehrheitlich dem sprachlichen Anteil immer noch die eigentliche „Transportleistung" der Werbebotschaft zugewiesen,** vgl. schon die Äußerung von Ruth Römer, *Die Sprache der Anzeigenwerbung* 1968:

> „Man kann mit dem Antlitz schöner Frauen für Kosmetika und mit muskulösen Männern für Bodybuilding werben. Aber man

kann mit dem Bild immer nur das Idealbild hinstellen, das der Betrachter selbst gern bieten möchte. Das Bild kann anreizen, aber die eigentliche Beeinflussung kann nur durch das Wort geschehen, denn nur mit seiner Hilfe kann dem Beschauer bedeutet werden, dass er so schön oder so kräftig sein könne."

Um das Zusammenspiel von Bild, Ton und Text zu verstehen, sind jeweils kleine Exkurse in die **Theorie der Zeichen**, in die Sprachtheorie und in die **Bildrhetorik** notwendig, diese werden im Folgenden aber immer sofort nutzangewendet.

Mit dem Bild und etwas auch mit nicht-sprachlichen Ton appelliert der/die Werbetreibende an ältere, vor-sprachliche Kommunikationssysteme, in denen die Zeichen„körper" – die Bilder und Töne/Geräusche – mit der Zeichenbedeutung, dem Zeichen„inhalt" direkt etwas zu tun haben, im günstigsten Fall sogar „sich selbst bedeuten".

Auf jeden Fall haben Zeichenkörper und Zeicheninhalt eine natürliche Beziehung – das Bild eines Baumes ruft die Vorstellung eines Baumes oder, wenn die Blätter bewegt sind, die Vorstellung „Wind" hervor, eine Zeigegeste lässt den Blick in die gezeigte Richtung wandern:

Abb. 18 aus Wolfgang Eichler Einführung in die theoretische Linguistik auf fachdidaktischer Grundlage Hannover 1972, nach F.de Saussure

Bildzeichen sind also „unmittelbare, natürliche" Zeichen, jede/r kann sie rasch verstehen, in gewisser Weise „deuten sie sich selbst". Meist haben die Zeichenkörper (linke Seite) direkt etwas mit der Bedeutung (rechte Seite) zu tun, Zeichenkörper und Bedeutung sind „analog". Sie kommen aus dem alten, vor-sprachlichen Kommunikationssystem.

Die Kommunikationspsycholog/innen Paul Watzlawick u. a. (*Menschliche Kommunikation: Formen, Störungen, Paradoxien* 1972) sprechen deshalb bei diesen älteren Kommunikationssystemen von *analoger Kommunikation*, deren besondere Leistungsfähigkeit im Bereich der Beziehungsseite der Kommunikation läge (Axiom 2). Diese Eignung kommt auch daher, dass natürliche Zeichen offen sind für Beziehungsinterpretationen, wir alle wissen, dass wir eine Geste, eine Körperhaltung oder ein Lächeln auf eine Beziehung deuten und auch die Blätterbewegung deute ich in Bezug auf mich als „Es ist windig (und kalt und unangenehm)".

Dies beides, die rasche und natürlich jedermann mögliche Art des Verstehens und die Stärke der Leistung im emotionalen und Beziehungsbereich, macht die Bildzeichen für die Werbung als direkte „Schüsse ins Gehirn" so gut geeignet.

Anders ist es mit der Sprache und ihren **willkürlichen Zeichen** (hier Abb. 18). Hier sind Zeichenkörper und Zeichenbedeutung verschieden, die Zeichenkörper für in etwa dieselbe Bedeutung sind auch von Sprache zu Sprache verschieden, sie sind **willkürlich und angelernt** mit den Zeicheninhalten verbunden, eine Laut- oder Buchstabenkette als Zeichenkörper (nur im Deutschen „B a u m") ruft die Vorstellung hervor, vgl. die Darstellung bei Ferdinand de Saussure (*Grundfragen der Allgemeinen Sprachwissenschaft* 1967):

Abb. 19 Vorstellungsbild (Zeicheninhalt) und Lautbilder in verschiedenen Sprachen (Zeichenkörper)

Diese willkürlich hervorgerufenen Vorstellungen, **die Zeicheninhalte**, sind obendrein mit der Wirklichkeit nicht identisch, sondern **sind mentale Abstraktionen** aus der (gesellschaftlichen) Wirklichkeit und Vielfalt. Wir bilden uns nämlich aus der Wahrnehmung sehr verschiedener Bäume einen Prototyp *Baum* (vgl. Manfred Klieber *Prototypentheorie* 1996) – meist eben diese Vorstellung von oben – und differenzieren erst von dort aus in Zeichenkörper wie *Tannenbaum, Obstbaum, Eiche* usw.:

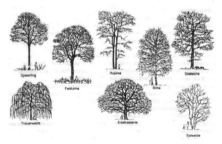

Abb. 20 verschiedene Baumtypen aus Martina Mangasser-Wahl (Hrsg.) Prototypentheorie in der Linguistik Tübingen 2000

Zwischen uns und der Wirklichkeit ist beim Denken und Handeln mit Sprache (und wir denken als Erwachsene fast durchgehend in Sprache) also **eine geistige Zwischenwelt** (Leo Weisgerber *Unsere Welt in unserer Sprache* 1958), die selbst unsere Wahrnehmung der Dinge mitbestimmt – wir konstruieren über unsere jeweilige Sprache eine Wirklichkeit, die überhaupt nicht dieselbe sein muss wie die der Nachbarsprache und schon gar nicht die „objektive".

Watzlawick u. a. kennzeichnen die sprachliche Kommunikation u. a. wegen der Künstlichkeit der sprachlichen Zeichen als **digitale Kommunikation, die leistungsfähiger im Bereich der Inhaltsseite der Kommunikation,** ärmer im Bereich der Beziehungsaussagen sei, denn sprachliche Zeichen – hat man sie einmal gelernt – sind eindeutig, und dies qualifiziert sie mehr für **die Information, die auch in der Werbung** (wie oben bereits angedeutet) **überwiegend mit der Textbotschaft herübergebracht wird.**

Noch einmal, weil für das Verständnis von Bild und Sprache in der Werbung so fundamental wichtig, zusammengefasst:

Die Zeichenstruktur und ihre jeweils verschiedene Leistungsfähigkeit in der Kommunikation sind für die Verwendung der Elemente **Bild und nicht-sprachlicher Ton (Musik, Geräusche) mehr für die Beziehungsebene** und **sprachliche Zeichen mehr für die inhaltliche Seite,** den Sachaspekt der Kommunikation in der Werbung wichtig. Und so werden diese Elemente fast durchgehend eingesetzt, also: Mit Bildern (und nicht-sprachlichen Tönen, soweit vorhanden) wird in der Werbung an ältere Schichten unseres Wesens und die Beziehungsseite appelliert, mit sprachlichen Zeichen werden eher inhaltliche Sachverhalte über eine geistige Zwischenwelt, also abstrakter kommuniziert.

Von daher ist es gut verstehbar, dass **Bilder** in Werbeanzeigen als (emotionale) Aufreißer dienen, dass Bildsequenzen im Werbespot Beziehungen herstellen und dabei ganz andere Vorstellungen (**Vorstellungen des Zusatznutzens**) nahe legen (sollen), als sie dem beworbenen Produkt zukommen, ja, dass sich jede/r oft auch etwas Verschiedenes vorstellen kann, dass eine freundliche Musik im Laden sich einschmeichelt, um eine angenehme, kauffreudige Stimmung herzustellen, während die Sprache eher über Produkteigenschaften und Preise u. ä. informiert. Betrachten Sie unter diesem Gesichtspunkt einmal den folgenden Ausschnitt aus einer Werbeanzeige für Zigaretten:

Abb. 21 Benson & Hedges (Zigaretten)

Mittlerweile gibt es aber in der Anzeigenwerbung auch den Trend, das Produkt selbst zum zentralen Bild zu erheben. Dann wird das Produkt aber entsprechend bildlich ansprechend (hier mit wertvollen Perlen und Hintergrund) „in Szene" gesetzt, vgl. das folgende Beispiel:

Abb. 22 Jade (Kosmetik)

Weiterhin gibt es neben diesen „natürlichen" Bildern auch künstlich geschaffene bildhafte Elemente in der Werbung (und natürlich auch anderswo, z. B. im Verkehr), die vielleicht eher zur inhaltlichen Werbebotschaft, denn zur emotionalen Begleitmusik gehören und deren Bedeutung man auch gelernt haben muss, man nennt sie **ikonische Zeichen**, so z. B. die **Warenzeichen** – das berühmte Krokodil einer Kleidermarke, der Salamander einer Schuhmarke, der Frosch für ein Öko-Reinigungsprodukt, der Stern für eine Automarke u. a.

Warenzeichen sind oft stark abstrahierte Abbildungen, ikonische (bildhafte) Logos (von griechisch „logos" – das Wort, die Rede), sie gehören aber eigentlich zum sprachlichen Teil der Werbebotschaft, denn sie sind künstlich als Zeichen geschaffen. Und es gibt auch sprachliche (Abb. VW) oder kombinierte (Abb. Opel) Logos:

Abb. 23 Automarken

Das ikonische Markenzeichen ist über Sprache vermittelt, es ist willkürlich (was hat der Stern schon mit Mercedes-Autos zu tun), es muss gelernt werden, es hat vieles vom sprachlichen Zeichen und gehört deshalb eher zum Inhaltsaspekt der Kommunikation in der Werbung.

Halten wir fest: Es gibt in einer Werbeanzeige, einem Werbespot im Fernsehen nicht nur eine, sondern zwei und mehr Nachrichten„ebenen" und diese haben sehr unterschiedliche Aussageweisen und -möglichkeiten und damit auch Funktionen.

Aber es ist noch weiter zu differenzieren:

Die – natürlichen, ikonischen wie sprachlichen – Zeichen tragen nicht nur eine **Sach- oder Hauptbedeutung,** die so genannte Denotation, sondern auch noch **Nebenbedeutungen, so genannten Konnotationen,** die wir relativ individuell verschieden durch den Umgang mit den Zeichen, durch Erfahrung und den in ihnen „abgebildeten" Wirklichkeiten erwerben.

So ruft der Zeichenkörper „Vater" neben der Denotation „männliche Person, erwachsen, in enger verwandtschaftlicher Beziehung stehend" auch Vorstellungen wie „stark, beschützend, hart, bedrohlich, Freund" usw. hervor, je nach Erfahrungshintergrund mit dem individuellen Vater. Konnotationen stehen natürlich nicht in der Bedeutungsbeschreibung im Lexikon, sie sind aber als Assoziationen da, und können – wieder eher auf der Beziehungsseite – in der Werbung sinnvoll eingesetzt werden – indem man z. B. einer Figur bestimmte Konnotationen beilegt: *Meister Proper als starker Helfer, Klementine als fürsorgliche, energische Frau mit dem Herz auf dem richtigen Fleck.*

Der **konnotative Anteil der Sprach- und Bildwirkung** wurde besonders in der französischen Linguistik, in der Richtung des new criticism ausgearbeitet. Die Bildwirkung wurde dabei besonders von Roland Barthes in seinem berühmten Aufsatz zur *Rhetorik des Bildes* (in Günther Schiwy *Der französische Strukturalismus* 1969, S. 158-166) theoretisch grundgelegt, und Hermann K. Ehmer hat 1970 selbst die Analyse einer *Doornkaart-Werbung im Kunstunterricht* (Abdruck in Peter Nusser *Anzeigenwerbung* 1975, S. 207ff.) durchgeführt und 1974 ein Buch zur *Visuelle(n) Kommunikation* geschrieben. Auch Roland Barthes hat Analysen von Werbung durchgeführt (*Mythen des Alltags* 1964). Interessanterweise wird dies auch heute in der Forschung fortgesetzt, vgl. Dieter Urban *Kauf mich!* 1995, Jenny Heerdegen *Das Bild in der Werbung* 2006.

Nach Barthes und Ehmer bedient sich, wie oben schon ausgeführt, die linguistische Nachricht in der Werbeanzeige des digitalen Codes der Sprache, um in der Basissprache mittels der Denotation das unmittelbar

Gemeinte zum Ausdruck zu bringen. Mittels der Konnotation, der so genannten „zweiten Sprache", werden Sachverhalte, die sich assoziativ aus der ersten Sprache ableiten lassen, zum Ausdruck gebracht (vgl. Barthes in Schiwy 1969, S. 159).

Das **Bildregister**, das sich ebenfalls auf diesen zwei Bedeutungsebenen manifestiert, vermittelt seine ikonische Nachricht im analogen Code.

So sind es vor allem die Bilder, die Gesten und gegebenenfalls die Töne, die die Beziehungskonnotationen schaffen und diese letztlich den Produkten beilegen helfen. So vermag das Bild einer Frau in einer Werbeanzeige Vorstellungen von Schönheit, Partnerschaft, Liebe, Sex, aber auch Familie, Fürsorge, Pflicht hervorrufen, je nachdem, wie das Bild von dem/der Werbetreibenden sorgfältig gestaltet ist, ob mit Kind im Arm oder als Klementine, ob im Badeanzug oder im eleganten Abendkleid usw. und das Bild wird für nicht wenige Frauen und Männer ein „Wunschbild" sein, vgl. Kapitel 4.2.

Wir nehmen also **das Bild** nicht nur „wörtlich", denotativ wahr, sondern eher **„als Zeichen für** etwas anderes", als Schlüsselreiz, vor allem über die Konnotationen und **die Projektion unserer** (den Werbetreibenden gar nicht so geheimen) **Vorstellungen und Wünsche.** Bilder werden in der Wirtschaftswerbung also überwiegend konnotativ eingesetzt, nicht selten haben sie mit dem angebotenen Produkt (z. B. „Denotation Waschmittel") an sich gar nichts zu tun (Konnotation über das Bild: großer Helfer in der Hausarbeit, Garant von Reinheit und Frische in meinem ganzen Leben).

Kurz: **Uneinlösbare, aber gewünschte Werbeversprechen werden gern über Bilder gemacht, den Zusammenhang mit unseren geheimen Wünschen stellen wir selbst her,** einklagbar sind solche Werbeversprechen über Konnotationen natürlich nicht.

Bilder werden, bezogen auf die Strategiemodelle (vgl. Kapitel 2.3), in der Werbung auch dazu eingesetzt, dem Produkt ein positives Image zu geben, den Zusatznutzen einer Ware oder Dienstleistung herauszustellen. So verbanden wir, hergestellt im Wesentlichen über Bildkonzepte, mit der Automarke Opel lange (wie schon ausgeführt) ein bürgerliches solides Image (so genanntes Hosenträger-Image), mit der Marke Porsche/BMW verbinden wir das Image von Aggressivität und Potenz noch heute. Image kommt von *Imago* und bedeutet soviel wie „Vorstellung", „inneres Bild", und die werbliche Tätigkeit, den Waren und Dienstleistungen jeweils ein Image beizulegen, wird deshalb auch als Imagerystrategie bezeichnet (siehe oben Kapitel 2.3, Werner Kröber-Riel *Bildkommunikation. Image-*

rystrategien für die Werbung 1993, Charlotte Hager *Imagery-Werbung 2001*).

Daneben tragen das Bild und, soweit vorhanden, der Ton ganz wesentlich zu der Grundstimmung – Tonality – einer Werbung bei. Die Gestaltung der Grundstimmung ist in Werbeserien ganz genau studierbar: darüber werden Werbeserien vornehmlich getragen, z. B. über Abenteuer und Freiheit bei der Zigarettenmarke Marlboro oder Camel (siehe Kapitel 4.3 den Marlboro-Mann).

Schließlich ist noch ein dritter Aspekt der Bildfunktion in der Wirtschaftswerbung anzusprechen: der Zusammenhang zwischen Bildanteilen und Text, ja deren Zusammenwirken. Dazu ein schönes Beispiel, das Ingrid Hantsch (*Zur semantischen Strategie der Werbung* und *Textformanten und Vertextungsstrategien von Werbetexten* beide in Peter Nusser *Anzeigenwerbung 1975*) für eine Zigarettenwerbung der Firma Benson & Hedges herausgearbeitet hat. Obwohl die Anzeige nicht mehr greifbar ist, kann man sich den Bildanteil gut vorstellen, sie schreibt (ebd. S. 98):

> „Die Werbeanzeige ist bewusst in der Verpackungsfarbe der Zigaretten aufgebaut: Gold. Dabei werden Denotation und Konnotation gleichermaßen, d. h. als komplexes Bewusstseinsbild, das mit der Lautfolge gold verbunden ist, aktualisiert: >There is still a legal way to hoard gold< ist der Text einer solchen Anzeige. Das seitenfüllende evokative Bild zeigt die Bohlen eines alten Parkettbodens. Durch eine Öffnung sieht man eng zusammengeschichtete Benson & Hedges-Packungen."

Mit der Anzeigen- und Verpackungsfarbe „gold" wird das Produkt zunächst zu dem wertvollen Metall in Beziehung gebracht und ihm damit ein hoher Wert „an-imaginiert". Zugleich ist Gold knapp, und auch dies soll auf das Produkt übertragen werden: Die Zigaretten werden wie ein Schatz gehortet. Der kurze Text ist zweideutig – er kann und soll sowohl auf das Metall als auch auf die Zigaretten, das Produkt, bezogen werden. Dass auch noch der „Nervenkitzel" der Schatzsuche / des Schatzversteckens „versprochen" wird, sei angemerkt.

Abb. 24 Benson & Hedges (Zigaretten)

Die Originalanzeige war nicht mehr greifbar, aber – 26 Jahre später (!) ein gleiches, goldenes Päckchen, stellen Sie es sich gestapelt unter dem geöffneten Parkettboden vor und nehmen Sie auch hier die warme Grundstimmung des Bildausschnitts wahr.

Bei Barthes, *Rhetorik des Bildes*, deutete sich darüber hinaus bereits an, dass auch die verbale Rhetorik und die Bild„aussage" miteinander verglichen und in gewisser Weise in eins gesetzt werden können, ungeachtet der unterschiedlichen Zeichentypen.

Auch die umfangreichen Bücher von Paul W. Langner 1985 zur *Strukturelle(n) Analyse verbal-visueller Textkonstitution in der Anzeigenwerbung* und von Dieter Urban *Kauf mich! Visuelle Rhetorik in der Werbung* 1995 sowie ganz neu von Jenny Heerdegen *Das Bild in der Werbung* 2006 arbeiten den Zusammenhang zwischen Bild und Text und Bild- und Textrhetorik deutlich heraus.

Aber es war Gui Bonsiepe mit seinem Aufsatz zur *Visuell/verbale(n) Rhetorik* (1965), der diesen Ansatz für die Analyse von Werbung begründet hat. Er überträgt für die Analyse von Werbeanzeigen die Figuren und Gesetzlichkeiten der klassischen Verbalrhetorik auf das Bild. Die Regel, dass die fest gefügten rhetorischen Figuren als Funktionsmuster jeweils bestimmten Überzeugungsmustern entsprechen, sei auch auf „die Sprache des Bildes" übertragbar. Rhetorische Figuren, die im digitalen Code der Sprache jeweils bestimmte Wirkungen hätten, müssten Bonsiepes Meinung nach dieselben Wirkungen haben, wenn sie im analogen Code des Bildes in Werbeanzeigen präsentiert würden. Einer rhetorischen Figur müsste/könnte eine bildrhetorische Figur entsprechen. Speziell die Werbung versuche nun, diese Möglichkeiten zu nutzen, indem sie ein und dieselbe Nachricht in den zwei rhetorischen Codes in einer Anzeige präsentiere (Bonsiepe 1965, S. 23ff). Dazu gibt Bonsiepe das folgende Beispiel (ebd. S. 32):

In einer Werbeanzeige für eine elektrische Schreibmaschine wird sprachlich die rhetorische Figur des Vergleichs begonnen, indem folgende Textnachricht präsentiert wird: *„So klingt die „geräuschlose" Remington-Schreibmaschine".* Auf der Bildebene wird der Vergleich mit der bildrhetorischen Nachricht fortgesetzt, indem gezeigt wird, wie eine Sekretärin, am Tisch in Schreibhaltung platziert, auf einer nicht abgebildeten, unsichtbaren Schreibmaschine schreibt. Diese unsichtbare Schreibmaschine kann – das ist der symbolische Mitteilungsgehalt des bildrhetorischen Vergleichs – aufgrund ihres Nicht-Vorhandenseins auch keinen Lärm verursachen.

Hier wird deutlich die **Komplement-Funktion von Bild und Text erkennbar – Bild und Text ergänzen sich nicht nur, sondern sind auf die Spitze getrieben durch die „In-Eins-Setzung".**

Rudolf Seyffert (*Werbelehre* 1966, S. 782) schreibt zum gleichen Thema:

„In der Regel [...] werden Schriftinhalt und Schriftgestaltung, Bildinhalt und Bildgestaltung zu einer Einheitlichkeit der Wirkung in formaler und inhaltlicher Beziehung zu bringen sein, damit sie ein Ganzes ergeben, bei dem die einzelnen Faktoren nicht beliebig geändert oder ausgewechselt werden können."

Wolfgang Schöberle (*Argumentieren – Bewerten – Manipulieren* 1984, S. 243) unterscheidet sogar zwei Arten von Bild- und Text-Zusammenhängen, den kommunikativen und den nicht-kommunikativen:

„Bilder und Textteile können jedoch nicht nur kommunikativ verwendet werden [...]. Es kann sich auch nur um den Versuch handeln, die Aufmerksamkeit der Zuschauer auf den Spot (bzw. die Anzeige) zu konzentrieren."

Verschiedene **Intensitäten und Arten der Komplement-Beziehung zwischen Bild und Text** sind also erkennbar:

- **Das Bild kann den Text illustrieren,** sich ihm unterordnen, was früher üblich war, heute allerdings kaum noch üblich ist.

- **Das Bild kann auf den Text zuführen,** gewissermaßen von außen den Inhalt des Textes motivieren; dies wird häufiger angewendet, (vgl. das Beispiel der Zigarettenwerbung oben).

- **Das Bild kann mit einem (Teil)Text korrespondieren;** oft geschieht das heute z. B. zwischen der Headline und dem Bild (vgl. z. B. die Anzeige für Jade oben).

- **Das Bild kann unabhängig vom Text sein,** dies gilt aber eher für das Sujet; irgendein Bezug wird in der Regel gesucht, und sei es – im Rahmen einer Verblüffung (siehe Kapitel 8.1) – von dem/der Umworbenen selbst.

Aber wir müssen noch etwas nachtragen:

Der bekannte Semiotiker Umberto Eco, der auch als Romanautor aufgetreten ist (z.B. *Der Name der Rose*), differenziert in seinen Reklame-Analysen (vgl. seine *Einführung in die Semiotik* 1972 und spätere Auflagen) die Bild-Text-Wirkung noch weiter. Er unterscheidet neben der ikonischen

(Bild)Botschaft auch noch **implizite kulturelle („ikonographische")** Botschaften, die er noch einmal nach historischen und publizistischen (modernen) Typen differenziert sowie nach tropologischen, tropischen und
enthymatischen Ebenen (Bernhard Sowinski *Werbung* 1998, S. 82). Dazu
ist einiges kurz zu erklären.

Zu historischen und modernen Typen

In Bilddarstellungen in der Wirtschaftswerbung werden nicht selten ge-
schichtliche, ältere religiöse oder kulturelle Traditionen aufgegriffen, z. B
die Abbildung eines „modernen" Abendmahls in Jeans in der Werbung für
Diesel-Jeans oder die Bezugnahme auf die griechische Geschichte und
Götterdarstellungen in der Werbung des griechischen Verkehrsamtes.
Nicht selten steht „uralt" (vgl. Asbach Uralt) für Qualität und Wertbestän-
digkeit. Ebenso greift die Bildbotschaft (und auch Textbotschaft) oft aktuelle Probleme und Trends auf (vgl. auch Kapitel 5).

Zur tropologischen Ebene

Ecos tropologische Ebene ist am ehestem mit dem, was bei Barthes unter
Bildrhetorik ausgeführt wurde, vergleichbar: So sind z. B. Verbalmeta-
phern (= sprachliche Bilder) durchaus Bildmetaphern vergleichbar und
auch die bildliche Metonymie – ein Ganzes wird durch einen zu übertra-
genden Teil ausgedrückt; vgl. die Lila-Pause-Schokoladenwerbung – findet sich in der Werbung nicht selten. Die Parallelen lassen sich auf andere
Tropen (Übertreibung, Personifikation) ausdehnen, Näheres dazu in Kapitel 7.

Zur topischen Ebene

Über die topische Ebene – bei den Bildern sind es z. B. Darstellungen von
Stereotypen (schöne Frau, starker Mann, niedliches Kind), aber auch tra-
dierte Darstellungsweisen und Bildmotive (Naturidyllen, Abenteuerszena-
rien, blaues Meer und weiße Segel) – wurde im Kapitel 1 unter dem
Stichwort *schöner Schein* schon behandelt, und wird im gesamten Kapitel
4 noch einmal behandelt werden.

Zur enthymatischen Ebene

Die enthymatische Ebene bei Eco meint in etwa die „nahe liegenden
Schlüsse" aus Bilddarstellungen, etwas, was in der Wirtschaftswerbung
natürlich ganz wichtig ist. Wenn z. B. das Verhalten des abgebildeten A-
benteurers, der eine Zigarette raucht, als für den Umworbenen selbst (im
Wunsch, wenigstens dem Abenteurer „nahe" zu sein) als vorbildlich darge-

stellt wird, dann ist die Kaufhandlung nicht mehr weit. Es ist die *„generalisierende Bedeutung bestimmter Werbebilder"* (Sowinski 1998, S. 84), die uns treibt.

So, jetzt endlich können wir all das erworbene Wissen zusammen nehmen, um eine komplexe Bild-Text-Anzeige aus dem Bereich der Public-Relations-Werbung für die Stadt Bremen zu analysieren, zunächst die Anzeige selbst:

Abb. 25 Bremen (Werbung für die Stadt)

Strategie und Layout

Die Anzeige ist vierteilig aufgebaut:

- Es gibt eine **Headline,** die in der Schriftgröße mit der letzten Zeile, dem Slogan, korrespondiert, das geschieht auch inhaltlich (*riskieren* und *überraschen*).
- Es gibt ein **Bild** mit Schlüsselloch und in dem Ausschnitt, vor dem Nachthimmel abgebildet, ist der Fallturm der Universität Bremen mit Flugwarnlichtern zu sehen.
- Darunter ist in kleiner Schriftart ein **Textblock** exakt quadratisch gesetzt.
- Darunter das **Product Placement Bremen** in ganz großer Schrift samt Abbildung des Bremer Stadtlogos Bremer Schlüssel. Im selben Block findet sich auch der Slogan.

Die Anzeige kann nach der AIDA-Formel von der Headline über das Bild zum Fließtext und der Unterschrift erschlossen werden, es ist aber auch möglich, vom Bild zur Headline und dann zum Text mit Unterschrift zu wandern. Bild und Headline bilden den *attention*-Block, der Fließtextblock und die Unterschrift wecken *interest, desire* und *action*, wobei die drei bereits im Textblock angesprochen sind, insofern folgt die Anzeige keinem reinen AIDA-Konzept, sondern seiner systematisch orientierten Weiterentwicklung.

Zusammenhang Bild-Text

Das **Schlüsselloch** ist in besonderer Art ausgeführt, seine Form mag an ein orientalisches Fenster erinnern, eine Botschaft auf enthymatischer Ebene. Ist dies, zusammen mit den Farben (schwarzer Hintergrund, nachtblauer Himmel suggerieren etwas Orientalisch-Geheimnisvolles, ein bisschen *1001 Nacht* = topische Ebene), eine Seite von Bremen? Und/Oder die Überraschung nach dem Riskieren, das im Text mit „kann man fallen" weitergeführt wird?

Aber es gibt noch eine andere Seite. Der **Fallturm** selbst ist in der Nacht zwar nur umrisshaft zu erkennen, aber realitätsnah, quasi als Fotografie, abgebildet, und es handelt sich ja, wie der Fließtext aussagt, um etwas ganz Reales für die Forschung in einer Stadt des Wissens und der Aufgeschlossenheit für zukunftsweisende Dinge (moderner Botschaftstypus, hier Weltraumforschung, Raumtechnologie). Ein ganz anderes Stereotyp wird also hier bildlich und sprachlich bedient: Bild und Text ergänzen sich, fallen in Fallturm und Raumtechnologie in eins.

Sicher wird die traditionelle Art, am Ende der Anzeige den **Bremer Schlüssel als Logo der Stadt** zu präsentieren, nicht sogleich mit dem Schlüsselloch oben zu einer großen ikonographischen Botschaft ausgestaltet: *„Der Bremer Schlüssel passt ins Schlüsselloch oben und er passt zur Stadt Bremen, und er öffnet den Weg zu vielen und überraschenden Dingen, von der (historischen) Exotik bis zur Moderne mit ihrem Forschen und ihrer Technik in dieser feinen hanseatischen Stadt, in der es sich so schwerelos leben lässt* (Und noch eins drauf:) *Der Schlüssel und der Besuch der Stadt sind auch der Weg zu Wissen und Erkenntnis."* Dass es sich um einen sehr wertvollen Schlüssel handelt, ist von denen, die dieses Logo geschaffen haben, durch die Wahl einer sehr alten Schlüsselform in künstlerischer Ausführung als historische Botschaft bereits lange vor der Anzeige ausgedacht worden.

Bilder und Texte korrespondieren in dieser Anzeige praktisch gleichberechtigt, die ikonischen und ikonographischen Botschaften und die Botschaften der Texte sind gleich gerichtet und fein aufeinander abgestimmt, ja, die Headline führt auf das erste Bild, der Fließtext nimmt diese wieder auf und der Schlüssel bestätigt den Slogan und schafft noch eine neue Botschaft.

2.6 Tiefenpsychologische Elemente

Jeder menschlichen Handlung liegen normalerweise **vernünftige Überlegungen und gefühlsmäßige Motive** zugrunde. Die Werbung muss auf der einen Seite also sachliche Informationen über die Güter liefern, jedoch lässt sich allein vom **Grundnutzen** her der/die Konsument/in noch nicht zum Kauf eines Produktes bewegen. Die Menschen erwarten mehr von den Waren, sie müssen auch **emotionale Bedürfnisse** befriedigen, was wir schon **als Zusatznutzen** (siehe Kapitel 2.3) gekennzeichnet haben. Diese Bedürfnisse entstehen aus dem sozialen Umfeld, den Erfahrungen und der Gefühlswelt der Konsument/innen. Kurz: Der/Die Käufer/in erwartet beim Kauf einer Ware mehr als nur die Ware; er/sie möchte auch seelische Wünsche erfüllt bekommen. Deshalb spielt die Psychologie bei Werbekommunikationen eine große Rolle.

Ziel der Werbekommunikation ist es, die Konsument/innen in einem für den/die Werbetreibende/n erstrebenswerten Sinn zu beeinflussen. Um positive Reaktionen bei den Umworbenen herbeizuführen, versucht der/die Werbetreibende **an geheime Wünsche, Bedürfnisse und Triebe der Rezipient/innen** zu **appellieren.** Zu den existentiellen Bedürfnissen und Wünschen gehören Nahrung, Kleidung und Wohnung, was gleichzusetzen ist mit primären Triebbedürfnissen, wie Hunger, Durst, Schutz vor Kälte und Schutz vor Gefahr. Außerdem hat W. E. Thomas, zitiert nach Carl Hundhausen *Wirtschaftswerbung* 1963, S. 129 auf die folgenden vier Grundwünsche des Menschen hingewiesen:

„1. Der Wunsch nach neuer Erfahrung

2. Der Wunsch nach Sicherheit

3. Der Wunsch nach Erwiderung

4. Der Wunsch nach Anerkennung."

Der Mensch hat von Natur aus den Drang, diese Grundbedürfnisse zu befriedigen, und durch entsprechende Werbekonzepte wendet sich der/die Werbetreibende an diese Bedürfnisse und Triebe, damit der Drang nach Befriedigung ausgelöst wird.

„Die Werbung [...] hat die Aufgabe, sowohl Bedürfnisse zu wecken als auch bekannt zu machen und zu empfehlen, wie diese am besten befriedigt werden können, nämlich durch das Werbeobjekt."

so Ludwig von Holzschuher *Psychologische Grundlagen der Werbung* 1956, S. 41.

Bedürfnisse werden gern **als** so genannte **teaser** (= Mittel, „um jemanden an der Nase herumzuführen") eingesetzt (vergleiche das neue Konzept des *Marketeasing* bei Bernd Röthlingshöfer 2006). In der folgenden kleinen Aufstellung werden wichtige Bedürfnisse als teaser zusammen mit (z. T. älteren aber sehr erfolgreichen) Slogans aufgeführt.

- **Sicherheit**, z. B. *„Allianz versichert, ganz gesichert"*, *„Immer nah, immer da"* (Provinzial)

- **anders sein**, z. B. *„Es war schon immer etwas teurer, einen besonderen Geschmack zu haben."* (doppelt siehe auch René Lezard)

- **liebevolle Fürsorge**, z. B. *„Ihren Lieben zuliebe – Landliebe"* (der Slogan ist etwas abgewandelt, die Marke spricht für sich selbst)

- **sexuelle Selbstbestätigung**, z. B. *„Er hält zu Ihnen und lässt Sie nicht mehr los"* (Lippenstiftreklame) oder: *„Sie haben die Beine, wir haben die Mode."*

- **Beständigkeit**, z. B. Asbach Uralt oder: *„Ein Diamant ist unvergänglich"* oder: *„Miele – die Entscheidung fürs Leben"*

- **Prestige**, z. B. René Lezard, *leider teuer, es war schon immer etwas teurer, einen besonderen Geschmack zu haben* oder Designernamen für Kleidung und Parfüms (*Boss, Gucci...*)

- **Kreativität**, z. B. *„Ikea: Entdecke die Möglichkeiten."*

- **Selbstvertrauen und Selbstbild**, z. B. *„Ich und mein Magnum"*, *„Mein 106 und ich"* (Autowerbung), *„Der Schöne und das Biest"*

Da die Grundbedürfnisse jedoch schnell befriedigt sind, müssen höhere Bedürfnisse angesprochen werden. Der „Bedürfnisturm" von Abraham Harold Maslow, weiterentwickelt von Vera F. Birkenbihl *Kommunikationstraining* 1990, S. 48f graduiert die Bedürfnisse und zeigt die höheren Bedürfnisse:

Der Bedürfnis-Turm

Alle menschlichen Bedürfnisse lassen sich in fünf Stufen gliedern. Jede Stufe beschreibt eine Kategorie von Bedürfnissen, deren Nicht-Befriedigung immer ein Defizit herbeiführt.

Die „oberen" Stufen können nur solange realisiert werden, wie die Basis weiter besteht/gegeben ist.

Werden einem Menschen die „unteren" Stufen weggezogen, so interessieren ihn die Bedürfnisse der oberen Stufen erst wieder, wenn er das Fundament neu errichtet hat.

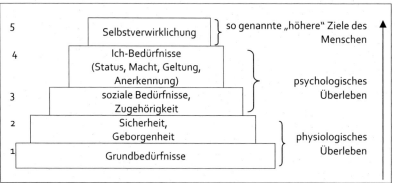

Abb. 26 Der Bedürfnis-Turm von Abraham Harold Maslow aus Vera F. Birkenbihl Kommunikationstraining 1990

Doch das Ansprechen der Bedürfnisse allein reicht nicht. Es müssen auch **Triebe mobilisiert** werden. Werner Kröber-Riel (*Strategie und Technik der Werbung* 1993, S. 34) schreibt:

„Zwanghafte Wirkungen der Werbung entstehen dadurch, dass automatische Verhaltensweisen ausgelöst werden: Auf die dargebotenen Reize folgen spontane Reaktionen, die nicht willentlich gelenkt werden."

In gewisser Weise macht die Werbung den Umworbenen also ein **Beziehungsangebot**. Es kommt nicht nur auf die Werbebotschaft an, sondern der/die Werbetreibende sucht das Vertrauen des/der Umworbenen, es soll eine emotional bestimmte Vertrauensbeziehung entstehen. **Die Werbung soll dem Konsumenten / der Konsumentin helfen, sein/ihr lustvolles Selbstbild zu verwirklichen.**

Ja, der/die Werbende soll sogar den Konsument/innen als selbstlose/r „Freund/in" erscheinen, dem/der es nur darum geht, Wohlergehen und Glück zu vermitteln. Die eigentliche Absicht, den Verkauf von Waren und Dienstleistungen zu bewirken, soll der/die Konsument/in nicht gleich erkennen bzw. verdrängen. Deshalb formuliert der/die Werbende sein/ihr Angebot so, dass der/die Käufer/in die angebotenen **Waren als Konfliktbewältigung und Glücksersatz** akzeptiert.

Obwohl die Werbung in einem öffentlichen Rahmen stattfindet, werden **intime Verhaltensmuster und Emotionen angesprochen.** Diese Verhaltensmuster sind sehr subjektiv und bei jedem Menschen unterschiedlich. Der/Die Werbende ist aber bemüht, eine möglichst große Menge anzusprechen, am besten ist es also, **Grundmuster kindlicher Reaktionsbereitschaft** zu finden, die allen oder möglichst vielen Individuen gemein sind. Das Thema wird heute, z. B. bei Benjamin Barber in seinem Buch *Consumed. Wie der Markt Kinder verführt, Erwachsene infantilisiert und die Demokratie untergräbt* (2008, siehe oben Kapitel 1) konsumkritisch intensiv diskutiert, nachdem schon Vance Packard 1969 von der Wirtschaftswerbung als *„Geheimem Verführer"* gesprochen hatte.

Weiter wird die Werbung versuchen, auf Idealvorstellungen bei den Umworbenen zurückzugreifen, also auf Stereotype und Klischees (siehe Kapitel 4), und sie wird versuchen, sich in aktuelle Themen und Diskurse einzuklinken (Kapitel 5).

In der Werbebotschaft werden **Idealfiguren und emotionale Schlüsselreize** so angeordnet, dass unbewusst auf die entwicklungsgeschichtlich verankerten kindlichen Verhaltensweisen bei dem/der Umworbenen abgezielt wird.

Es ist Dieter Fladers Verdienst (*Strategien der Werbung* 1974), auf diesen Aspekt der psychoanalytischen Deutung manipulativer Tätigkeiten in der Werbung das erste Mal ausführlich hingewiesen zu haben und er ist bis heute nicht überholt. Flader hat das mit folgender Motivation sehr klar und knapp beschrieben, so dass einige längere Zitate erlaubt sein sollen.

Es ist nach Flader offensichtlich, dass der/die Werbetreibende es versteht, mit Rücksicht auf die Persönlichkeitsstruktur des/der Umworbenen bestimmte seelische Reaktionsmuster zu mobilisieren. Dazu muss er/ sie sich fragen: *„Was tut der Empfänger unbewusst mit der (werblichen) Mitteilung?"* Und wir, die Analyst/innen der Werbung, sollten fragen: *„Was versucht der Kommunikator der Mitteilung mit dem Unbewussten des Empfängers zu tun?"*, noch genauer: *„Welche unbewussten Erlebnisweisen, Befriedigungsmuster, Abwehrtechniken und Objektbeziehungen versucht er zu* *evozieren?"* (Flader 1974, S. 30). Flader greift in seinen folgenden Ausführungen auf Sigmund Freud zurück.

Folgende infantile Konfliktlösungsschemata können auf der Empfängerseite als gegeben angenommen werden:

1. Das Schema eines **archaischen Ich-Ideals**
2. Das Schema einer **idealen Elternfigur**

Darüber Folgendes:

Das Kleinkind ist sehr von seiner Mutter als befriedigendes Objekt abhängig, ja, es erlebt sich als vollständig abhängig, da praktisch nur die Mutter seine Bedürfnisse und Wünsche befriedigen kann. Wenn seine Wünsche nach Befriedigung nicht „prompt und uneingeschränkt erfüllt werden können", fühlt sich das Kleinkind „enttäuscht und ohnmächtig" (S. 30) und in seinem Selbstwertgefühl bedroht.

Um damit umgehen zu können, entwickelt es

> **„tröstliche Fantasien über die Größe und Allmacht seines Selbst** [...]. Mit dieser Wunsch-Selbst-Vorstellung verleugnet das Kind reaktiv zu der erlebten Ohnmacht seine Abhängigkeit von dem Liebesobjekt Mutter."

(S. 31)

Das Kind erfährt, dass das Konfliktbewältigungsmuster der „Selbstidealisierung seine Machtlosigkeit nicht beseitigen kann" (S. 31). Es kommt zur so genannten **narzisstischen Kränkung**, das Kind entwickelt ein zweites Reaktionsschema, um mit der frustrierenden Realität fantasierend umzugehen: **„es stattet seine Eltern mit Allmacht aus"** und „projiziert darauf sein Ideal der uneingeschränkten Triebbefriedigung" (S. 31). So partizipiert das Kind von der **eingebildeten elterlichen Omnipotenz.**

Auch wenn das Kind später seine Ideale auf erreichbare Ziele lenkt und eine zunehmende Selbständigkeit gegenüber den Liebesobjekten gewinnt, bleibt das Ich-Ideal eine Instanz der Wunscherfüllung, die das Kind darin unterstützt, mit den Enttäuschungen des menschlichen Lebens fertig zu werden. Alexander Mitscherlich, zitiert nach Flader 1974, S. 32 schreibt:

„Was erstrebt wird, ist die Dämmerhaltung von Sattheit. Ansprüche werden auf einer Ebene vertreten, die das differenzierte Welterleben überflüssig macht."

Die Werbetreibenden präsentierten nach Flader 1974, S. 33 folgende, uns z. T. bekannte, Inhalte wie:

a) **Wunschfantasien einer aggressionsfreien, lustvollen, von Pflichten befreiten Welt**, die um ein allmächtiges, noch geschlechtsunspezifisches Selbst zentriert ist. Dabei bieten sie direkten Genuss an in der „oralen" Befriedigungsform: *„Ja, das schmeckt!"* (Likör)

b) **Sie statten Figuren mit Macht aus, die Hilfe versprechen**, vor allem im Haushalt: *„Meister Proper", „der weiße Riese"*, usw.

c) **Sie bieten Idole** einer öffentlichen oder privaten Welt **zur Identifizierung an**: selbstsichere Männer, die Erfolg im Beruf und bei Frauen haben: *„T2 – für Männer, die sich pflegen."*; die angstfrei in der großen Welt zu Hause sind: *„Der Sekt für Kenner"* (Söhnlein); und ihre Omnipotenz genießen: *„Wie eine Brise von Weite und Meer für Männer: Prestige"*. Das Frauen-Bild erscheint häufig mit Attributen der Selbstsicherheit und des Stils: *„Die Frau mit Geschmack wählt Ornata."*; als tüchtige Hausfrau: *„Keiner wäscht reiner – keiner."* (Dixan); oder schön und attraktiv: *„Glück durch Schönheit"* (Margret Astor).

d) Es werden Vorstellungen eines **aggressionsfreien, heiteren Miteinanderumgehens** junger Menschen angeboten: die Darstellung einer idealisierten Geschwister-Beziehung: *„Im Stil der neuen Zeit"* (Lord Extra).

Wenn die Werbetreibenden mit Hilfe von Traumlandschaften, Idealmenschen, Stars oder Sportler/innen den Konsument/innen also ein lustvolles Selbstbild und zugleich die Mittel der Verwirklichung mit Hilfe der Produkte präsentieren, kann

> „für den Empfänger ein starker Reiz entstehen, im Dienste seines träumerischen Idealselbstes die ergreifbar erscheinende Verwirklichung zu vollziehen: Dieses Mittel zu erreichen, d. h. das Konsumprodukt zu kaufen."

(Flader, S. 35)

Die Werbung macht den Konsument/innen (also) ein Hilfsangebot. Dieses kann in eine seelische Abhängigkeit z. B. dadurch führen, dass hinter dem Hilfsangebot allerdings auch die Drohung steht, dass,

wenn der/die Empfänger/in „von den propagierten Inhalten abweicht, und die angebotene Hilfe, sie zu erreichen, ablehnt, mit einer sozialen Isolierung, ja mit dem Ausschluss aus der Gemeinschaft zu rechnen hat." (Flader, S. 36).

Man denke nur an die Werbekampagnen Ende der 1960er und 1970er Jahre mit dem „Krawattenmuffel" oder die Werbung für einen bekannten Weichspüler über die innere Stimme des Gewissens (vom Typ „Ist der Pulli auch wirklich weich (gespült)?") oder an kleine Drohungen vom Typ „erste Fältchen?", „Cellulite?", „nicht mehr ganz im Vollbesitz Ihrer Kräfte?".

In dieser Hinsicht kann der **Kommunikator** in der Werbeanzeige oder im Werbespot – der nicht selten **wie ein Gott aus dem Off** spricht oder als ein idealer Mensch dargestellt wird (mehr dazu Kapitel 3.1) – zum **Ersatz der idealen Elternfigur** werden und dieses Reaktionsschema hervorrufen. Unter psychoanalytischem Aspekt besteht (nach Flader, S. 37) die Wirkung von Werbung also darin, dass bei ihren Empfänger/innen die infantilen Angstbewältigungsschemata der Allmachtsfantasien und der Illusion über die Präsenz einer Eltern-Hilfe mobilisiert werden.

Soweit der tiefenpsychologisch-psychoanalytische Ansatz von Flader, den wir in manchen Kommunikationsarrangements des Kapitel 3.2 wieder finden werden. Sie schaffen, zusammen mit dem Aufruf von Wünschen und Bedürfnissen eine starke innerpsychische Wirkkraft.

Heute werden solche Ansätze, die man auch mit dem Buchtitel *Ins Gehirn der Masse kriechen* (Rainer Gries, Volker Ilgen und Dirk Schindelbeck 1995) gut umreißen kann, unterstützt, verfeinert und sogar über neuronale Werbestrategien verwirklicht als *„schnelle Schüsse ins Gehirn"*, Kroeber-Riel 1993, siehe oben Kapitel 2.5 und das Buch von Hans Georg Häusel 2007 zum *Neuromarketing.*

Wir werden diese sublime Art werblicher Tätigkeit in Kapitel 3.1 unter anderem Blickwinkel weiter verfolgen.

3. Kommunikative Arrangements in der Wirtschaftswerbung

3.1. Suggestion

Wie schon in Kapitel 2.6 ausgeführt, macht die Werbung den Umworbenen ein **Beziehungsangebot**, versucht eine Vertrauensbeziehung herzustellen. Flader setzt zwei Bedingungen für eine Vertrauensbeziehung seitens des/der Umworbenen (Dieter Flader *Strategien der Werbung* 1974, S. 45), diese/r erwartet:

„1. Der Urheber der Mitteilung muss desinteressiert an der Zielhandlung sein, zu der er das Publikum auffordert, oder sogar dem Wohlergehen des Publikums verpflichtet.

2. Er muss bekannt sein.“

Jede/r Konsument/in müsste nun eigentlich wissen, dass das Ziel der Werbung in der Absatzsteigerung des umworbenen Produkts liegt. Damit ist schon die erste Bedingung objektiv nicht erfüllt. Auch die Bedingung *„Er muss bekannt sein"* läuft der werblichen Kommunikation an sich entgegen: In der Werbung tritt jemand/ etwas wenig oder Unbekanntes dem/der Umworbenen gegenüber.

Da sich der/die Umworbene dennoch auf eine Vertrauensbeziehung einlässt, spricht Flader von einer **„irrationalen Vertrauensbeziehung"**, eine Beziehung also, bei der die Ratio, die Vernunft, nicht zum Tragen kommt.

Nun ist, wie ebenfalls bereits angedeutet, der/die Umworbene beim Ansehen von Werbung im Spot oder in Anzeigen eigentlich nicht auf das Eingehen einer irrationalen Vertrauensbeziehung eingestellt (wie z. B. (eventuell!) beim Flirt oder in der Liebe), sondern er/ sie weiß in der Mehrzahl sehr wohl, dass er/sie „planvoll geführt wird", zum Kauf einer Ware/Dienstleistung gebracht werden soll. Diese „negative" Erwartungshaltung muss der/die Werbende erst einmal „durchbrechen", indem er/sie vor allem in viererlei Weise **etwas suggeriert, etwas vormacht** (vgl. auch Mario Kellermann *Suggestive Kommunikation* 1997):

a) *Du, der/die Umworbene, hast die Freiheit und die Macht des Handelns* (siehe archaisches Ich-Ideal).

b) Soziale Normen, Gruppenzugehörigkeit, Glücksstreben usw. *„zwingen geradezu zu positiver Einstellung unserem Angebot gegenüber"*.

c) *Ich, der/die Werbende, diene vornehmlich deinen Interessen und habe keine eigenen Interessen.*

d) *Mit mir, dem Produkt, wäre alles in Ihrem Leben besser.*

Zu a) Der erste Typ Suggestion offenbart sich in Situationen wie *„Sie sind der Bestimmer / die Bestimmerin, Sie haben die freie Wahl, wir warten auf Ihre Entscheidung"* (Omnipotenz-Fantasien). Hier dazu ein Beispiel:

Abb. 27 Wochenpost (Zeitung)

Zu b) Der zweite Typ Suggestion offenbart sich in Situationen der Art *„Alle tun dies. Man tut dies oder das. Eine schöne Frau trägt das oder das"*:

Abb. 28 HB (Zigaretten)

Zu c) Die dritte Art von Suggestion offenbart sich in Situationen des Typs *„Wir sind ganz für Sie da", „Auf uns und unser Produkt können Sie sich verlassen".* Wieder ein Beispiel:

92% UNSERER KUNDEN WÜRDEN WIEDER EINE MIELE KAUFEN.*

ABER DAS KANN DAUERN.

Abb. 29 Miele (Waschmaschinen)

Zu d) Die vierte Art der Suggestion offenbart sich in Situationen des Typs *„Sie haben ein Problem. Wir können Ihnen helfen".* Ein Beispiel:

Abb. 30 Elancyl (Kosmetik)

Natürlich werden diese vier verschiedenen Arten, suggestive Situationen aufzubauen, auch gern miteinander verknüpft. Wichtig ist es, dass der Kommunikator in der Werbung dem Rezipienten / der Rezipientin deutlich zeigt, dass er/sie (der/die Werbende, der Kommunikator) mit seinen/ihren (des/der Umworbenen) Wünschen, Träumen, Problemen und Ängsten vertraut ist. Deshalb versucht er/sie dem/der Umworbenen immer wieder das Folgende mitzuteilen:

1. *„Ich meine es gut mit dir."*

2. *„Ich kenne deine Wünsche und Nöte."*

3. *„Ich akzeptiere und unterstütze deine Hoffnungen und Wunschfantasien."*

Der/Die Umworbene geht auf diese Suggestionen ein, fühlt sich auf diese Weise verstanden und erhält ein Gefühl der Annahme und Geborgenheit. Denn jetzt weiß er/sie, wie er/sie seinen/ihren Wünschen – den geheimen und weniger geheimen – näher kommen und seinen/ihren Ängsten und Problemen den Kampf ansagen kann.

Durch solche Botschaften und **kommunikative Arrangements** mit suggestiven Situationen **werden Vertrauensbeziehungen** in zwar verschiedener aber immer wieder typischer Weise **hergestellt**.

Die kommunikativen Arrangements müssen für die Umworbenen attraktiv sein, attraktiv im Sinne von ideal, Wünschen oder Trieben entgegenkommend, oder – was heute oft geschieht – sie müssen etwas Überraschendes und Unerwartetes beinhalten oder eine Aufgabe stellen.

Und nicht zuletzt können sie, wie ebenfalls bereits ausgeführt, auch versteckte oder offene Drohungen und Warnungen enthalten.

Drei Sorten kommunikativer Arrangements kann man also deutlich unterscheiden:

1. Das paradiesische, ideale Welt-und-Menschen-Arrangement oder **die Welt des schönen Scheins**.

2. Die **Überraschung und Verblüffung des/der Umworbenen** oft als sprachlicher Regelverstoß (siehe Kapitel 6.3 sowie die Kapitel 7 und 8), aber nicht selten auch situativ weit entfernt vom Produkt hergeholt.

3. **Drohende Fragestellungen** des Typs: *„Haben Sie nicht auch folgendes Problem? Wir können es lösen."*

Zu 1.) Die Welt des schönen Scheins

Dieses, schon von der Tiefenpsychologie her nahe gelegte Arrangement wird in der Werbung auch heute noch am häufigsten verwendet. Dazu und zur negativen gesellschaftlichen Kehrseite wurde im ersten Kapitel bereits eine Menge ausgeführt.

Die Welt des schönen Scheins offenbart sich in verschiedenen Situationen.

Es gab lange Zeit die Serie *„Ich gehe meilenweit für Camel Filter"* mit der **ursprünglichen Natur, dem Abenteurer, dem freien, selbst bestimmten Mann**, der Kraft und Ausdauer besitzt. Man wird als Mann an die Abenteuerbücher seiner Jugend erinnert, aus denen ein Mann oft das Ideal des Abenteurers entwickelt.

Oder es wird auf einem Segelboot bei frischem Wind und blauer See in schöner weißer Kleidung geraucht, und dabei wird die Situation des Segelns genossen. Kritische Anmerkung: Als ob nicht jede/r wirkliche Segler/in wüsste, dass

a) das Rauchen auf einem Segelboot ausgesprochen unerwünscht ist, Brandgefahr

b) bei einem frischen Wind eine Zigarette gar nicht angezündet werden kann und

c) weiße Kleidung denkbar ungeeignet ist.

Oder es werden **ideale Partnerschaften und Gruppensituationen** dargestellt – ein glückliches älteres Paar bei der *after-eight*-Werbung, ein glückliches junges Paar in zärtlicher Umklammerung mit *Diesel*-Jeans, die glückliche Familie mit *Coca-Cola* oder der Traumstrand mit Badenixen und *Baccardi*-Rum. Kritische Anmerkung: Die kleine west-indische Karibik-Insel Paradise Island bei Carriacou (Inselgruppe der Grenadinen bzw.

Kleine Antillen) ist eines der typischen Fotomontagemotive für diese Situation, in der Praxis darf man die Insel eigentlich gar nicht betreten, denn sie ist Privatbesitz.

Abb. 31 Bitburger (Bier)

Und schließlich darf die typische, in ihre Schönheit versunkene Frau in den Frauenzeitschriften, die offenbar dank des jeweiligen Kosmetikums gerade so richtig glücklich ist, nicht vergessen werden.

Abb. 32 Trésor (Parfüm)

Aber auch **moderne Themen mit Idol- und Idealcharakter** werden angeboten: Der erfolgreiche Geschäftsmann mit seinem Luxuswagen oder Handy, die erfolgreiche, kühle, edel gekleidete Managerin, der Supersportler.

Abb. 33 sOliver Men / sOliver Woman (Bekleidung)

Zu 2.) Überraschungswerbung

Die Verblüffungs-, Überraschungswerbung ist heute sehr verbreitet. Es gibt die Ansicht, dass moderne Werbung (immer) mit Verblüffung, Überraschungseffekten zu tun hat, eine Anfangsform der interaktiven Werbung. Verblüffungen, Überraschungen, und fast beliebige, aber lockende „Beschäftigungen" lassen sich schon sprachlich leicht und in großer Zahl produzieren, aber auch in kulturellem Kontext und aus der Situation heraus sind sie häufig:

- Da wird zu **Vereinbarung von Dates** aufgerufen, eine Telefonnummer ist angegeben und geschaltet.

- Es werden semantische **Mehrdeutigkeiten** produziert (Matratzenwerbung: *Bei uns liegen Sie richtig.*).

- Man muss eine Aufgabe lösen, die mit dem Produkt eigentlich nichts zu tun hat, z. B. ein „leichtes" **Rätsel raten**.

- Man wird von etwas ganz anderem zum Produkt geführt (**kulturelle Kontexte** werden abgerufen): *Abendmahl in Diesel Jeans.*

Da es hierzu ein eigenes Kapitel (8) gibt, hier kein Beispiel.

Zu 3.) Probleme haben und lösen

Wir kennen den Typ sehr gut aus Verkaufsgesprächen oder Prospekten von Versicherungen, in denen uns dargetan wird, was alles im Leben Böses passieren kann, so dass man sich fast gar nicht mehr aus dem Hause traut, das im besten Falle bald einer Überflutung oder einer Brandkatastrophe zum Opfer fallen wird.

In der Werbung sind es aber oft die ganz kleinen persönlichen Dinge und Mängel, die zum Thema gemacht werden z. B. Probleme, die wir an unserem Körper empfinden: *„Haben Sie erste Fältchen? Haben Sie zu viele Körperhaare? Haben Sie Haarausfall? Sind Sie zu dick? Haben Sie Migräne oder Magendrücken? Oder Probleme beim Wasserlassen? Das Produkt X hilft Ihnen, wieder normal und fröhlich zu sein."*

Aus diesem Bereich stammt das folgende Beispiel:

Das Problem kann natürlich auch im gesellschaftlichen Bereich angesiedelt werden: *„Sie müssen viel fahren, verwalten ein großes Lager, brauchen Kommunikation um die ganze Welt, haben zu viele Termine..."*.

Oder: Das Problem kann auch im psychischen Bereich liegen: *„Sie fühlen sich einsam, werden in der Gruppe nicht angenommen, sind in Gefahr, den Ansprüchen des Partners, der Arbeit ... nicht zu genügen."*

Abb. 34 Philips (Elektro-Geräte)

Der im letztgenannten Arrangement angesprochene **Bereich der sozialen Normen mit dem zentralen Wunsch „dazuzugehören" hat, wie wir wissen, sehr weit reichende Konsequenzen auch und gerade für die Jugend**: Kleidung bestimmter Marken, teure Lederjacken, modische Schuhe oder ein modernes sportliches Outfit entscheiden heute (in Grenzen sicher schon immer, man denke an Kleiderordnungen) fast mehr über die Zugehörigkeit zur Peer Group als Charakter oder körperliche und geistige Fähigkeiten, und diese Gegenstände verschlingen den Großteil der Taschengelder und Geschenke; kurz, da ist ein Markt. Diese Normsetzungen können selbst Hunde (und natürlich ihre Besitzer/innen) treffen oder Babys (und ihre Eltern):

Kurz: Über solche kommunikative Arrangements und Situationen, in die der/die Umworbene hineingeführt wird, wird die irrationale Vertrauensbeziehung hergestellt und wir merken es gar nicht oder finden es „witzig" und unterhaltsam.

Abb. 35 Fisher-Price (Kinder-Spielzeug)

3.2 Kommunikatoren

Neben den pragmatischen Arrangements geeigneter Situationen (Rahmen) mit hohem Suggestivcharakter ist auch die „technische Seite" des kommunikativen Arrangements (Inszenierung) interessant und in der Werbung typisch. Ganz wesentlich sind dabei die so genannten Kommunikatoren, die in der Werbung auftreten. Es gibt nach Dieter Flader (*Strategien der Werbung* 1974) zwei Arten von Kommunikatoren:

1. der **abstrakte**, anonyme, **primäre Kommunikator**,

2. die **sekundären Kommunikatoren**.

Zu 1.) Primäre Kommunikatoren

Von den primären Kommunikatoren kann man nur die Äußerungen wahrnehmen, sie selbst treten nicht in Erscheinung, **sind nicht sichtbar**. Im Werbespot ist es die **Stimme aus dem Off**, manchmal sogar echt die Stimme des Gewissens: *„Hast Du diesen Pulli auch wirklich weichgespült?"*, in den Printmedien sind es der Text oder die Texte ohne Autorangabe oder Autorhinweis.

Nach Flader 1974, S. 122 ist es die **Hauptaufgabe des primären, anonymen Kommunikators, sich** durch seine Äußerungen **an die unbewussten Objektrepräsentanten des Empfängers / der Empfängerin anzugleichen. Der/Die Rezipient/in soll an sein Verständnis und an seine Hilfsbereitschaft glauben.**

Die anonymen oder primären Kommunikatoren agieren in der Werbeanzeige in der Schlagzeile, im Fließtext und im Slogan. Im Werbespot, in dem ja ein Kurzfilm oder Kurzhörspiel mit verteilten Rollen vorgeführt wird, sind sie „körperlos", Phänomene der „dritten Art".

Damit sind sie gar nicht bzw. schlecht greifbar, und sie sind schlecht bzw. gar nicht verantwortlich zu machen. Sie haben gewissermaßen die **Rolle einer übergeordneten Instanz, geben** gelegentlich **wie ein Gott aus der Ferne** (aus dem Off) **ihre dringenden Empfehlungen**, nicht selten mit der sanften und sonoren Stimme eines älteren Herrn.

Sie treten in den Headlines mit kommunikationseröffnenden Aufmunterungen oder als Aufgabenverteiler auf, im Slogan treten sie mit beurteilenden und anweisenden Sprechhandlungen in Erscheinung, im Fließtext, der im Spot allerdings meist durch ein Rollenspiel ersetzt wird, legen sie einen darstellenden oder argumentierenden Stil vor.

Jeweils Beispiele:

Kommunikationseröffnung:

Vertrauen Sie Ihrem Verstand (Wochenpost) (siehe oben).

Für die Sicherheit Ihrer Haut können Sie jetzt mehr tun, als nur ein paar Fältchen zu mildern (Headline, es folgt sicher die Frage der Rezipient/innen *„was denn?"*).

Beurteilungs-, Empfehlungs-, Versicherungshandlungen im Slogan (vgl. auch die Ausführungen zu den Slogans im Kapitel 7):

Bougeronde – ein Wein wie Land und Leute

Erst mal entspannen, erst mal Picon

Wie das Land – so das Jever.

Argumentieren und Informieren im Fließtext:

Auch ein paar Beispiele von Werbetexten sollen nicht fehlen, sie zeigen den primären Kommunikator als Argumentator und als Produktexperten:

„Ganz gleich, wie Sie Kaffee genießen: ob höllisch schwarz oder himmlisch sanft mit Milch – Grandcafé schenkt Ihnen den vollen Kaffeegenuss. Grandcafé, so haben Sie Kaffee noch nie erlebt".

*„Das Wetter spinnt, der Chef spielt verrückt, die Nachbarn nerven – höchste Zeit auszusteigen. Und einzusteigen: in den **106 Longbeach** mit Guter-Laune-Ausstattung. In zwei Varianten – entweder extra sportlich oder extra komfortabel – und auf alle Fälle extra günstig, da kann der Urlaub ruhig et-*

*was länger dauern. Bevor Sie sich aus dem Staub machen – machen Sie erst eine Probefahrt bei Ihrem **Peugeot**-Partner."*

„Pflegt die Haut jetzt dreifach mit neuer Pflege-Formel und hautfreundlichen Pflege-Substanzen aus dem Meer. Spendet wohltuende Feuchtigkeit. Bindet sie langanhaltend mit natürlichen Feuchtigkeitsspeichern. Stärkt die Schutzbarriere der Haut. Ergebnis: Ihre Haut sieht sofort entspannter und erholter aus."

Die drei Textbeispiele zeigen deutlich, dass der **primäre Kommunikator gern als Produktexperte** auftritt. Detaillierte Beschreibungen kosmetischer Inhaltsstoffe oder die Wiedergabe technischen Wissens lassen den Umworbenen / die Umworbene glauben, dass er/sie es mit einem/einer Sachkenner/in zu tun hat, der/die an der umfangreichen Information des/der Umworbenen – also ihm/ihr selbst – interessiert ist.

Zu 2.) Sekundäre Kommunikatoren

Die **sekundären Kommunikatoren kann man wahrnehmen; man kann** sie zumindest hören (Rundfunk), man kann **sie sehen und hören (TV-Werbung) oder sehen und ihre Aussagen lesen (Anzeigenwerbung)**.

Es ist z. B. der gütige alte Herr, der zu einer Versicherung rät, das niedliche Kind, das da sagt *„Mutti, er hat gar nicht gebohrt!"*, es ist der Zahnarzt, der seiner Familie (und deshalb wohl auch Ihnen) *Dentagard* empfiehlt oder es ist die tüchtige Klementine, die *Ariel in den Hauptwaschgang* tut oder es ist der Sportler / die Sportlerin, der/die auch das Produkt X besitzt oder nimmt. Aber manchmal ist es auch eine Katze, die miaut, oder ein Hund, der bellt.

Sekundäre Kommunikatoren sind im Werbespot die Regel, dort sind es schon einmal zwei oder drei, es handelt sich eben um einen Film oder ein kleines Hörspiel mit Rollen; es gibt auch einzelne Spots ohne sie und fast immer ist zusätzlich die Stimme aus dem Off dabei. **Ihre Kommunikation ist akustisch deutlich vom primären Kommunikator unterschieden.**

In der Anzeigenwerbung sind sie erheblich seltener, manchmal sind sie auch Statist/innen, die lächeln oder Grimassen schneiden, aber nichts sagen; in den Printmedien ist ihre Kommunikation in der Regel wie in Sprechblasen angebracht.

Abb. 36 Vivactiv (Lebensmittel)

Sekundäre Kommunikatoren sind meist Menschen mit irgendeiner Vorbild- oder Leitfunktion, es kann sich auch um „negative Vorbilder" handeln. Nicht selten werden Prominente, teure Models, Sprecher/innen oder Schauspieler/innen eingesetzt, diese Strategie ist sehr gut untersucht, vgl. das Buch von Volker Albus und Michael Kriegeskorte *Kauf mich* 1999, Petra Rösgen, Hermann Schäfer und Jürgen Reicher *Prominente in der Werbung* 2001 und Harald S. Fanderl *Prominente in der Werbung* 2005.

Aber oft sind es auch Menschen wie du und ich, siehe dazu auch unten und das folgende Kapitel.

Gelegentlich werden auch **Kunstfiguren** als sekundäre Kommunikatoren verwendet, früher war das ganz charakteristisch. Ältere Leser/innen erinnern sich noch an das *Männchen, das in die Luft ging* und mit der *HB-Zigarette* wieder auf den Erdboden zurückfand oder den *Lurchi mit neuen Salamander-Schuhen,* dann wurden aber auch Micky-Mouse und Comicfiguren wie Batman bemüht, heute sind es Mangafiguren (Sailor Moon), Spiderman oder Figuren aus PC-Spielen oder Raumfahrer/Alien aus einer anderen Welt.

Die sekundären Kommunikatoren bringen ihre Botschaft – wiewohl sie oft Sprache gebrauchen – auch durch ihre Mimik, Gestik, Kleidung, kurz oft als Stereotyp, als Rollenklischee herüber, siehe dazu das folgende Kapitel. Dazu schreibt Flader (1974, S. 181):

> „Mit ihren Äußerungen üben sie nur selten Sprechhandlungen aus. In der Regel drücken sie vielmehr mit ihren Äußerungen ihre inneren Zustände aus und interpretieren ihre Beziehung zu Komponenten der Situation, in der sie sich befinden."

Die sekundären Kommunikatoren sind also meistens mit Eigenschaften versehen, die sich viele Rezipient/innen auch wünschen: Jugend, Kraft, Schönheit, Reichtum, Sorglosigkeit, viele Freunde und ein perfektes Familien- oder Liebesleben. Flader schreibt (S. 198):

„Die Idole zeigen ihm (dem Umworbenen) einen Zugang zu ihrer Idealwelt, den er selbst leicht nutzen kann, und stellen ihm eine Abwehrtechnik (= das Produkt) zur Verfügung, mit der er seine Ängste selbst mindern kann."

Langrul 1985, S. 60 typologisiert die sekundären Kommunikatoren in folgenden Klassen:

- spezifische Werbepersonen
- namentlich vorgestellte, unbekannte Personen
- Personen des öffentlichen Lebens
- irreale Personen
- Tiere oder personifizierte Gegenstände

Andere Arbeiten kommen zu ähnlichen Typologien. Wir kamen bei unseren Untersuchungen **zu den werblichen Funktionen der sekundären Kommunikatoren zu folgender Einteilung in Typen:**

- Der Produktexperte
- Der Durchschnittsmensch
- Das Idol
- Das Anti-Ideal
- Der Kommunikator aus einer anderen Welt

Im Folgenden führe ich diese Typologisierung etwas aus:

1. Der Produktexperte / Die Produktexpertin

Er/Sie tritt in **Vertretung des primären Kommunikators** auf, er/sie ist gewissermaßen seine menschliche „Verkörperung". Besonders häufig anzutreffen ist er/sie in der medizinisch-kosmetischen Werbung (z. B. Zahnpasta), der Lebensmittelwerbung oder in der Werbung im Dienstleistungsbereich (z. B. Versicherungen, Banken). Gekennzeichnet ist er/sie durch die hierfür spezifische Kleidung: den weißen Ärztekittel, die Schürze eines Obstbauern / einer Obstbäuerin oder einen seriösen dunklen Anzug / ein Kostüm für Banker/innen. So ist seine/ihre Autoritätsposition gekennzeichnet und dadurch wiederum gewährleistet, dass er/sie einen glaubhaften und vertrauenswürdigen Eindruck hinterlassen kann. Er /Sie gibt fachliche Hinweise wie:

- *Bordeaux trinkt man mit der Nase, mein Freund.* (Bordeaux)

- *Ich stehe auf bewährte Hygiene und moderne Technik.* (CMA Deutschland)

- *Der gemeine Steuerhai: mächtig gierig, immer da, wenn's nach Rendite riecht. Natürlicher Feind* Advance Bank Vermögensberater.

Manchmal gibt es die **Produktexpert/innen als feste Institution** durch viele Anzeigen und Werbespots hindurch, das hat allerdings heute nachgelassen: Sicher noch bekannt sind Herr Kaiser (Hamburg Mannheimer Versicherungen), Dr. Best (Zahnbürsten) oder aber Herr Dittmeyer (Valensina, Apfelsinensaft) oder Klementine (Waschmittel).

Der Dauereinsatz bewirkt hohe Erinnerungswerte und Autorität und damit größere „Leichtgläubigkeit" bei den Rezipient/innen: **Produktexpert/innen haben sich ein Stück der Omnipotenz der idealen Elternfigur erworben.**

2. Der Durchschnittsmensch

Mit diesem Typ kann sich jede/r identifizieren, es kann die leicht gestresste Hausfrau sein, die *Meister Proper* oder *Vizir Ultra* zu Hilfe nimmt. Es können auch gute Freund/innen sein, die zu einem lohnenden Versicherungsabschluss oder einer Geldanlage raten. Es gibt alle Varianten: die perfekte Hausfrau, den erfolgreichen Geschäftsmann / die Geschäftsfrau, den im Haushalt ungeschickten Ehemann, den überraschten Partner (siehe der Gärtner, die Verkäuferin, siehe dazu auch das folgende Kapitel). Manchmal kann das Thema „Der gute Mensch von nebenan" auch ein wenig exotisch variiert werden, vgl. das Beispiel „Kammerspiele" unten in Kapitel 8.2.

3. Das Idol

Dazu ist bereits oben öfters ausgeführt worden. In gewisser Weise sind fast alle sekundären Kommunikatoren irgendwie Vorbilder, aber das „echte Idol" ist der am häufigsten anzutreffende Typ des sekundären Kommunikators und führt in die Welt des schönen Lebens und schönen Scheins (vgl. Kapitel 1, Kapitel 2.6).

Die Idole befinden sich zumeist in einer sehr entspannenden Situation. Dies kann ein Urlaub sein, ein geselliger Abend mit Freunden oder eine Segelfahrt. **Sie alle, egal ob männlich oder weiblich, sind sehr schön.** Sie besitzen ein perfekt geschnittenes Gesicht, einen durchtrainierten Körper und eine Ausstrahlung, die mit Selbstsicherheit und einem ungetrübten Selbstbewusstsein einhergeht. Dabei handelt es sich meistens um die von dem Rezipienten / der Rezipientin für sich selbst erträumten Idealzustände, mit denen er/sie sich identifizieren kann bzw. möchte. Gedanklich könnte er/sie dies folgendermaßen ausdrücken: *„Sie sind so, wie ich sein möchte.",* woraus folgt: *„Ich möchte so werden wie sie."* Sie demonstrieren (Flader 1974, S. 155) durch Mimik, Gestik und Habitus, „dass sie stellvertretend für ihn die **narzisstischen Idealzustände** erreicht haben, die er entbehrt: **angstfrei, glücklich und selbstsicher zu sein.**"

4. Das Anti-Ideal

Das Anti-Ideal ist zunächst einmal ein Mensch, der durch irgendeinen „Makel" gekennzeichnet ist, aber dabei durchaus liebenswert bleibt. Das ist z. B. der stoffelige Ehemann, dem die tüchtige Hausfrau zeigen muss, wo es im Haushalt „langgeht", oder der Mann mit der Glatze, der dringend ein Haarmittel braucht, das ihn wieder „bewalden" soll.

Da ist die Frau mit kleinen Körperfehlern, und welche Frau glaubt nicht, irgendeinen Körperfehler zu haben? Die Dünne zu dünn, die Dicke zu dick, die Große zu groß und die Kleine zu klein, statt zu wenig Haar, leider z. B. mit zu viel Haaren an gewissen Körperstellen, Falten, Cellulite usw. Das folgende Kapitel wird hier zeigen, wie fest gerade Frauen im Griff der (Kosmetik)Werbung sind.

Oder es sind die ausgeflippten, verrückten Typen, die die Werbung der Marke West bevölkerten (Das ist vorbei, nicht, weil die Einsicht kam, sondern weil Zigarettenwerbung weitgehend verboten wurde.), oder es ist – sympathischer – die immer unglückliche Kunstfigur in der alten HB-Werbung, das HB-Männchen, das an die Decke geht, dem nichts selbst gelang.

All diese Figuren sind zwar nicht perfekt, aber sie sind dennoch Mitleid heischend oder irgendwie sympathisch und erlauben eine **Identifikation in der Unperfektheit** und sei es nur, **dass man das Gefühl der eigenen Unzulänglichkeit auf sie projizieren kann,** was noch in der Werbesituation ja so wundersam „abläuft." Oder dass man von Glück sagt, nicht so zu sein wie die unglückliche Figur.

Abb. 37 Mey (Unterwäsche)

Allerdings gibt es Grenzen für das Anti-Ideal, Grenzen des guten Geschmacks, des guten Deutschen, Terroristen, Kriegstote, Aufständische in der Benetton-Werbung, für viele auch die Domina in der West-Werbung oder die Frau mit den drei Brüsten in der Media-Markt-Werbung, die wurden schnell wieder aus der Werbung genommen.

Zu 5. Der Kommunikator aus einer anderen Welt

Eine andere Welt, das kann schon die Welt der Tiere sein, die Raumfahrer/in, der/die Superheld/in, das Alien von einem fremden Stern, ein Gespenst oder auch einfach ein ganz „exotischer" Mensch. Tiere werden häufig als Begünstigte der jeweiligen Werbung eingesetzt, die den Menschen zum Kauf führen, siehe z. B. die Frolic-Hundefutter-Werbung mit dem Hund und seinem Fressnapf.

Abb. 38 Milka (Schokolade) und Schwäbisch Hall (Bausparen)

Oder die Katze, die, wohl gefüttert, den Menschen erfreut, wobei der primäre Kommunikator ein bisschen nachhilft: *„Ist die Katze gesund, freut sich der Mensch."*

Diese Tiere melden sich gewissermaßen aus ihrer Welt und machen mit ihrem Verhalten und ihrer Gestik, manchmal auch mit Tiersprache (Bellen, Miauen) unmissverständlich auf ihre Bedürfnisse aufmerksam. Sie verkörpern eine Art „fürsorgliches Gewissen" des Herrchens / des Frauchens, das sich kaufanleitend zu Gesicht und ggbfs. zu Gehör bringt.

In anderer Funktion werden auch vermenschlichte Tierfiguren eingesetzt, wozu auch die gern benutzen Walt-Disney-Figuren (der ideenreiche Donald Duck, Goofy, der reiche Dagobert...) gehören. Diese Figuren vertreten dann menschliche sekundäre Kommunikatoren, die vielleicht dann auch einmal Wünsche und Emotionen rüberbringen, die ein Mensch so nicht äußern könnte, z. B. Anlageberatung *„In Geld baden"*, wie Dagobert es tut.

Natürlich gibt es auch „menschliche" Figuren, z. B. Zwerge, die die Hausarbeit erledigen, oder wie die Mainzelmännchen für Werbung werben, schon mehr als 15 Jahre lang (ARD).

Hier eine böswillige Umgestaltung aus *Psychologie heute*, schon April 1993 (Ulrich Eicke *Werbung: Dumm, ärgerlich, wirkungslos?*), S. 28f:

Abb. 39 Karikatur Mainzelmännchen

Da gibt es auch boshafte oder gute Geister in Gestalt von un/sichtbaren Wesen, die den Menschen die Hand führen, bei der Hausarbeit helfen o- der wie jener Engel der Provinzial-Versicherung, der *„immer nah und im- mer da"* ist, um dem/der Umworbenen Schwierigkeiten aus dem Wege zu räumen.

Oder aber es kann ein Alien oder Monster sein, das in die geordnete Wer- bewelt/Welt des/der Umworbenen einbricht und Furcht und Schrecken verbreitet, in ganz seltenen Fällen aber auch einen ganz besonders klugen Rat zu erteilen hat.

Nicht zuletzt gehören aber dazu auch Menschen aus einer ganz anderen Welt, mal mehr oder weniger „edle Wilde", die sich an einem Mercedes- Auto (glücklicherweise nur von außen) die Nase platt drücken – oder es gibt die großen Helden, wie die Batman- oder Spiderman-Figuren oder einen edlen Ritter, der in Notlagen hilft oder mit seiner Rüstung und mit seinem Schild schützt und die Wacht hält (vgl. auch Männerbilder in Kapi- tel 4.3).

So haben die sekundären Kommunikatoren schon als Typen etwas sehr *„Stereo-Types"* an sich, sind sie doch lediglich Bausteine erfolgreicher kommunikativer Werbearrangements und mit der Realität nur über den ersten „Anschein" verbunden. Mit dem Thema Menschen(Stereotype), werbliche Frauen-, Männer- und Kinderstereotype werden wir uns im nächsten Kapitel auseinandersetzen.

4. Menschenbilder und Zielgruppenorientierung

4.1 Stereotype

Mit dem nun folgenden Thema kommen wir bereits zu einer weiteren **Kategorie wirtschaftswerblichen Handelns, dem Einsatz von Stereotypen und Klischees**. Beide Begriffe kommen interessanterweise aus der Foto- und Drucktechnik. Die **Stereotypie** war das „erstarrte" Bild eines Menschen, früher musste man, da die Fotoapparate noch nicht zu Momentaufnahmen fähig waren, eine starre, sorgsam geplante Haltung einnehmen. Das **Klischee hat etwas mit Rastern zu tun**; es ist die druckfähige Aufbereitung eines Fotos unter Verlust kleiner Details, die vom Raster nicht erfasst werden können.

Linguistisch ist ein **Stereotyp** nach Uta Quasthoffs Untersuchung von 1973 mit dem Titel *Soziales Vorurteil und Kommunikation* **der verbale Ausdruck einer auf soziale Gruppen oder einzelne Personen als deren Mitglieder gerichteten Überzeugung**. Es hat die logische Form eines Urteils, das in **ungerechtfertigt vereinfachender und generalisierender Weise, mit emotional-wertender Tendenz, einer Klasse von Personen bestimmte Eigenschaften oder Verhaltensweisen zu- oder abspricht**. Linguistisch ist es als Satz beschreibbar (Quasthoff in Wenzel, 1973, S. 28). Qualten schreibt 1991, S. 64: „This belief is characterized by a high degree of collective sharedness among a speech community or subgroup of a speech community."

Das Klischee ist etwas ähnliches, Gero von Wilpert, 1969, S. 412 versteht darunter:

> „vorgeprägte Wendungen, abgegriffene, durch allzu häufigen Gebrauch verschlissene Bilder, Ausdrucksweisen, Rede- und Denkschemata, die ohne individuelle Überzeugung einfach unbedacht übernommen werden."

Wir beschränken uns im Folgenden auf den Gebrauch des Begriffs Stereotyp. Ein Stereotyp zeichnet sich auch dadurch aus, dass es immer wiederkehrt, von vielen Menschen benutzt wird, weil es sich sozialpsychologisch gesehen um einen „kollektiven Bewusstseinsinhalt" handelt, Quasthoff und auch Wenzel 1978 definieren vier Typen von Stereotypen (Quasthoff, 1973, S. 239-256, Wenzel, 1978, S. 59-65).

Typ I = „Grundform"

Der erste Typ, die so genannte Grundform erfasst solche Stereotype wie *„Die Deutschen sind fleißig"*. Er lässt sich als eine Allaussage beschreiben, die einen wertenden und normativen Charakter hat. Diese Aussageform ist auch in der Praxis die häufigste.

Typ II und III = Definierender Typ

Mit dem zweiten Typ werden solche Stereotype erfasst, „deren Verbindlichkeit durch bestimmte Signale in der Oberflächenstruktur des Satzes eingeschränkt ist" (Quasthoff, 1973, S. 248). Zu diesem Typ gehören Äußerungen, in denen der Sprecher / die Sprecherin sich dadurch einer Verantwortung für die Richtigkeit des Stereotyps entledigt, indem er/sie die Stereotype andere sagen lässt oder sie als Frage formuliert, z. B.: *„Meine Mutter sagt, die Männer lieben mollige Frauen."*; *„Stimmt es nicht, dass die Männer größer sein müssen als die Frauen?"*

Unter dem dritten Typ werde solche Stereotype erfasst, in denen der Sprecher / die Sprecherin sich selbst mit einem performativen Verb (des Sagens und Meinens, siehe oben) expliziert. Hierzu gehört eine Äußerung wie: *„Ich meine, eine Frau sollte für den Haushalt zuständig sein."*

Typ IV = „Textlinguistischer Typ"

Als vierten Typ fasst Quasthoff alle die Stereotypen auf, die nur implizit in den jeweiligen Äußerungen enthalten sind (z. B. als Präsuppositionen, Näheres dazu siehe Kapitel 8). Hier ist es nicht ganz einfach, die Stereotype zu erfassen. Da sie zumeist nur in dem implizit Vorausgesetzten oder in dem implizit zu Folgernden enthalten sind, bräuchte man Operationen, die diese Beziehung aufdecken könnten. Nach Wenzel (1978, S. 63) gibt es jedoch innerhalb der Textlinguistik noch keine geeigneten Operationen, die das Aufdecken solcher Implikationen möglich machen. Ihrer Ansicht nach besteht in den meisten Fällen nur die Möglichkeit, die textlinguistischen Stereotype mit einer Paraphrase zu erfassen. Es wird mit Hilfe des situativen Kontextes intuitiv eine Äußerung (die auch nur aus einem Wort bestehen kann) nach Art der Sätze vom Typ I oder Typ II/III ergänzt. Nicht selten kann man aber auch über eine Präsuppositionsanalyse oder etwa eine Diskursanalyse (vgl. Kapitel 5) solche Stereotype erfassen.

Wie schon erwähnt, **appelliert die Werbung auf idealisierende Weise an gängige Wunschvorstellungen, Idealbilder von Menschen und deren „Träume". Sie reagiert sehr schnell auf Trends und bestätigt gängige Klischees und Gesellschaftsbilder.**

Eine der präzisierten Untersuchungen über Stereotype ist die von Birgit Stolt und Jan Trost. 1976 hatten Stolt und Trost in ihrem Buch *Hier bin ich! Wo bist Du?*, eine interessante sprachlich orientierte Stereotypenuntersuchung über Partnerbilder von Männern und Frauen auf der Basis des beschreibenden Wortschatzes von Heiratsanzeigen in der *Zeit* vorgenommen. Partnerstereotype werden in Selbst- oder Wunschbeschreibungen (Typ I / Typ II) direkt genannt. Stolt kam in etwa zu folgenden Partnerbildern bei der gebildeten Mittelschicht, die üblicherweise in der *Zeit* inseriert. Im Folgenden werden Selbstbeschreibungen (S) den Partnerbezeichnungen (P) gegenübergestellt, ausgewertet von Stolt, 1976.

weiblich	S	P	männlich	S	P
Frau	21	27	Mann	10	53
Dame	10	26	Herr	1	8
Mädchen	4	24	(großer) Junge	4	2
Weib	3	3	-	-	-
weibliches Wesen	2	11	männliches Wesen	-	4
Partnerin	1	53	Partner	3	105
Gefährtin	-	10	Gefährte	-	12
„Menschin"	2	2	Mensch	3	8
Pendant	-	8	Pendant	-	7
Freundin	-	2	Freund	-	5
Kameradin	-	5	Kamerad	-	2
Eva	1	6	Adam	1	1
Berufsangabe	100	11	Berufsangabe	116	11
Witwe	8	-	Witwer	2	-

S = Selbstbezeichnung, P = Partnerbezeichnung.
Einzelbelege wurden nicht aufgeführt.
Gesamtzahl der Selbstbezeichnungen: weiblich 201, männlich 198.
Gesamtzahl der Partnerbezeichnungen: weiblich 204, männlich 263.
Viele Anzeigen haben keine Selbstbezeichnung, da man/Frau nur *„ich"* oder *„suche"* setzt. Der Wunschpartner kann ferner in ein und derselben Anzeige mehrfach bezeichnet werden: *„Wo gibt's den Begleiter, Beschützer, Kumpel?"; „(....) Weib als Gespielin, Kameradin, Partnerin"*.

4.2. Die Zielgruppe der Frauen

Keine Adressatengruppe der Wirtschaftswerbung ist zugleich als Zielgruppe so bedeutend und für Kaufentscheidungen so einflussreich wie Frauen. Obwohl in den Selbstbildern und ganz langsam auch in den Lebensgewohnheiten von Männern und Frauen Angleichungen als Folge der Emanzipation stattfinden, bleiben doch **wesentliche Unterschiede in der Gleichheit"**. Frauen haben in ihren Lebensorientierungen und zugeschriebenermaßen – auch als „Hüterinnen von Beziehungen in Familie, Partnerschaft und Beruf" - ihre spezifischen Bedürfnisse und zugleich einen großen Einfluss auf Kaufentscheidungen auch für Männer und Kinder. Sie verdienen im Durchschnitt zwar nicht so viel wie Männer, geben aber Geld auch von und für die Familie aus, und insbesondere in Märkten mit großen Gewinnmargen, im Bereich von Kleidung, Einrichtung und Kosmetika. Auch im Bereich der Lebensmittel und indirekt in allem, was mit Zusammenleben und Lifestyle zu tun hat, sind Frauen überdurchschnittlich aktiv.

So überrascht es nicht, dass Frauen traditionellerweise und bis heute andauernd, ihre eigene Zeitschriftenwelt haben und dass speziell Frauenzeitschriften die Werbe- und Umsatzträger für Kleidung, Kosmetika, Genusswaren und Lifestyle sind.

Das geschieht in der Art, dass nicht nur die meisten Zeitschriften jeweils **im redaktionellen Teil regelrecht Modenschauen und Kosmetikpräsentationen mit jeweiligen Einkaufsnachweisen** (einschließlich der *Brigitte*-Bestelladresse) enthalten und über Rezepte und Ernährungsbeispiele direkt oder indirekt den Lebensmittelkonsum steuern, nein, **diese Präsentationen sind rundherum umgeben von Werbeanzeigen**, von einer sehr spezifischen Werbeflut in geschickten Arrangements zwischen redaktionellem Teil und Werbung.

Die wenigen Männerzeitschriften, die solches nachahmen, fallen da nicht ins Gewicht. Meist sind überwiegend von Männern gelesene Zeitschriften ohnehin Fachzeitschriften oder haben, vielleicht bis auf *Men's Health* u. ä., auch sonst andere Themen.

Grund genug also, sich mit der Zielgruppe Frau und ihren Zeitschriften, die zudem durch sich selbst auch noch gut untersucht sind, zu beschäftigen, um dann zu den Frauenbildern und Stereotypen der Werbung zu gelangen.

4.2.1 Frauenzeitschriften

Ehe Werbetreibende *„jemandem ein Bild von sich machen"* können, machen sie sich ein Bild vom Adressaten / von der Adressatin. Das geschieht durch so genannte **Zielgruppenanalysen**. Frauen sind eine besonders umworbene Zielgruppe und haben dazu neben dem Üblichen auch noch ein besonderes **Werbemedium: Frauenzeitschriften**. Hier wird nicht nur in Anzeigen, sondern, wie jedermann sehen kann, auch im redaktionellen Teil direkt für den Konsum (von Kleidungsstücken, Kosmetika u. a.) geworben.

Interessant in diesem Zusammenhang ist, dass eine der besten Untersuchungen über die Leserinnen von Frauenzeitschriften (nicht nur von *Brigitte*), die so genannte *Brigittestudie*, die als interne Publikation mit dem Titel *Frauen und ihre Zeitschriften* bei Gruner und Jahr 1990 herausgekommen ist, von der Anzeigenabteilung gemacht wurde. Eben diese gab dann als 2. Teil 1991 auch die Profilbeschreibung der Zeitschrift, *Brigitte, die klassische Frauenzeitschrift*, heraus. Diese Brigittestudie ist immer noch aktuell, die Frauendarstellung in der Zeitschrift selbst Gegenstand einer eigenen Studie (Petra Büttner *Die Frauendarstellung in der Werbung* 1996).

Warum intern und warum die Anzeigenabteilung als Initiator und Durchführungsinstanz der Studie? Ganz einfach, es handelt sich hierbei um Werbung für Werbetreibende: die Anzeigenkund/innen sollen mit einer wissenschaftlichen Studie angelockt werden, in der *Brigitte* als größte und *„klassische Frauenzeitschrift"* natürlich gut wegkommt. Dass die Leserinnen vielleicht auch ein Interesse daran haben könnten zu lesen, was über sie herausgefunden wurde, bleibt bei der internen Publikation außen vor, vielleicht kämen sie sich auch ein wenig „gläsern" vor. Übrigens: etwas Ähnliches gibt es auch aus dem Hause Burda von 1987 mit dem Titel *Frauenzeitschriften in Deutschland*.

Werfen wir einen kurzen Blick auf die Brigittestudie:

Die mehr als 60 Frauenzeitschriften auf dem deutschen Markt (Stand 1999) lassen sich nach der Brigittestudie 2. Teil, 1991, vgl. S. 24ff wie folgt einteilen:

1. Die Hauptgruppe bilden die **„klassischen Frauenzeitschriften"**: *„Brigitte", „Freundin", „Für Sie", „Journal für die Frau", „Petra"*. Sie haben eine große Verbreitung und erreichen 1990 maximal etwa 13,03 Millionen Frauen, inzwischen gibt es neue Zeitschriften und mehr Leserinnen.

2. Daneben gibt es die **„anleitenden Frauenzeitschriften"** wie: *„Burda Moden", „Neue Mode", „Sandra", „Verena".* Mit einem Leserinnenkreis von 6,57 Millionen Frauen sprechen sie mit ihrem „monofunktionellen Angebot" ein begrenztes Interessenspektrum an.

3. Noch kleiner ist die Leserinnenschaft der so genannten **„edlen Frauenzeitschriften"**: *„Cosmopolitan", „Elle", „Harper's Bazar", „Madame", „Vogue".* Sie konzentrieren sich „exklusiv, nur auf das Besondere". Nach der Brigittestudie erreichen sie im weitesten Leserinnenkreis 4,68 Millionen Frauen mit dem Konzept *„formaler Schönheit".*

4. Daneben gibt es noch die **„praktischen Frauenzeitschriften"**: *„Carina", „Maxi", „Prima".* Sie erreichen einen Leserinnenkreis von 5,18 Millionen Frauen.

5. Und natürlich gibt es die **„unterhaltenden Frauenzeitschriften"** wie: *„Bella", „Bild der Frau", „Die Aktuelle", „Frau im Spiegel", „Neue Post", „Tina".* Diese so genannte *„Yellow Press"* erreicht inhaltlich maximal 11,82 Millionen Frauen und bietet die Flucht (*„Escape"*) vom Alltag an.

Im Folgenden sei die Frauenzeitschrift *Brigitte* gemäß der Brigittestudie 2.Teil näher charakterisiert. Gucken wir uns zunächst einmal die Merkmale der *Brigitte*-Leserin an:

Die *Brigitte* ist eine typische Vertreterin der „klassischen" Frauenzeitschriften. Sie erscheint im zweiwöchigen Rhythmus und hatte 1990 eine durchschnittlich verkaufte Auflage von 1.085.165 Exemplaren und wird von 14,8 % der 14- bis 64-jährigen Frauen und von 17,7 % der 20- bis 49-jährigen Frauen in Deutschland (!) gelesen (vgl. ebd. S. 5).

51 % der Leserinnen sind berufstätig, 17 % haben Abitur und einen Hochschulabschluss bzw. besuchen eine Hochschule.

Ein Haushaltsnettoeinkommen unter 3.000 DM hatten 36 % der Leserinnen, während 46 % ein Haushaltsnettoeinkommen von 3.000-5.000 DM und 18 % mehr als 5.000 DM zur Verfügung hatten (Rechnen Sie zum Vergleich zu heute die DM-Werte am besten auf 70-%-Basis um).

30 % der *Brigitte*-Leserinnen sind ledig, 61 % verheiratet (vgl. ebd. 1991, S. 31).

Laut *Brigitte* begegnen ihre Leserinnen *„einem unverwechselbaren Mode-Angebot, individuellen Schönheits-Themen, einfallsreichen Beiträgen zu Küche, Haushalt und Diät".* Außerdem finden sie *„Antworten auf die Fragen,* *die sie heute an die Gesellschaft, an ihre Mitmenschen, an sich selbst stellen".* (vgl. ebd. S. 4).

Im Urteil der Leserinnen (vgl. ebd. S. 37) ist *Brigitte* eine von vielen Frauen gelesene, erfolgreiche, moderne und zeitgemäße Zeitschrift, die neben nützlichen Tipps und Anregungen interessante Beiträge (Reisen, Reportagen, Beratung etc.) enthält und ein **„systematisches Frauenbild"** vermittelt.

Selbst wenn diese Selbstportraitierung einen wertenden und werbenden Text darstellt, macht sie deutlich, **was die genaue Analyse von Zielgruppen und das „Image" des einzusetzenden Mediums (hier die Zeitschrift *Brigitte*) für die Planung und Ausgestaltung von Werbeaktionen bewirken kann**: vieles liest sich wie eine Anweisung zur Gestaltung von Kommunikationssituationen (vgl. Kapitel 3.2), von Bild-/Texteinsatz (vgl. Kapitel 2.5) oder von gezieltem Zugriff auf Bedürfnisse. In der Tat erstellen viele Werbeträger, Zeitungen, Zeitschriften, Rundfunk-, Fernsehsender von sich und den Möglichkeiten für die Werbung Profile, um Werbeaufträge hereinzuholen. Diese sind im Gegensatz zur Brigittestudie nur intern zugänglich. Es sei angemerkt, dass es eine neue (2008), von *Brigitte* in Auftrag gegebene, wissenschaftliche Studie über Frauen gibt, diese beschäftigt sich aber mehr mit Selbstbildern von Frauen als mit ihren Lesegewohnheiten und Zeitschriften.

Die oben angeführten Produktbereiche und Bedürfnislagen wurden – nach einer eigenen Studie mit Studierenden – von der Wirtschaftswerbung 1994 in zwei Frauenzeitschriften – *Brigitte* und *Cosmopolitan* – wie folgt gesehen und wie folgt beworben:

Produktbereiche, die in zwei Frauenzeitschriften mit wie viel Seiten beworben werden (dabei wurden die Anzeigen auf Gesamtseiten projiziert):

Tabelle 1   Tabelle 2

Produkte	Brigitte (Heft 5, 1994) Angabe in Seiten	Produkte	Cosmopolitan (Mai 1994) Angabe in Seiten
Mode, Dessous	33,00	Mode, Dessous	30,00
Parfüm	12,00	Parfüm	25,00
Medizinisches	9,50	Auto	17,00
Nahrungs- und Genussmittel	8,03	Hautpflegemittel	12,00
Haare	7,33	Kosmetik	9,33
Hautpflegemittel	7,00	Schmuck, Uhren	7,00
Orangenhaut	4,00	Haare	6,50
Monatshygiene, Toilettenpapier	4,00	Versicherungen	6,00
Auto	4,00	Küchengeräte, Möbel	5,67
Sonnenschutz	3,00	Alkohol	5,67
Fort- und Ausbildung	2,92	Nahrungs- und Genussmittel	5,00
Wasch- und Putzmittel	2,50	Banken, Finanzen	5,00
Urlaub	2,33	Sonnenschutz	4,00
Schmuck, Uhren	2,33	Orangenhaut	3,00
Bücher	2,33	Duschmittel	2,00
Küchengeräte, Möbel	2,03	Medizinisches	2,00
Banken, Finanzen	2,00	Urlaub	1,33
Duschmittel	2,00	Bücher	1,33
Kosmetik	1,92	Fort- und Ausbildung	1,00
Versicherungen	1,00	Wasch- und Putzmittel	-
Alkohol	-	Monatshygiene, Toilettenpapier	-

Und so sieht das Werbegeschehen in den zwei Frauenzeitschriften aus, die Quantitäten des Werbeanteils können im Vergleich zum Redaktionsteil auf andere Fachzeitschriften verallgemeinert werden.

Untersuchung zur Werbemenge in den beiden Zeitschriften *Brigitte* und *Cosmopolitan*:

Tabelle 3

(in Seiten)	*Brigitte,* Heft 54, 1994	*Cosmopolitan* Mai 1994
Texte mit versteckter Werbung	39,83	44,50
Text ohne Werbung	114,00	94,42
Seitenzahl der Werbung, die in Zusammenhang mit dem Text steht	ca. 13,50	ca. 32,99

Tabelle 4

(in Seiten)	*Brigitte,* Heft 54, 1994	*Cosmopolitan* Mai 1994
offensichtliche Werbung	158,00	168,00
versteckte Werbung	39,83	44,50
Werbung insgesamt	197,83	212,50
Text ohne Werbung insgesamt	94,17	103,50
Seitenzahl gesamt	292,00	316,00
Gesamtwerbung in %	67,75 %	67,25 %

Lesen Sie diese Zahlen und veranschaulichen Sie sie sich einmal! **So ist der quantitative Anteil der Werbung(sseiten)** mit 158 bzw. 168, rechnet man die Schleichwerbung noch dazu, mit 197 bzw. 212 **deutlich größer als der redaktionelle Teil** (mit 94 bzw. 103 Seiten), **das Verhältnis ist zwei Drittel zu ein Drittel.**

Die Werbung für Mode/Kleidung/Dessous hat in beiden Zeitschriften den größten Anteil (die Werbung manipuliert *„Frauen als Kleiderständer",* eigene Wertung), gefolgt von der für Kosmetika und Parfüms usw. (vgl. *Frauen in der kosmetischen Zwangsjacke,* Christiane Schmerl *Frauenfeindliche Werbung* 1983, siehe unten)

4.2.2 Frauenbilder und Frauenstereotype

In der Wirtschaftswerbung – Heiratsanzeigen sehe ich auch mal als werbliche Texte – werden die Stereotype der Hauptadressaten Frauen und Männer vermittelt, mehr übrigens solche über Frauen als über Männer und Kinder, vielleicht fallen letztere aber auch nicht so auf (vgl. Kapitel 4.3). Studien vor allem von Soziolog/innen konzentrieren sich auf Frauen, manchmal sind sie auch vergleichend, z. T. sind sie feministisch geprägt. Eine derart pointierte Studie ist die von Christiane Schmerl (*Frauenfeindliche Werbung* 1983) mit dem Modell der „Zwangsjacken", in die die Frau ihrer Ansicht nach von der Werbung gesteckt wird oder sich selbst steckt;

Schmerl hat als Herausgeberin den Ansatz 1992 unter dem Titel *Frauenzoo* noch fortgesetzt.

An weiteren Arbeiten sind z. B. zu nennen: Petra Büttner, *Die Frauendarstellung in der Werbung* 1996, Michael Weisser, *Wirksam wirbt das Weib. Die Frau in der Werbung* 2002, Nicole M. Wilk, *Körpercodes. Die vielen Gesichter der Weiblichkeit in der Werbung* 2002, Evelin Baszczyk *Werbung. Frau. Erotik* 2003, Christoph Niemann *Geschlechterrollen in der Werbung* 2006, Ulrike Kohlweiß, *Frauen in der Werbung: Realismus versus Idealismus*, 2007, Christina Holtz-Bacha, *Stereotype? Frauen und Männer in der Werbung*, 2008 usw.

Dabei wird deutlich, wie sehr das Schwergewicht (mehr oder weniger) auf erotisch-körperliche Aspekte gelegt wird, speziell dazu auch Michael Franke *Erotik in der Werbung* 2006 und Kerstin Knopf und Monika Schneikart *Sex/ismus und Medien* 2007. Erst in jüngster Zeit verlagert es sich mehr und mehr auf breitere Stereotype.

Das breite Stereotyp ist in den erwähnten Arbeiten von Christiane Schmerl 1983 (*Frauenfeindliche Werbung*) und 1992 (*Frauenzoo in der Werbung*) bereits pointiert gegeben, die Arbeiten sind für spätere Forschungen Beispiel gebend und auch heute noch interessant. Deshalb wird sie im Folgenden besonders berücksichtigt.

4.2.2.1 Frauenbilder in der Werbung

Christiane Schmerl hat in ihrem Buch mit dem Titel *Frauenfeindliche Werbung* im Jahre 1983 eine Reihe von Rezepten – sprich Stereotype werblichen Vorgehens – herausgearbeitet, mit denen Frauen in der Wirtschaftswerbung herabsetzend und einseitig dargestellt werden.

Für Schmerl ist eine Werbung „**frauenfeindlich**", wenn sie:

- **ein einseitiges und verlogenes Bild von Frauen zeichnet,** und

- wenn sie **Vorstellungen von einer „normalen", „richtigen", „idealen" etc. Frau einseitig, stereotyp** (z. B. *propere Hausfrau, elegante Dame, Sexgespielin, Dummchen* u. a.) **festlegt.**

Als „**offen" frauenfeindlich** wird von Schmerl Werbung definiert, in der **Frauen in der Gesamtheit als Geschlecht herabgesetzt, lächerlich gemacht** oder in einer anderen Art und Weise *„als eine nicht für voll zu nehmende menschliche Spezies hingestellt werden"* (Schmerl S. 7).

Auf den folgenden Seiten (7-10) des Buches werden Rezepte, sprich Stereotype frauenfeindlichen werblichen Vorgehens, benannt, es sind folgende (eine Auswahl):

1. **Sexuelle Anzüglichkeiten auf Kosten der Frau,** insbesondere die Reduktion von Frauen auf Sexualität. Die kommt zum Ausdruck, wenn nur bestimmte Körperteile (Brust, Gesäß, Beine usw., vgl. Abbildung zur Bekämpfung von Cellulite mit einem Philips-Gerät) abgebildet werden, oft fehlt sogar der dazugehörige Kopf ganz oder ist abgewandt, was der Abbildung Identitätslosigkeit und Objektcharakter (Sexobjekt) verleiht, hier ein extremes Beispiel aus der Männerunterhosenwerbung, Serie Obsession:

Abb. 40 Obsession (Unterwäsche)

Und nicht viel feinsinniger die nicht umsonst hier nur schattenhaft wiedergegebene Werbung für ein Musikinstrument (!) samt Text:

FARFISA
Orgel
ist wie eine schöne
Frau... geschmack-
voll und sensibel.

Sie heißt Angela, Nicole,
Jacqueline, First Lady
oder Désirée.
Jede FARFISA-Orgel hat
«was Männern Spaß
macht»:
Jede hat Rhythmus im Leib
(eingebautes Rhythmusgerät)
jede ist eine angenehme
Gefährtin
(eingebaute Begleit-
automatik)
jede ist wohl-
proportioniert
(italienische Formgebung)
jede hat Chic
(nußbaumfurniert)
jede ist repräsentativ
(man kann sich mit ihr
sehen lassen)
Verlangen Sie ausführliche Prospekte
FARFISA
ropas größter Orgelhersteller

Abb. 41 Farfisa Orgel

2. Als zweites Rezept nennt Schmerl die **Gleichsetzung von Frauen mit Produkten**. Hier werden die Frauen mit beworbenen Produkten direkt verglichen, d. h. Eigenschaften hin und her übertragen, vgl. den Slogan *„Echt Frau. Echt Gold.*", wo die Frau etwas Goldiges und das Gold etwas Weibliches bekommt. Auch die Farfisa-Werbung hat viel von dieser Gleichsetzung, Frau als schönes Instrument usw.

3. Das nächste Rezept lautet: **Frauen haben nur den Haushalt im Kopf**. Hier geht es um die traditionelle Rollenverteilung, Schmerl spricht von *„glorreichen Lügenmärchen über Frauen und ihren Haushalt"*. Es wird ein verzerrtes Bild der Wirklichkeit derart

- dass der Haushalt die einzige Erfüllung von (Haus)Frauen und Müttern sei, geliefert,
- dass die Arbeit im Haushalt als weibliche Luxusbeschäftigung oder als „Hobby" dargestellt wird,
- dass Hausfrauen als „aufgedonnerte" Empfangsdamen abgebildet werden.

Dass sich hier in den letzten 20 Jahren einiges verändert hat, z. B. die Wasch- und Putzfrau Klementine (Ariel-Werbung) ganz aus der Mode gekommen ist, sei angemerkt. Das heißt aber nicht, dass nicht auch heute noch überwiegend Frauen für Waschmittel werben.

Abb. 42 Klementine von Ariel (Waschmittel) und Dresdner Bank

Ja, es gibt heutzutage stoffelige Hausmänner (siehe unten), denen Frauen sagen müssen, wo es langgeht, dennoch blieben Frauen (systemerhaltend) die Expertinnen für Haushaltsfragen. Das innere „Gewissen" der Hausfrau und Mutter in der Fürsorge für ihre Familie wird immer noch oft bemüht (z. B. Weichspüler-Werbung vom Typ *„Ist dieser Pulli auch wirklich weich und nicht kratzig?"*).

4. Ein weiteres, wesentliches und auch heute noch aktuelles Rezept – Werbestereotyp – wird von Schmerl feministisch als **„kosmetische Zwangsjacke"** bezeichnet, es geht um rigorose (Selbst)Anforderungen an Frauen, die gängigen Schönheitsidealen und Vorstellungen von Weiblichkeit entsprechen müssen. Dies kommt nicht nur in Abbildungen – man/Frau blättere nur einmal eine Frauenzeitschrift, welche

auch immer, durch – vor, sondern wird auch durch den Text oft unverblümt zum Ausdruck gebracht, vgl. Schmerl S. 9:

- *Ein Mann darf Falten haben, eine Frau nicht.*

- *Schönheit muss schlank sein.*

Und: **da kaum eine Frau diese Anforderungen erfüllt, entstehen kritische Körpervorstellungen bei Frauen**: ich, der Autor, habe in meinem Leben nur wenige Frauen getroffen, die mit ihrem Aussehen uneingeschränkt zufrieden waren.

Diese zentrale (Selbst)Bedrohung ist dann das Einfallstor für kosmetische Produkte, die Heilung und Besserung versprechen, Frau schlüpft in die *„kosmetische Zwangsjacke"* (der moderne Mann übrigens mittlerweile auch, siehe Kapitel 4.3).

5. Ein weiteres Rezept frauenfeindlicher Werbung nach Schmerl sind **frauenfeindliche Witze und Sprüche, die direkt und indirekt in der Werbung aufgegriffen werden**, deren innewohnende Stereotype weiter getragen werden. In diesen Witzen werden Frauen als *Hausdrachen, Schlampen, Nervensägen, Klatschbasen, Kaffeetanten* dargestellt.

Abb. 43 Jacobs Krönung (Kaffee)

6. Frauen werden als **Objekte für den sexuellen Gebrauch**, als Genussmittel (zum Vernaschen) präsentiert, man vgl. noch einmal oben Farfisa-Orgel und Bild und Text in dem anliegenden Text einer Werbung für ein teures Möbelstück, das sich nur eine gehobene Klientel leisten kann, und analysiere die sprachlichen Elemente, Worte und Redensarten, die mindestens ebenso gut, wenn nicht noch besser zu der Dame

passen könnten, die auf dem Sofa abgebildet ist: sublimierte Pornografie?

Abb. 44 Rolf Benz (Möbel)

Wohin würden Sie Ausdrücke wie *„Charme und Individualität"*, *„die Faszination des Besonderen"* hintun oder *„großzügige Seitenteile"*, den *„Rundbogen des Rückens"*, *„in jeder Lage"*, *„hält was er (sie?) verspricht"*, *„das schöne Äußere"*? Zu einem Sofa?!

Zuletzt sind noch weitere moderne Stereotype wenigstens zu benennen oder kurz zu betrachten.

Zu den **moderneren Stereotypen** gehört sicher die Darstellung oder Abbildung der Frau als **selbständige, erfolgreiche Geschäftsfrau** und Person, die ein abwechslungsreiches, beruflich wie privat ausgefülltes, mit Attributen von Sportlichkeit und Wohlstand versehenes Leben führt, ein Leben meist allerdings ohne Kinder und mit einem austauschbaren Mann. Interessant dabei ist, dass in der neuen Brigittestudie (2008) in den Selbstbildern von Frauen zwar der Kinderwunsch vorkommt, die Rolle des Mannes allerdings blass bis nicht vorhanden bleibt.

Abb. 45 sOliver Woman (Bekleidung)

Hier sei an einen Werbespot erinnert, in dem der Tagesablauf einer solchen „emanzipierten" Frau zwischen Seidenwäsche und modernstem Bad, Auto mit Chauffeur, Managerinnentätigkeit, Fitnessstudio, Kleiderwechsel, Abendausgang, Erotik und exklusivem Home-Design dargestellt wurde, wieder ein unerreichbarer Traum für die meisten Frauen.

Spaß, Erfolg und Wohlstand, Schönheit, Partnerschaft und Erotik, Weltläufigkeit und manchmal auch Kinderlosigkeit machen das Design eines modernen Frauenstereotyps aus, dem dennoch vieles vom Alten geblieben ist: **Immer noch werden Frauen kleiner als Männer dargestellt, immer noch ist der Mann das Maß aller Dinge:**

Abb. 46 Wellaflex (Kosmetik)

Immer noch ist absolut faltenlose, langbeinige (russische Models sollen sich die Beine brechen lassen, um sie zu verlängern, Zeitungsnachricht vom 07.02.2008), **schlanke Schönheit und ist Jugend Trumpf, immer noch sind Frauen „lebende Kleiderständer".** Und sie haben etwas Beschützenswertes und etwas von der femme fatale an sich: Die Werbung kennt die Stereotype, bewahrt die geheimen und öffentlichen Wunschvorstellungen und ist nah am jeweiligen Geist der Zeit. Eines ist in der Werbung und ist bei uns gewiss immer gleich geblieben: Frauen sind tendenziell eher blond und werden vor allem von außen beurteilt.

4.3 Die Zielgruppe der Männer

Das Bild des Mannes ist – ähnlich wie das der Frau – durch stereotype Abbildungen und Texte gekennzeichnet, die jeweils einen bestimmten Begriff von Männlichkeit präsentieren oder abrufen und der dann mit dem jeweiligen Produkt verbunden wird: *„Der Duft von Abenteuer und Freibeuterei: Bei Tabac, da merkt man, dass Sie ein Mann sind."*

Das Gebiet ist mittlerweile gut beforscht, angefangen mit die Buch von Dietmar Kreutzer, *Kauf mich! Männer in der Werbung* 1998, weitergeführt von Soheil Dastyari mit *Antimaterie Mann: Männlichkeit in der Werbung* 1999 oder Nils Borstnar *Männlichkeit und Werbung. Inszenierung – Typologie – Bedeutung* 2002. Zum Begriff Stereotyp siehe auch die im Kapitel 4.1 genannten Arbeiten.

Abenteuer und Freibeuterei (Frage: *Was war das doch eigentlich? Legalisierte Piraterie?*) sind nur zwei von verschiedenen Attributen von Männlichkeit: **Der richtige Mann, das ist auch der gute Sportler und Sieger im**

Wettkampf, der erfolgreiche Geschäftsmann und Experte, Bändiger von Natur und Technik, der Eroberer und potente Verführer und Partner, kurz: der Held. Er ist aber auch, neuerdings mehr und mehr, das lustbetonte Körperwesen, der gepflegte Softi mit neuer Innerlichkeit und einfach auch schön – kurz der Narziss.

Dass neuerdings auch gern „Exoten" (ursprüngliche, unverdorbene, unverfälschte Sinnlichkeit nach dem Muster des alten Stereotyps vom „edlen Wilden"), der **liebevolle Hausmann** und manchmal auch Stoffel (siehe oben Kapitel 4.2) gezeigt werden, sei angemerkt und hat etwas mit (Rückwärts-)Sehnsucht nach etwas anderem und Frauenemanzipation zu tun. Im Folgenden seien einige Stereotype ausgeführt.

Abb. 47 Clubmaster Fellows (Zigarillos)

1. Der Abenteurer

Der Typ Mann ist in der Werbung häufig, es gab ganze Serien davon, z. B. Camel, Marlboro, Prince Denmark – alles Zigarettenwerbungen und heute nicht mehr da, hier ein letztes Mal!

Abb. 48 Camel Filter und Marlboro (beides Zigaretten)

Dafür ist es heute die Autowerbung und dort insbesondere die für schwere, spritschluckende, umweltschädigende Geländewagen, aber auch für Unterwäsche oder Parfüms.

In solchen Werbungen erscheint der Held oft ganz allein in weiter ursprünglicher Landschaft mit Pferden oder Hunden als Gefährten, oder er wird mit **schnellen Fahrzeugen, Geländewagen, Motorrädern gezeigt, alles Symbole für Kraft** und die Fähigkeit, in entlegenen Territorien zurechtzukommen und jedes auch noch so entfernte Ziel zu erreichen.

Diese Werbung ist eskapistisch, soll suggerieren, dass „Mann" mithilfe der beworbenen Produkte seinem Acht-Stunden-Arbeitsalltag entfliehen kann. Manchmal heißen die beworbenen Produkte auch nach dem Stereotyp, z. B. *Lonestar* (einsamer Stern) für den einsamen Wanderer (mit Wolf) in der Nacht. Der Mann ist selbst einsamer Wolf, ausgestattet mit den Attributen seines Gefährten wie Mut, Zähigkeit, Unabhängigkeit, Kraft, List und Gefährlichkeit (und auch verführerischer, sexueller Macht des Exoten), aber eben auch ein Individualist.

THE WAY YOU ARE –

THE WAY YOU GO.

LONESTAR.

Abb. 49 Lonestar (Parfüm)

2. Der Sportler und Gewinner

Gar nicht so weit weg vom Abenteurer ist das Idol des Sportlers. Sport bewegt die Männerschar ganzer Nationen im Stadion oder vor dem Fernseher:

> „Sport erscheint als Abenteuerersatz, als symbolischer, imperialistischer Akt. Die Ideologie des Sports schärft den Männern ein, dass Wettkampf und Sportsgeist nötig sind, um die Gesellschaft zu erhalten",

schreiben Georges Falconnet, Ulrike Edschmid und Nadine Lefaucheur S. 29 schon 1977 in ihrem Buch *Wie ein Mann gemacht wird*.

Abb. 50 Philips (Elektro-Geräte)

Sport ist ein (symbolisch zu verstehendes) **Kräftemessen mit den Attributen Mut, Disziplin, Ausdauer, Kraft und Ehrgeiz.**

Dass mit Sportlern (ebenso wie mit Abenteurern) für Produkte wie Zigaretten, Tabak oder Alkohol geworben wird, die der sportlichen Leistung (oder dem Abenteuer) eher abträglich sind, ist ein unaufgelöster Widerspruch und zeigt: *„Mann will wie die Welt betrogen sein"*.

3. Der Mann als Geschäftsmann und Experte

Oft erscheint der Mann als erfolgreicher Geschäftsmann stark typisiert. Männer in Designeranzügen und mit dem schwarzen Lederköfferchen sind zwar ein wenig langweilig und uniform, aber hauptsächlich sind sie (Wirtschafts-)Helden und Vertreter einer erfolgreichen Firma. Der Typ erscheint in der Werbung manchmal etwas dandyhaft, als modischer Kleiderständer (es wurde in der Kunstwissenschaft auch schon über die Erotik des Anzugs geforscht). Und: es gibt da auch ein Auswahlproblem: Dressmen, die für solche Fotos in Frage kommen, wirken manchmal nur eben schön und richtige Manager sind oft schlicht zu alt und geben sich für Werbung nicht her.

Abb. 51 sOliver Man (Bekleidung)

Der Mann als erfolgreicher Geschäftsmann wird hier statt einer aufwändigen Beschreibung in einer Abbildungsfolge aus seinem Leben mit s.Oliver-Kleidung präsentiert (Abb. 51)

Sehr verbreitet und interessant variiert treten Männer in der Werbung als Experten auf. Das geschieht häufig in der Rolle des sekundären Kommunikators, wie sie oben Kapitel 3.2 bereits beschrieben wurde.

Immerhin werden in Werbespots etwa 79 % des Textes von Männerstimmen und nur ca. 19 % von Frauenstimmen getragen, einschließlich des unsichtbaren, meist männlichen Experten aus dem Off.

Die Männer verkörpern dabei oft Menschen in hervorgehobener beruflicher Position oder sind als Beherrscher von technischen Dingen und komplexen Situationen dargestellt. Der Zahnarzt in *„Mutti, er hat gar nicht gebohrt"* oder *„Ich gebe meiner Familie Dentagard"*, der vorzügliche Koch im Gourmet-Restaurant, der ältere, seriöse, um unser Wohl besorgte Versicherungsfachmann, der Techniker, der erklärt, warum die Waschmaschine kaputt gehen musste (es fehlte *Calgon*) oder Meister Proper, der Frauen und Hausmeistern sagt, wo es lang geht, gehör(t)en zu festen Stereotypen.

Und manchmal werden die Experten auch nur als solche zitiert und gar nicht dargestellt: *„Fantasie ist wichtiger als Wissen"* (Albert Einstein, Daimler-Benz-Werbung). Und nicht selten bürgt der Experte auch mit seiner Unterschrift für sein Urteil: *„Der Tipp eines Profis – Dusty Fleming, internationaler Hairstylist"* (Sunsilk-Werbung).

4. Der Mann als lustbetontes Wesen

Diese Darstellung ist zumindest in der Intensität, wie sie heute erfolgt, relativ neu und in manchem im Rahmen der Angleichung der Geschlechter wohl auch vom entsprechenden Frauenstereotyp beeinflusst. Vor allem die Kosmetikindustrie (vgl. oben Kapitel 4.2, *Frauen und ihre kosmetischen Zwangsjacken*) forciert dieses Männerstereotyp in der Werbung.

Meistens wird der Mann – besonders für Wäschewerbung – nackt oder spärlich bekleidet dargestellt, entspannt und körperliches Wohlbefinden ausdrückend; oft werden nur Ausschnitte gezeigt, nicht selten ist (wie bei Abbildungen von Frauen derselben Art) das Gesicht im Schatten oder verborgen/abgeschnitten.

Abb. 52 Renault (Autohersteller) und Versace (Bekleidung)

So gerät auch der Mann zu einem austauschbaren, fast identitätslosen Objekt – genau wie die sexualisierte Frau, vgl. oben in Kapitel 4.1. Die lang laufende Werbung für das Eau de Toilette Cool Water mit dem verschatteten Schwarzen-„Torso" am Strand und nicht wenige (Unter)Hosen-Werbungen, z. B die eines nackten Mannes, der eine Frau „abschleppte", siehe Kapitel 4.2, aus der Serie „Obsession" von Calvin Klein, waren/sind dafür Beispiele.

5. Der Mann als Partner und als soziales Wesen

Natürlich erscheinen **Männer auch in – meist gemischtgeschlechtlichen – Gruppen**, denn die Darstellung positiver zwischenmenschlicher Beziehungen ist ein wichtiges Thema in der Wirtschaftswerbung. Schließlich geht es darum zu zeigen, dass die Benutzung des Produktes zu guten Beziehungen verhilft oder diese bereichert.

Zwei große Gruppen sind unterscheidbar:

- Einmal ist es das Auftreten des Mannes in Freundschafts- und Peergruppen, wo mehrere etwas Schönes unternehmen und dabei das beworbene Produkt, z. B. Bier oder Zigaretten, gemeinschaftlich genießen; das Produkt suggeriert hier die Stiftung von positiver, aktiver Gemeinsamkeit.

- Zweitens begegnet uns der Mann als Partner und Familienmitglied in der Zweierbeziehung. Partnerbeziehungen werden dabei durchaus auch in ihren Schwierigkeiten dargestellt, siehe hier das Beispiel Telekom.

Abb. 53 Mitsubishi (Autohersteller) und Telekom (Telekommunikation)

Familiäre Zusammenhänge werden gern auch mit Kindern dargestellt, in ihnen übernimmt der Mann oft Verantwortung für die Familie (Versicherungswerbung) oder ist attraktiver Spielpartner.

Da es viele Werbungen dieses Typs gibt, erfolgt hier kein Beispiel.

Neben der positiven Darstellung von Beziehungen kommt neuerdings, wie schon angedeutet, der stoffelig wirkende „Hausmann" vor, der etwas ungelenk mit den Pflichten des Haushaltes umgeht. Die Abbildung gibt ein freundliches Beispiel:

Abb. 54 Bosch (Waschmaschinen)

Insgesamt ist beobachtbar und wird mittlerweile öffentlich diskutiert, dass als Vorbild für Männerwerbungen und die Entwicklung spezifischer Männerprodukte die differenzierte Lebenskultur der Homosexuellen fungiert, wir sprechen mittlerweile direkt von Homosexuellen-Werbung. Zu diesem neuen Typ gehören z. B. auch so genannte Metrosexuelle (z. B. David Beckham). Schönheitsideale und andere Männerstereotype werden neuerdings hier entlehnt, vgl. z. B. das Buch von W. Günther *Männer in der Werbung* 1998.

4.4. Die Zielgruppe der Kinder und Jugendlichen

Kinder und Jugendliche kommen als Adressaten und als Werbeakteure, sekundäre Kommunikatoren (vgl. oben Kapitel 3.2), in der modernen Wirtschaftswerbung häufig vor, und mittlerweile ist das Gebiet auch schon gut ausgeforscht, angefangen mit dem Buch von Melissa Müller, *Die kleinen Könige der Warenwelt* 1997, Dorothee M. Meister, Uwe Sander und Dieter Baacke (Hrsg.), *Kinderalltag und Werbung* 1997, Rainer Lange und J. Rainer Didszuweit, *Kinder, Werbung und Konsum*, 2004, Stephanie Müller, *Werbung für Kinder* 2007, Lody H. Kroll, *Jugendliches Konsumverhalten* 2007 u. a. m.

Kinder und Jugendliche sind Adressaten von Werbung nicht zuletzt, weil sie Geld haben und weil sie Erwachsene zu hohen Geldausgaben verleiten. Ein Artikel aus dem Jahre 1997 im Hamburger Abendblatt, als Melissa Müller ihr Buch schrieb, mag das veranschaulichen, Tendenz steigend.

"Kinder verfügen über 16,5 Milliarden DM

Hamburg (AP) – Für die Wirtschaft sind Kinder eine milliardenschwere Zielgruppe, an deren Geld die Firmen kommen wollen. Jungen und Mädchen zwischen sechs und 17 Jahren haben in diesem Jahr in der Bundesrepublik 16,5 Milliarden DM an Kaufkraft; das sind eine Milliarde Mark mehr als 1997, wie eine in Hamburg vorgestellte Studie belegt. Die Kinder geben dieses Geld vor allem für Markenprodukte wie das Eis *Magnum*, *Adidas*-Turnschuhe oder Jeans von *Lee*, *Mustang* oder *Levis* aus, wie die Umfrage der Verlage *Axel Springer*, *Bauer* und *Bastei* unter 2.316 Kindern ergab."

(Quelle: AP)

Ab dem dritten/vierten Lebensjahr treten Kinder als Konsument/innen auf, so das Münchner Institut für Jugendforschung, indem sie von der Mutter Süßwaren fordern. Dann sind es Kuscheltiere, Spielzeuge, Barbiepuppen oder Batman-/Monsterfiguren. Schon 22 % der Kinder im ersten Schuljahr benutzen mehrmals pro Woche ein Parfüm. Vom Modebewusstsein (Kleidung) war schon die Rede, Computerspiele, Unterhaltungselektronik runden das Konsumprogramm bei Jugendlichen nach oben ab. Die Werbewirtschaft spricht von einem neuen Konsumententyp, dem *Skippy: school kid with income and purchasing power.*

Die Sozialpsychologin Melissa Müller hat in ihrem Buch *Die kleinen Könige der Warenwelt. Kinder im Visier der Werbung* 1997 auch über Kinder als Werbekonsument/innen berichtet: **Demnach ist Werbung das zweitbeliebteste Fernsehprogramm der Vorschulkinder und besonderen Spaß machen Programme mit Überraschungseffekten.** Müller schreibt:

„In ihrer immensen Quantität, Intensität und Aggressivität, mit denen Werbung Kinder Tag für Tag in sorgfältig geplanten Kampagnen um den Finger zu wickeln sucht, nimmt sie großen Einfluss auf die Kleinen und verändert ihre Lebenseinstellungen grundlegend. Wo Kindern die sozialen Zusammenhänge abgehen, versucht die Werbung mit kreativen Konzepten das Gefühl von Geborgenheit, Zugehörigkeit und Selbstwert zu vermitteln. Schamlos bietet sie Produkte, ja ganze Lebenswelten als Ersatz für affektive Beziehungen, für Freundschaft und Liebe an."

Aber **Kinder sind nicht nur Adressat/innen** von Werbung, **sie sind auch** Träger/innen – **sekundäre Kommunikatoren** –, die Erwachsene zum Geldausgeben veranlassen. Kinder in der Werbung gibt es in zweierlei Weise:

- Kinder treten in Werbung für Kinder auf.
- Kinder werden als Transportmittel für Werbebotschaften (sekundäre Kommunikatoren) für Erwachsenenwerbung benutzt.

Beide Erscheinungsformen sind gut belegt, wobei die Kinder als sekundäre Kommunikatoren bis in tiefenpsychologische Verwendungen hineinreichen.

Letzteres soll zuerst behandelt werden. Zunächst ein harmloses Beispiel, „für Manager" mit Verblüffungseffekt:

Abb. 56 Die Bahn (Deutsche Bundesbahn)

Meines Erachtens problematisch wird es bei der Mütter-Manipulation. Wir alle, vor allem Frauen, kennen die Werbung, in der **Kinder an das Gewissen der Mutter appellieren**: *„Mutti, mein Pulli kratzt"* oder *„Mutti, er hat gar nicht gebohrt"* und nicht selten tritt das Gewissen selbst in Erscheinung und gibt direkt die Kaufaufforderung, den wichtigen Rat als Stimme aus dem Off. Sehr häufig wird aber auch das **Kindchenschema** eingesetzt, das Kind oder Baby, das in den Armen der Mutter / des Vaters die Rolle des Verführers übernimmt oder das pausbäckige kleine Mädchen.

Abb. 57 Benetton (Bekleidung)

In der Werbung, die sich an **Kinder und Jugendliche wendet** und in der **Kinder und Jugendliche als sekundäre Kommunikatoren** auftreten, wird ein anderes Rollenbild eingesetzt: **Hier geht es um Zugehörigkeit zur Gruppe, zu den anderen Kindern und Jugendlichen, um Freundschaft**, vielleicht auch um erste Liebe.

Es werden Peer-Group-Situationen dargestellt und **„in sein"** ist alles.

Abb. 58 Michi-Müller-Griespudding (Lebensmittel)

Und dieses „in sein" wird durch die beworbenen Produkte, hier mal Lebensmittel, aber meistens Marken-Kleidung – *„Klamotten"* wie die „Kids" sagen –, aber auch Handys, Computer(Spiele) und Spielkonsolengeräte, MP3- und DVD-Player usw. gewährleistet.

Nicht selten wird – jetzt schon sehr ähnlich wie bei der Erwachsenenwerbung – gezeigt, was der tüchtige Sportler, der gute Kamerad, die Freundin oder junge Schöne trägt, oder welches Hobby er/sie pflegt, welches Kosmetikum sie verwendet, die jungen Mädchen schon fest in der kosmetischen Zwangsjacke ...

Abb. 59 Poly Color (Haarpflege)

... oder es geht um den gemeinsamen Genuss von Süßigkeiten oder Getränken. **Das In-Group-Thema ist das zentrale Thema der Werbung für Jugendliche.**

Dabei sind sich die „Kids" ihrer Verführbarkeit durchaus bewusst, wie der kurze Zeitungsbericht über eine von Jugendlichen in Hamburg durchgeführte Erhebung zu „Markenklamotten" zeigt, der den bezeichnenden Titel trägt:

> „Kann denn Levi's Sünde sein?
>
> Muss es immer Levi's sein? Wie ihre Mitschüler zu Markenklamotten stehen, wollten Julia Füsslein (14) und Ivonne Batschick (15) von der Klasse HR 9b der Schule Röthmoorweg in Schnelsen herausfinden. Die Klasse nimmt teil am Projekt >Schüler machen Zeitung< von (Hamburger) Abendblatt und Vereins- und Westbank. Während ihre Klassenkameraden auf Recherche im Krankenhaus, bei der Polizei und beim Training vom FC St. Pauli waren, gingen Julia und Ivonne mit einem selbst konzipierten Fragebogen in der großen Pause >auf die Jagd<.
>
> Wie sich bei der Umfrage zeigt, legen die Schüler schon Wert auf Markenqualität, Sportschuhe von Adidas oder Nike zum Beispiel, aber sie sind zugleich tolerant gegenüber ihren Mitschülern. Man muss keine Levi's 501 tragen, um geachtet zu sein. Die Klassenlehrerin der HR 9b, Cornelia Hoffmann, bestätigt das: >Es ist weniger ein Zwang als modisches Interesse<.
>
> Auch die Schüler-Reporterinnen selbst sind modebewusst gekleidet: Julia trägt Jeans der Marke Edwin und eine Jeansjacke, Ivonne eine Bomberjacke und Levi's-Jeans –, aber zweite Wahl, wie sie fast entschuldigend hinzufügt. Zum Klamottenkauf fahren die beiden meistens in die Innenstadt, zu C&A oder Hennes & Mauritz zum Beispiel."
>
> (Quelle: Hamburger Abendblatt, 1997)

In dieser Umfrage wird am Rande eine **Entwicklung im Bereich der Kinder- und Jugendlichen-Werbung** deutlich, die bei Melissa Müller auch bereits angedeutet und in dem Aufsatz von Markus Deggerich im *Stern* Heft 13 1999, S. 90 und durch Interviews mit Werbetreibenden vertieft wird: **Kinder und Jugendliche sind der Wirtschaftswerbung gegenüber durchaus kritisch eingestellt und reagieren sensibel:** Kinder und Jugendliche verstehen schlechte Werbung nicht und reagieren sofort mit Verzicht, und bereits Kinder im Grundschulalter haben Werbekompetenz (vgl. Anke von Plötz *Werbekompetenz von Kindern im Kindergartenalter* 1999). Für Kinder und Jugendliche ist Wirtschaftswerbung nicht mehr „die *manipulierende Feindin"* wie für uns ältere Erwachsene, sondern längst kultureller Alltag, ein selbstverständlicher Bestandteil ihres Mediengebrauchs geworden und sie wollen unterhalten und beschäftigt sein...,

Abb. 60 Milky Way (Schokolade)

... aber sie sind eben auch kritisch, vgl. Gabrielle Bieber-Delfosse *Kinder der Werbung* 1999.

Denn, so Andre Kemper, Kreativchef der Agentur Springer und Jacobsen, in dem genannten *Stern*-Aufsatz von 1999: *„Die Trends verändern sich mit Lichtgeschwindigkeit"* und *„Jugendliche sind sehr sensibel, was Werbung angeht. Wer krampfhaft versucht, ihren Stil zu kopieren, ihre Sprache zu imitieren, fällt durch"*, und: *„Man kann sich nicht einschleimen."* Weiter gilt bei vielen Jugendlichen:

„Alles, was zur Masse wird, ist sofort uncool" (sagt Chris Haberlin von der Marketingagentur Haberlein und Mauerer in München, ich, der Ältere, beobachte aber schon eine ziemliche Uniformität). Kurz: *„Jugendliche reagieren auf flächendeckende erdrückende Werbekampagnen (zunehmend) allergisch, eine große Marke ist nicht automatisch in." „Jeder Trend erzeugt sofort einen Gegentrend und der Gegentrend einen Gegen-Gegentrend"*, so Marcel Sogo, Werbeagentur „Zum goldenen Hirschen" (sic!) Hamburg, ebenfalls im *Stern*. Also dürfen Hersteller nicht mehr nur auf eine Marke (z. B. Levis) setzen, sondern müssen Sekundär- und Tertiärmarken aufbauen und flächendeckende Jugendzeitschriften wie *Bravo* (21,3 %) und *Bravo Girl* (14,36 %) verloren 1999 im angegebenen Umfang sehr an Anzeigen. Das Marketing und die Werbung für Kinder und Jugendliche sind also erheblich komplizierter geworden.

Für uns Erwachsene und die Bildungspolitik erwächst daraus ein bedeutsamer Auftrag: **Kinder zur kritischen, aber auch konstruktiven Auseinandersetzung mit Werbung (wie überhaupt mit den Neuen Medien) fit zu machen.** Dazu wurde in Kapitel 2.1 einiges ausgeführt, die Arbeiten von Dorothee Meister u. a. 1997 oder Rebecca Stabbert *Massenmedium Fernsehen* 2007 seien hier genannt.

Zugleich ist es auch wichtig, **das Kaufverhalten von Kindern und Jugendlichen rationaler zu machen,** indem man z. B in der Familie Anschaffungen mit ihnen beredet, bespricht, ob man das im Fernsehen angebotene Produkt auch wirklich braucht und ob es dieses teure, die finanzielle Situation der Familie vielleicht überfordernde Produkt sein muss. Und über gesunde Ernährung und andere schönere Tätigkeiten als blinder Konsum lässt sich auch sprechen und zwar gerade dann, wenn die entsprechende Werbung läuft.

Schwierig allerdings wird es dann, wenn entnervte Eltern oder solche mit schlechtem Gewissen sich mit Wunschkäufen für quengelnde Kinder freikaufen wollen: nicht wenige Kinde sind derart mit Spielzeug überflutet, dass sie kein Spielzeug mehr richtig schätzen lernen (siehe oben Kapitel 1 zum Stichwort Beschleunigung).

Und es gibt eine andere Form des Freikaufs: das Kind vor den Fernseher zu setzen, ganz gleich was kommt.

4.5 Die Zielgruppe der Generation 50+

Ältere Menschen sind erst seit neuerer Zeit, ausgelöst durch den demografischen Wandel, **explizite Zielgruppe** der Wirtschaftswerbung, nicht nur, weil die Menschen heutzutage immer älter werden und ihr Anteil an der Bevölkerung größer wird, sondern auch, weil sie über in einem erfüllten Arbeitsleben erworbenes Geld und Vermögen verfügen. Außerdem hat die ältere Generation – wie kaum eine vor ihr – die Chance, ein ggbfs. auch neues Leben nach der Berufstätigkeit zu beginnen, und ist gesundheitlich und mental fit genug, um aktiv am Leben teilzuhaben.

Die Wirtschaftswerbung (und auch die Wirtschaft selbst) hat sich mit den Älteren lange schwer getan, vgl. das ältere Buch von Peter Kaupp, *Ältere im Schatten der Werbung?* 1997: einmal predigte sie ja den Traum ewiger Jugend und versuchte sich eher im **„Anti-Aging"**, d. h. im Aufhalten des Älterwerdens als im Akzeptieren und Gestalten des Älterwerdens, zum anderen haben sich die demografischen und auch die Einkommensverhältnisse erst jüngst zum „Vorteil" der Älteren verschoben.

So gab es den älteren Menschen eigentlich nur als sekundären Kommunikator für Versicherungen. Oder als liebe Oma, die mit den Kindern spielt, als Statistin in idealen Familiensituationen. Nun aber läuft der Trend in der Produktion – sehr stark im Bereich von Dienstleistungsangeboten – und in der Bedarfsweckung durch Werbung auf vollen Touren.

Ja, es gibt sogar eine eigene Frauenzeitschrift *Brigitte Woman*, die zwar als Zeitschrift für Frauen über 40 deklariert ist aber im Inneren doch die Gruppe ab 50 Jahren anspricht und entsprechende Werbung enthält.

Ein bisschen ist das Thema auch schon ausgeforscht, allerdings mit Arbeiten meist jüngsten Datums, vgl. das Buch von Lydia Horn, *Generation 50+ in der Werbung* 2006, oder Verena Schütte ähnlich: *50 plus in der Werbung* 2006 im gleichen Verlag (!), der auch das dritte Buch von Susann Schneider-Schwäbisch, *Werbung in einer alternden Gesellschaft* 2007 produzierte. Aus anderem Haus stammt die (noch etwas zurückgewandte) Studie von Susanne Femers, *Die ergrauende Werbung: Altersbilder und werbesprachliche Inszenierungen von Alter und Altern* 2007.

Wenn **ältere Menschen, gewissermaßen als Tonality-Macher für Werbung** verwendet werden, so **stehen** sie **für Seriosität und Solidität** – Versicherungen und Banken nutzen das gern. Ich bin nicht sicher, ob Helmut Schmidt ganz freiwillig in diese „Anzeige" geraten ist oder ob es sich um eine besonders geschickte Form der Schleichwerbung handelt, ganz uneigennützig ist die DiBa sicher nicht:

Herzlichen Glückwunsch, Helmut Schmidt

Die ING-DiBa gratuliert dem ehemaligen deutschen Bundeskanzler, der am 23. Dezember seinen 89. Geburtstag feierte.

Helmut Schmidt-Journalistenpreis 2008

Die neue Generation Bank   ING ⟨⟩ DiBa

Abb. 61 Ing DiBa (Bank)

Wirtschaftswerbung für Ältere – die Bezeichnungen *50+, best ager* oder *silver ager* sind sehr geschmeichelt und kennzeichnet immer noch etwas den „Jugendwahn" (forever young) in der Werbung – konzentriert sich auf **sechs große Bereiche:**

- **Unternehmungen, vor allem Reisen für Ältere**

- **Wellness und Sport**

- **Anti-Aging und Kosmetika**

- **Hilfen für den Alltag**

- **Medikamente und Pharmazie**

- **Unterbringung – Senioren-Residenzen**

Unternehmungen und Reisen für Ältere

In den normalen Reisekatalogen ist von Seniorenreisen wenig die Rede, die Senior/innen müssen aus den Reiseinhalten und dem Ambiente selbst ihre Auswahl treffen. Das ist sicher auch einem Image-Wunsch („ewige Jugend" durch Unternehmungen und Reise) geschuldet.

Auch für Kreuzfahrten, die oft von ausschließlich Älteren gebucht werden, kommt das Thema Senior/innen nicht vor, allenfalls indirekt dadurch, dass für manche Schiffe damit geworben wird, dass sie ein jüngeres, aktiveres Publikum ansprechen (Aida).

So sind es kleinere (Reisebus)Spezialunternehmer/innern oder solche mit Sparte, die sich an Ältere wenden, aber Vorsicht, es sind „Kaffeefahrten" mit Verkaufsveranstaltungen dabei, hier werden besonders ältere Mitbürger/innen ausgenommen und es gibt immer wieder Gerichtsprozesse und Klagen; vieles bleibt aus Scham unangezeigt!

Wellness und Sport

Zunächst: Es bleibt bei den bekannten Motiven, die **positiv erlebte Partnerschaft** oder auch Sportlergemeinschaft ist der geeignete **eye-catcher** auch für diese Altersgruppe.

Abb. 62 Flexi Fun (Sportgerät), Wellsana (Kosmetik), Walk Fit (Schuheinlagen)

Aber es gibt doch Unterschiede: alles ist ein wenig „entschleunigt", eher partnerschaftliches „Sporteln", hier auch der Rückzug ins eigene Heim. Dazu kommt **ein deutlich mehr auf Information ausgerichtetes Werbekonzept**, mehr inhaltliche Beschreibungen und Abbildungen in den Werbetexten, man spürt, die Werbenden wissen, dass Ältere nicht so einfach emotional mitzureißen sind, „abständiger" sind: eigentlich eine ganz positive Ausrichtung in der Werbemoral (vgl. Kapitel 2.1).

Ohne spezifische Alterswerbung, aber speziell auch für Ältere hat sich eine **umfangreiche Wellness-„Industrie"** etabliert. Bessere Hotels kommen ohne einen Wellness- und Spa-Bereich nicht mehr aus, aber vor allem die durch die eingeschränkten staatlichen und Krankenkassenhilfen in Schwierigkeiten geratenen Kurorte und Thermalbäder haben auf Alterswellness umgesattelt.

Das Reiseunternehmen Doc-Holiday-Reisen hat sich z. B. darauf spezialisiert und ist sogar von den Krankenkassen zertifiziert.

Anti-Aging besonders durch Kosmetika

Wir finden hier die altersgerechte Ausprägung der kosmetischen Zwangsjacken vor allem für Frauen, wobei deutlich wird, dass mit den alten „frauenfeindlichen" Stereotypen nicht mehr viel zu machen ist. Alles ist zurückhaltender geworden.

Abb. 63 Botoliss (Kosmetik)

Hilfen für den Alltag

Wer kennt ihn nicht, den netten Opa, der schon seit über 30 Jahren für Treppenlifte wirbt. Es gibt von ihm nur ein Schwarz-Weiß-Foto und ganz sicher ist er längst schon gestorben.

Hier kommt etwas von einer Beständigkeit der Werbekonzepte für das Alter zum Ausdruck, vielleicht auch ein bisschen Lieblosigkeit des nur noch „verwalteten Alters".

Abb. 64 Hiro Lift (Treppenlift)

Aber immerhin: der informative Anteil ist hoch, es wird sogar die amtliche Baumusterprüfung angegeben, ja, das ist noch ganz im Stil der alten Reklame.

Ganz ähnlich scheint es mit den anderen Produktbereichen der Altershilfe zu sein: Relaxsessel oder Beinschaukeln, fast mit dem Charme der 1950er Jahre, WC-Hilfen, Schuheinlagen, Inkontinenzhosen, Leselupen, Massagekissen.

Oder Mobilitätshilfen wie Elektrokarren und Autos ohne Führerschein oder später dann Rollatoren oder elektrische Rollstühle und Badewannenlifte.

Übrigens: Ist Ihnen aufgefallen, dass sich die Werbung für fast alle genannten Produkt-Bereiche in der ADAC-Mitgliederzeitschrift „Motorwelt" (vorn gibt es die neuesten Autos und auch etwas über Auto-Rennen) findet? Was vielleicht etwas über die Altersstruktur der Mitglieder des ADAC aussagt, zumindest über ihr Sicherheitsbedürfnis und Voraussicht, denn über ihre Zielgruppe erkundigen sich die Werbenden vorher genau. Also „vorn" im Heft der schöne Schein und „hinten", im Werbeteil, die Realität?

Medikamente und Pharmazie

Ein deutlich ausgeweiteter Sektor ist der Bereich (Selbst)Medikation. Er arbeitet vor allem mit dem Werbekonzept der Bedrohung.

Die Warnung vor Gelenk- oder Herzproblemen zum Beispiel: wer kennt nicht das arme, in Stein gemauerte Kniegelenk im Werbefernsehen? Oder die Werbung für *„Doppelherz – mit der Kraft der zwei Herzen"*. Und es gibt auch ein Allheilmittel aus alter Zeit: *Klosterfrau-Melissengeist*, die moderne Version heißt *„Rescue-Tropfen"*.

Abb. 65 Tai Ginseng (frei verkäufliche Arzneimittel)

Auch die Warnung vor dem Nachlassen der geistigen Kräfte, furchtbar fachlich ausgedrückt *„dementielles Syndrom"*, begegnet uns immer häufiger in unterschiedlichen Variationen. Keine Variation allerdings gibt es bei dem Satz, den das Gesetz für Medikamente aller Art vorschreibt und das die beworbene Selbstmedikation eigentlich ausschließen soll: *„Zu Risiken und Nebenwirkungen fragen Sie Ihren Arzt oder Apotheker"*. Ein ähnlicher Widerspruch wie beim Rauche .... (das auch beworben und vor dem gleichzeitig gewarnt wird).

Unterbringung im Alter einschließlich Pflege – Seniorenresidenzen

Ein großes Problem auch für die Zukunft und damit auch ein wachsender Markt ist der Umgang mit den älteren Menschen bezüglich ihres Wohnens und der Pflege.

Die meisten Älteren wollen am liebsten in den *„vertrauten vier Wänden"* bleiben und das Angebot mobiler Pflegedienste wächst entsprechend.

Andererseits ist mit betreutem Wohnen und mit Seniorenresidenzen besonders viel Geld zu verdienen und hier wendet sich die Werbung an die betuchte Klientel mit teuren ganzseitigen Anzeigen und Werbespots.

In solch einer Seniorenresidenz können Sie ein ganzes Vermögen anlegen, erkundigen Sie sich mal.

Abb. 66 Tertianium (Seniorenwohnanlage)

Anpassung an Ältere

In manchen Produktbereich gibt es noch keine spezifischen Produktlinien für Ältere, wohl aber Anpassungen oder Ausrichtung vorhandener Produkte. So fand ich in der Werbung keine bis kaum eine eigene Mode für Ältere, wohl aber Spezialgeschäfte in der Großstadt, **es erfolgen eher Anpassungen oder der Zuschnitt einzelner Marken(Segmente) auf Ältere**. Das Prinzip der Anpassung bestand in mehr Zurückhaltung, besserer, dauerhafter Qualität, weniger schrillen Farben oder in weniger gewagten Schnitten.

Auch in anderen Lebensbereichen scheint es das erst in Ansätzen zu geben. So entwickelt man z. B. ein Wohnmobil für die Generation 50+ und lässt es die zukünftigen Kund/innen auf Messen testen und kommentieren, mit Erfolg, und die Medien werben dann dafür im redaktionellen Teil:

„Für Spaß und Sicherheit hat sich der Systemlieferant Cobra einiges einfallen lassen und unter anderem eine Hifi-Anlage eingebaut, die es in sich hat: einen gegen Spannungsschwankungen unempfindlichen 19-Zoll-Flachbildschirm nebst DVD-Player und exklusivem Surround-Sound. Für die Show.

Ein beruhigendes Gefühl sollen Rauch- und Gasmelder vermitteln. Sind die Besitzer ausgegangen, überwachen Bewegungsmelder den Innenraum. Nehmen wir mal an, den Dieben gefällt das Best-Ager-Mobil so gut, dass sie es gleich mitnehmen. Weit kommen sie nicht. Ein Satelliten-gesteuertes Ortungssystem macht das gute Stück an jedem Platz der Erde ausfindig. Die Cobra-Zentrale kann das Fahrzeug im Notfall sogar stilllegen. Doch so schnell wird es wohl nicht still um das Best-Agers-Mobil.

Quelle: www.promobil.de Ausgabe 3/2007

5. Diskursanalytisches zu Themen in der Wirtschaftswerbung

Wirtschaftswerbung findet, wie bereits mehrfach betont und belegt, in enger Wechselwirkung mit gesellschaftlichen Entwicklungen, mit dem Zeitgeist und in Auseinandersetzung und Bestätigung der jeweils **geläufigen Themen, oft auch Diskurse genannt,** statt, einschließlich der damit verbundenen Stereotype, Klischees und Wertvorstellungen.

Hans Jürgen Rogge schreibt (*Werbung* 1988, S. 99): „Wertvorstellungen sind wandelbar und Werbung passt sich diesen Vorstellungen an" und „Werbung festigt ein gegebenes System". Rogge kritisiert zwar die These, dass Werbung auch soziale Normen verändere: „Solange Werbung zwangfrei ist, hat sie es u. E. schwer, eine Erziehungsaufgabe wahrzunehmen, zumal wenn sie dabei in sehr unterschiedlicher, z. T. kompensierender Art auftritt", aber das muss uns nicht davon abhalten, mit Hans Raffée und Klaus-Peter Wiedmann (*Wertewandel und Marketing* 1986, S. 39) festzuhalten, dass die Forderung nach „einem wertesensiblen, strategischen und gesellschaftsorientierten Marketing gilt, bei dem man [...] auch allgemeine gesellschaftliche Interessen und Entwicklungen [...] berücksichtigt."

5.1 Zum Begriff Diskurs

Und damit sind wir bereits – wie mit vielen Kapiteln des vorliegenden Buchs – mitten im so genannten **Werbediskurs**, einem großen Themenkomplex in der modernen kapitalistischen Massen- und Mediengesellschaft, der selbst wieder als Teil eines umfassenderen **Wertediskurses** und dieser wiederum als Teil des umfassenden **Gesellschaftsdiskurses** gesehen werden kann.

Die Existenz eines eigenen Werbediskurses ist Anlass und Legitimation, sich mit der Diskursanalyse – jener neueren Richtung in der sozialwissenschaftlich und (sprach)philosophisch orientierten pragmalinguistischen Forschung, der Forschung über Themenkomplexe, **Meinungsverfasstheiten (= „was muss, darf worüber, an welcher Stelle gesagt werden?"),** zu befassen.

Der **Begriff Diskurs** geht auf den französischen Philosophen Michel Foucault zurück, der ihn in seiner *Archäologie des Wissens* (auf Deutsch erstmals 1972 erschienen) geprägt und – wenn auch relativ unscharf – definiert hat. Der Begriff Diskurs hat dann bei einer Reihe von Autoren (z. B. Dieter Wunderlich *Linguistische Pragmatik* 1975, S. Jäger, Klaus Gloy u. a.) zu einem Forschungsparadigma reüssiert und eine Weiterentwicklung erfahren und kann in etwa als *„thematisches Geflecht"*, *„Redezusammenhang"*, *„thematisches Beziehungsgefüge"* verstanden werden. Dazu ein Zitat aus Foucault 1992 (*Archäologie des Wissens*), S. 48:

> „Die diskursiven Beziehungen sind dem Diskurs nicht innerlich, wie man sieht: sie verbinden die Begriffe oder die Wörter nicht untereinander; sie errichten zwischen den Sätzen oder den Propositionen keine deduktive oder rhetorische Architektur. Aber es sind dennoch keine dem Diskurs äußerlichen Beziehungen, die ihn beschränken oder ihm bestimmte Formen auferlegen oder ihn zwingen würden, unter bestimmten Umständen bestimmte Dinge zu äußern. Sie befinden sich irgendwie an der Grenze des Diskurses: sie bieten ihm die Gegenstände, über die er reden kann, oder vielmehr (denn dieses Bild setzt voraus, dass die Gegenstände auf der einen Seite gebildet werden und der Diskurs auf der anderen) sie bestimmen das Bündel von Beziehungen, die der Diskurs bewirken muss, um von diesen und jenen Gegenständen reden, sie behandeln, sie benennen, sie analysieren, sie klassifizieren, sie erklären zu können. Diese Beziehungen charakterisieren nicht die Sprache, die der Diskurs benutzt, nicht die Umstände, unter denen er sich entfaltet, sondern den Diskurs selbst als Praxis."

Diskurse unterliegen als gesellschaftliche Ereignisse, an denen ja im Prinzip jede/r, der/die dazu etwas äußert, beteiligt ist, der Gefahr, ins *„unberechenbare Ereignishafte"* zu geraten, deshalb werden sie durch **Diskursprozeduren (Michel Foucault *Die Ordnung des Diskurses* 1991, S. 25f) – zu verstehen in etwa als „Regeln der Diskursteilnahme und Zulassung", z. B. durch Tabus,** von außen, und durch Klassifikation, Anordnungs-, Verteilungsprinzipien und -prozeduren von innen kontrolliert.

Die Zugangsprozeduren sollen wenigstens nach Foucault etwas ausgeführt werden. Bei den Zugangsprozeduren geht es darum zu regeln, wer an einem Diskurs teilnehmen darf:

> „Es gibt, glaube ich, eine dritte Gruppe von Prozeduren, welche die Kontrolle von Diskursen ermöglichen. [...] Es geht darum, die Bedingungen ihres Einsatzes zu bestimmen, den sprechenden Individuen gewisse Regeln aufzuerlegen und so zu verhindern, dass jedermann Zugang zu den Diskursen hat. [...] Nie-

mand kann in die Ordnung des Diskurses eintreten, wenn er nicht gewissen Erfordernissen genügt, wenn er nicht von vornherein dazu qualifiziert ist."

Foucault fasst darunter vier Mechanismen zusammen: **das Ritual**, das das wie des Sprechens regelt, **die Diskursgesellschaften**, die die Bedingungen bestimmen, unter denen sich ein Individuum am Diskurs beteiligen darf, **die Doktrin**, die den Kanon der gültigen Diskurse bestimmt, und **die gesellschaftliche Aneignung** der Diskurse, die bestimmt, an welchen Diskursen sich ein gesellschaftliches Individuum beteiligen darf.

Auch im **wissenschaftlichen Werbediskurs**, der mehr oder weniger offenkundig Thema der meisten Kapitel dieses Buches ist, **spielen solche Regeln eine große Rolle**. So *„gehört es sich"*, neben dem Nachweis der Qualifikation im Forschungsgebiet, Werbung kritisch zu betrachten und sie auf ihre manipulativen Kräfte zu hinterfragen, wenn man im wissenschaftlichen Werbediskurs ernst genommen werden will. Ebenso *„gehört es sich"*, Wirtschaftswerbung als Phänomen einer arbeitsteiligen Gesellschaft zu begreifen und (heute) mit der Ideologie des Konsumismus zu verbinden, obwohl in allen Gesellschaften Werbung vorkommt, Umwerben schon bei Tieren stattfindet. Auch in sozialistischen Gesellschaften gab und gibt es neben der Propaganda Werbung für Güter und Dienstleistungen, selbst wenn in solchen Gesellschaften oft Warenknappheit herrscht/e.

Der in Kapitel 2.1 gemachte Versuch, Wirtschaftswerbung in eine positive gesellschaftliche Entwicklungsperspektive einzubinden, ist bereits ein Wagnis, fast ein Tabubruch, der von vielen Kolleg/innen belächelt werden kann, aber möglicherweise die Verfasstheit des Diskurses in einigen Jahren, nach der großen Wirtschaftskrise, kennzeichnen könnte.

5.2 Werte, Trends und Zeitgeist als Diskurselemente

Natürlich spielen im Werbediskurs vor allem **Wertvorstellungen**, der **Wertewandel**, und die Kategorien **Zeitgeist** und **Trends**, die selbst wieder aus anderen Diskursen mit wieder neuen Diskursprozeduren (Tabus usw.) stammen, eine große Rolle. Es wird deutlich, der Werbediskurs ist mit einer Reihe von anderen Diskursen, dem Wertediskurs, dem Gesellschaftsdiskurs, verflochten. Wertvorstellungen, die als **Diskurselemente** nun einen systematischen Status bekommen. Diesen soll das folgende Kapitel hauptsächlich gewidmet sein, wir wollen in der Erkenntnisfindung ja weiterkommen. Ausdrücklich wird auch auf die Erörterungen zur *Welt des schönen Scheins"* (oben Kapitel 1 und Kapitel 3.2) hingewiesen. Teil des dem **Wertediskurs** übergeordneten **Gesellschaftsdiskurses** ist z. B. auch der **hedonistische Diskurs** (Leben nach dem Lustprinzip), zu dem wiederum auch Leitlinien unserer Konsumgesellschaft wie *„Ich will alles, ich will alles und zwar sofort (haben)"* gehören, all dies sind moderne Werte einer individualistisch orientierten Gesellschaft.

„Werte sind Orientierungsstandards und Maßstäbe für Richtung, Intensität, Ziel und Mittel des Verhaltens von Angehörigen des betreffenden soziokulturellen Bereichs", schreibt Karl-Heinz Hillmann in seinem Buch *Wertewandel* 1986, S. 48 und weiter:

„Werte sind kulturell typisiert, d. h. sie haben im Zuge geschichtlicher Entwicklungsprozesse innerhalb einer Kultur eine bestimmte Ausprägung, Eigenart und handlungsbestimmende Kraft gewonnen. [...] Werte sind nicht nur kulturell typisiert, sondern wirken zugleich kulturprägend: sie manifestieren sich in Ideen, Symbolen, in den moralischen und ästhetischen Normen, in Verhaltensregeln; sie objektivieren sich in mannigfaltigen Schöpfungen des Menschen – bis hin zu den konkreten, oftmals nur der so genannten Zivilisation subsumierten Werken der Technik, Wirtschaft und Konsumwelt."

Insofern können **Werte als Diskursformationen** betrachtet werden, die selbst vom Diskurs determiniert werden und ihrerseits den Diskurs (mit)determinieren.

Daneben stehen **Trends,** *„Was ist in, was ist out",* die als Entwicklungsrichtungen auf die Werte(Systeme) einwirken, also **neue Werte, Gegenwerte** sind, wobei sie von der Bevölkerung in Positiv- (*das ist in*) und Negativtrends (*das ist out*) eingeteilt werden.

Trends machen in ihrer Summe den so genannten **Zeitgeist** aus, ein solcher kann nach Werner Pepels (*Marketing- und Kommunikationsplanung* 1987, S. 59) als ein *„qualitatives Element",* das *„die gesellschaftlichen und individuellen Strömungen widerspiegelt",* bezeichnet werden.

Als Trends, die den Zeitgeist in ihrer Summe ausmachen, gibt Pepels S. 47-59 Folgendes an:

„Positivtrends	Negativtrends
Genussstreben	Realitätsflucht
Gesundheit	Leistungsverweigerung
Abgeklärtheit	Duldung von Militanz
materielle Befriedigung	Machtmissbrauch
Selbstverwirklichung	Umweltverschmutzung
Intuition	Status/Prestige
Pioniergeist	Bürokratismus
Innovation	wirtschaftliche Gleichheit
Multimedialität	heile Welt/Landidylle"
Anpassungsfähigkeit	
Fortschrittlichkeit	
Emanzipation	
sexuelle Freizügigkeit	
Sozialkontakt	
Meinungsführerschaft	
Sensibilität	

Inwieweit diese Trends von 1987 schon wieder überholt sind – ganz sicher nicht alle und keineswegs einer total –, soll hier nicht erörtert werden. Manche kann man sicher mittlerweile umwerten (*Landidylle* wieder positiv, *wirtschaftliche Gleichheit* angesichts des Auseinanderklaffens zwischen Arm und Reich ebenfalls). Außerdem gibt es neue Trends, positiv: *Klimaschutz, Integration, Entschleunigung*; negativ: *Leitkultur, Prekariat*, evtl. auch *Alter* – kurz: **alle Trends unterliegen stark der Diskursivität** oder *„sind"* wie man sagen könnte, *„stark in der Diskussion"*. Gerd Gerken (*Die Trends für das Jahr 2000* 1990) führt dazu, sehr weise, wenn wir das Geschehen heute, 9 Jahre später, betrachten, aus (S. 15):

> „Wir leben in einer Phase wachsender Instabilität. Es gibt immer mehr Trendwenden und empirisch feststellbare Brüche. Das alles schaukelt sich wechselseitig auf und führt zu einer Beschleunigung der Beschleunigung. Die nächsten zehn Jahre werden deshalb so anders werden, weil sie die Frucht vieler Vor-Veränderungen sind – und weil sich in den nächsten Jahren das auflösen wird, was bisher einigermaßen für Konstanz gesorgt hat: das Paradigma unserer Industrie-Kultur, nämlich der Grundglaube des Business."

Dazu sollen nach Gerken 1990 noch die so genannten **Megatrends**, die nun schon in die Nähe von Werten gelangen, genannt werden. Auch hier betont Gerken wieder die Diskursivität:

„Neuer Glaube
Neue Mythologie
Neue Ethik
Neue Sensibilität
Emanzipation
Demokratisierung
Neue Sexualität
Hedonismus
Neue Gesundheit
Individuation
Reform-Bewegung
Nostalgie
Weltbewusstsein

Regionalisierung
Vernunftverzicht
Umweltbewusstsein
Kybernetik / Neue Moderne
Alternatives Leben
Restauration
Aggressive Avantgarde
Techno-Narzissmus
Gruppen-Narzissmus
Neo-Humanismus
Neues Alter / Neue Ehe
New Age
Light Age"

Für diese Trends und Megatrends seien die folgenden Slogans und Headlines als Belege aus der Wirtschaftswerbung angeboten:

- Genussstreben: *Frohen Herzens genießen*

- Gesundheit: *AOK, die Gesundheitskasse*

- Abgeklärtheit: *Tonangebend ohne anzugeben – SAAB – Viel Vernunft und viel Vergnügen*

- Selbstverwirklichung: *Ich will so bleiben, wie ich bin. Du darfst!*

- Intuition: *Fiat Panda – Die tolle Kiste*

- Pioniergeist: *Ich gehe meilenweit für eine Camel-Filter*

- Innovation: *Neues kann man nur mit neuen Augen sehen* (Olympus)

- Fortschrittlichkeit: *Unternehmen Zukunft – Deutsche Bahn*

- Sexuelle Freizügigkeit: *Männer sind nun mal keine Lustobjekte, es sei denn, sie haben kräftiges, schönes Haar* (Guhl)

- Sozialkontakt: *Daewoo und Du. Das Auto. Dein Freund*

- Meinungsführerschaft: *Heute ein König* (König-Pilsener, Bier)

- Sensibilität: *Gott gab uns unseren Geruchssinn* (Parfüm)

- Neuer Glaube: *Brother – Die neue Zukunft* (Schreibmaschine!)

- Neue Mythologie: *Petrus war hier* (Israel)

- Neue Ethik: *Wir haben verstanden – Opel*

- Emanzipation: *Liberté toujours.* (Zigaretten, Gauloises)

- Demokratisierung: *Wir wollen Wulle* (Bier)

- Neue Sexualität: *Abgemacht? Heute wird keine angemacht.*
- Hedonismus: *Mensch, lass es dir gut gehen oder: Man gönnt sich ja sonst nichts!*
- Individuation: *...weil ich es mir wert bin!* (Kosmetik)
- Nostalgie: *Wie immer?* (Darboven, Kaffee)
- Weltbewusstsein: *Krombacher – Eine Perle der Natur* (Bier).
- usw.

Soweit die Exemplifizierung auf Werte als Zusatznutzen (manchmal etwas absurd: Ist ein Auto ein Sozialkontakt, die *tolle Kiste* eine echte Intuition?). Vieles „tut nur so", man betrachte Werbeanzeigen und Werbespots mal mit diesen „Augen", da wird man rasch mehr finden, denn: **Werbung greift Trends auf und setzt Trends!**

5.2.1 Der neue alte Glaube als besonderes Diskurselement

Ein interessantes Teilthema in der modernen Wirtschaftswerbung soll nun exemplarisch ausführlich behandelt werden, der neue alte Glaube oder die **Wiederkehr biblischer Motive** in der Wirtschaftswerbung.

Wir alle wissen (hoffentlich!), dass in Zypern schon die griechischen Götter Urlaub machten, die Marke Merci wirbt mit Cicero und *Petrus war hier* (Urlaub in Israel) – interessante Assoziationen, die da erzeugt werden.

Und vielleicht weiß die eine oder der andere von uns, dass die Firma Diesel-Jeans mit einer Abendmahlsszene – die Teilnehmer in Jeans natürlich – warb, und auch die Firma Otto Kern ließ den Heiligen Daniel in den widerstandsfähigen Arbeitshosen mit dem Löwen ringen und dabei erkennen, *„dass auch Tiere eine Seele haben"*.

Abb. 67 Israel (Tourismus)

Was treibt die Firmen dazu, mit Motiven und religiösen Szenen zu werben, von denen sie nicht einmal sicher wissen können, dass sie den Umworbenen überhaupt bekannt sind?

Wird hier mit alten Werten gegen den heutigen Zeitgeist gearbeitet oder soll es nur eine Form von nostalgischer Reminiszenz sein, von der ein mystischer Schauer ausgeht?

Geht es um handfeste (Jeans sind handfest, die mit ihnen verbundenen Szenen manchmal auch!) Verkaufsargumente einer neuen Religiosität? Können Jeans transzendental sein? Oder übernehmen Marken gar die *„Erbschaft der Götter"* (so O. Cöster *Frohe Botschaft* in Thomas Klie (Hrsg.) *...der Werbung glauben?* 1995, S. 18)?

> „Ihre Existenz verdankt die Marke einer Technik, die den massenpsychologischen Hang zur Fetischbildung systematisch nutzbar machen will, nachdem die klassischen Kristallisationspunkte der alten Denkordnungen fast gänzlich verloren gegangen sind. Wie die Werbung die Erbschaft der Religion, so hat die Marke die Erbschaft der Götter angetreten."

Dies sicher nicht, aber ein Bedürfnis nach Transzendenz und Religiosität könnte schon mit solchen kulturellen Symbolen, die ggbfs. auch nachträglich als solche erkannt werden, verbunden sein, oder handelt es sich nur um einen Tabubruch mit Ziel der Verblüffung (Kapitel 8.1), ich glaube das nicht!

Es findet über die Einführung kultureller Symbole eine Rückschau auf alte Werte und ein Umdeutung geistiger Werte auf materielle Werte statt, Ludwig Korn in Thomas Klie (Hrsg.) *...der Werbung glauben?* 1995, S. 83 schreibt:

> „Problematisch dabei ist allerdings der Umdeutungsprozess immaterieller Vorstellungen und Sinngehalte in der Welt der Werbung. Bei ihrer Elementarisierung und Übertragung in diesseitige Botschaften werden sie oft bis zur Unkenntlichkeit entstellt oder unbefangen in andere Zusammenhänge gestellt, uminterpretiert – ganz wie es dem Zeitgeist entspricht und gefällt."

Die alten Werte stehen im Gegensatz zu heutigen Werten und Trends – die Religionen predigen eigentlich nicht Genuss, Konsum und hedonistische Selbstverwirklichung. Dabei bleibt sicher ein gespaltenes Werte-Bewusstsein, eine Unklarheit bezüglich der gemeinten Werbeaussage beim Umworbenen zurück, was zumindest *attention*, wahrscheinlich auch *interest* (vgl. Kapitel 2.3) auslöst.

Eigentlich handelt es sich aber um die **Aufführung eines Diskurses, das Spiel mit Position und Gegenposition innerhalb des Hedonismus-Diskurses,** der hier ausgebreitet wird, und es gibt keine Scham, mit zeitfremder kultureller Symbolik (Entsagung, Dienen, Askese) zeitnah (Jeans, Tourismus, Sex) zu werben.

Die analytische Rekursion auf Diskurse und Diskurspraktiken kann uns also für das Verständnis mancher Werbepraktiken und speziell für das poetische Handeln in der Werbung eine gute Hilfe sein, versuchen Sie es nur!

6. Werbesprachforschung und sprachpragmatisches Arrangement

6.1 Die Forschungslage

Es ist erstaunlich, wie lange auch heute noch ein gutes Buch wirken kann. Ein solches gutes Buch ist die Untersuchung von Ruth Römer zur *Sprache der Anzeigenwerbung*, 1968, zunächst als Dissertation erschienen und seitdem mehrmals wieder aufgelegt. Es gibt danach natürlich viele weitere sprachwissenschaftliche und sprachanalytisch motivierte Darstellungen, allen voran das immer wieder aufgelegte Buch *Werbesprache* von Nina Janich (zuletzt 2005), ganz neu auch das von Stefanie Schlüter *Die Sprache der Werbung*, 2007 oder aber jeweils spezialisierter die Arbeiten von Roman Opilowski *Intertextualität in der Werbung der Printmedien*, 2006, Barbara Lersch-Schumacher und Michael Schumacher *Slogans, Reizworte, Apelle*, 2007, Hartmut Stöckl *Werbung in Wort und Bild*, 1997, Thomas Fritz *Die Botschaft der Markenartikel*, 1995.

Auch in Gesamtdarstellungen findet man Beiträge zur systematischen Sprachanalyse, sehr bekannt u. a. das Buch von Bernhard Sowinski *Werbung*, 1998 oder mit jeweils speziellem Ausschnitt Jochen Möckelmann und Sönke Zander *Form und Funktion der Werbeslogans*, 1975, Dieter Flader *Strategien der Werbung*, 1974 im Bereich Sprechakte, (fortgesetzt z. B. von Sabine Stellamanns *Sprechakttheorie und Werbeanalyse* 2002), von Eva Heller *Wie Werbung wirkt* (zuletzt 1995), im Bereich der (sprachlichen) Wirkung und von Manuela Baumgart *Die Sprache der Anzeigenwerbung*, 1992 im Bereich der Adjektivwortwahl und rhetorischen Mittel sowie Hansruedi Spörri 2004 zur *Werbung und Topik*. Alle diese und viele andere haben die sprachwissenschaftliche Analyse deutlich weitergebracht.

Aber man muss auch heute noch feststellen: **die „wegweisenden" Werke in der die Strukturanalyse der Werbesprache** sind von Ruth Römer und Nina Janich, beide umfassend und klar. Bei Römer 1968 und den weiteren Auflagen liegt die Stärke eindeutig im systemlinguistischen Bereich, dem Wortbau, der Wortwahl und dem Satzbau, in einigen Bereichen, wie den rhetorischen Mitteln auch darüber hinaus. Bei Janich findet sich dasselbe Grundschema, allerdings deutlich aktualisiert und erweitert, u. a. durch ein Analysemodell (das wiederum auf Wolfgang Brandt *Zur Erforschung der Werbesprache*, 1979 und Angelika Hennecke *Im Osten nichts Neues?*, 1999 zurückgeht), das auch Layout-Fragen und semiotische Arrangements einbegreift, vgl. das Beispiel in unserem 10. Kapitel. Auf den beiden großen Arbeiten fußt die folgende Darstellung wesentlich, ergänzt wird natürlich von anderer Seite und aus eigener Beobachtung.

Römer fragt für die weitere Strukturierung ihrer Arbeit zunächst danach, ob **„Werbesprache"** als eine **Sondersprache** eingeschätzt werden sollte, was sie nur bedingt bejaht und was man auch nur bedingt bejahen kann:

Werbesprache ist im aktiven Gebrauch – wie eine Fachsprache – auf einen begrenzten Kreis, den der Werbetexter/innen, beschränkt, und man kann das sprachliche Produkt nicht mit anderen (informierenden, argumentierenden) Texten gleichsetzen. So etwas „spräche" für Sondersprache.

Andererseits wendet sich Werbung an einen breiten Kreis der Rezipierenden, die Umworbenen, die sie verstehen müssen, also

> **„rezeptiv, im passiven Gebrauch, hat das Publikum,** das es durch eine allgemeinverständliche Sprache für die dargebotenen Werbeobjekte zu interessieren gilt, **die volle Kompetenz.** Diese Zielstellung verlangt die Berücksichtigung und Verwendung der allgemeingültigen Schriftsprache oder Standardsprache, allerdings mit gelegentlichen fachsprachlichen und umgangssprachlichen Einsprengseln."

(Sowinski 1998, S. 41)

Insofern bedient sich „die Werbesprache" einer besonders akzentuierten Auswahl aus den in der Allgemeinsprache vorhandenen sprachlichen und grammatischen Mitteln mit geringen Ergänzungen aus Fach- und Umgangssprache. Sie ist ein performatives also sprachpragmatisches Phänomen und insofern keine Sondersprache.

Dieser besondere „Gebrauch aus der Allgemeinsprache" in Werbungen lässt sich in solche des Layouts, der Textanlage und in Sprachhandlungen, in Kapitel 6.2 behandelt, gliedern, in Wortwahl, Wortbildung und Satzbau (in Kapitel 6.3 geschildert) und in rhetorische Mittel vor allem in Slogans, für die wir ein eigenes Kapitel (7) vorgesehen haben.

6.2 Layout und Sprachhandlungen

Zur kommunikativen Anlage und Sprachpragmatik ist in den Kapiteln des ersten Teils bereits das Wesentliche ausgeführt worden, hier nur einige, teils zusammenfassende, teils weiterführende Bemerkungen.

Zunächst etwas zur äußeren Gliederung in Werbetexten, speziell in Anzeigen, für das Layout von Werbespots gibt es ein eigenes Kapitel (9).

Werbeanzeigen der professionellen Wirtschaftswerbung haben jeweils ein **ganz spezifisches Layout** und einen durchgeplanten Aufbau. Inwieweit dieser werbestrategisch und wirkungspsychologisch begründet ist und zum Bild-Text-Verhältnis siehe vorn Kapitel 2.3 – 3.2.

Meist wird in einer Anzeige mit einer **Headline,** einer Überschriftzeile begonnen. Diese gehört ebenso zum **„Blickfang"** (*attraction*, siehe oben Kapitel 2.3) wie das meist in der Mitte platzierte Bild selbst. Sie, die Headline, soll einen attraktiven Einstieg in die Anzeige bieten, macht eine Ankündigung oder stellt in modernen Anzeigen oft auch eine Aufgabe (vgl. Kapitel 3.2). Wo die Headline fehlt, tritt fast immer ein *attraction*-Bild an deren Stelle.

Das **Bild** wird in der Regel von einem etwas längeren, mehrzeiligen **(Fließ)Text** begleitet, der *interest*- und *desire*-Funktion hat. Hier werden Informationen über das Produkt gegeben, wird der Wunsch, das Produkt zu besitzen, geweckt.

Der Text kann, muss aber nicht, mit dem Bild korrespondieren, er kann auch – seltener – kontrastieren (vgl. oben Kapitel 2.5). Enthält die Headline eine Aufgabe, eine Frage, ein Rätsel o. ä., so hilft der Fließtext, diese(s) zu bearbeiten.

Im unteren Teil der Anzeigenseite befindet sich in der Regel ein zweites Bild, die **Abbildung des Produktes,** und sprachlich die **Kaufaufforderung,** mehr oder eher weniger direkt ausgedrückt in einer einprägsamen Äußerung von Satzlänge (aber meist nicht Satzform), dem **Slogan.** Dazu kommt meist ganz rechts unten das **Logo.** In einer Doppelseitenanzeige werden die Headline und das Bild (attraction) gern auf der linken Seite, die anderen Partien auf der rechten Seite platziert, wobei das Bild auch gedoppelt werden kann.

Die folgende Abbildung präsentiert ein einseitiges Anzeigenlayout, wie man es dutzendfach immer wieder finden kann.

REISEN IN EINER SICHEREN WELT.
DER NEUE CITROËN XSARA.

Abb. 68 Citroën (Autohersteller)

Natürlich ist diese Art Aufbau Annahmen über erfolgreiche Werbeprozesse, Werbestrategien (z. B. der AIDA-Formel) und Annahmen über Weisen der Perzeption von links oben nach rechts unten, zumindest im anglo-europäischen Kulturkreis, wo man von links oben nach rechts unten liest und schreibt, geschuldet.

Allerdings haben empirische Untersuchungen mit dem Pupillometer gezeigt, dass Anzeigen keineswegs in dieser Weise gelesen werden (vgl. auch Kapitel 2.3 und das Beispiel hier):

Weiter wird, auch nach dem **Prinzip der Variation**, dem **Bruch mit dem Altbekannten und dem immer wieder Neuem** in der Werbung, oft im Layout einfach etwas Anderes realisiert. Dieses Andere kann z. B. als weniger bis überhaupt kein Text erscheinen, als Vorziehen der Produktabbil- in die Mitte der Anzeige oder nach oben quasi als Ersatzheadline / eye-catcher u. ä.

EINFACH RIESIG, DER KLEINE.

dung

Abb. 69 Pupillometer

Die Beispiele in den kleinen Abbildungen zeigen solche Variationen:

Abb. 70 Hyundai (Autohersteller), Mey (Unterwäsche), Mars Delight (Schokolade)

Obwohl viel Variation praktiziert wird und natürlich der Werbespot mit einer anderen Aufgliederung daherkommt (siehe Kapitel 9), ist doch ein gewisses Grundmuster immer wieder leitend.

Zum **sprachlichen und kommunikativen Handeln** wurde in den Kapiteln 2.2 und 3.2 bereits einiges ausgeführt.

Grundsätzlich handelt es sich bei der Wirtschaftswerbung um **einseitige vom Sender auf den Empfänger gerichtete Kommunikation**, d. h. dieser kann sich nicht zurückmelden. Von einem Kommunikator wird eine Botschaft / werden mehrere Botschaften an eine Vielzahl von Adressat/innen weitergeleitet.

Das gilt auch, wenn eine dialogische Kommunikation inszeniert wird, vgl. die Analyse der Kaffee-Werbung für *Jacobs-Krönung* in Kapitel 2.2 und im folgenden Beispiel, wo die Antwort gleich mitgegeben wird, ein ganz häufiges Muster.

Diese **Inszenierung**, die man, wie auch das suggerierte Kommunikationserleben mit Franz Januschek und anderen als *„verzerrt"* bezeichnen kann, setzt dennoch oft innere Kommunikationsprozesse, wie in Kapitel 2.2 geschildert, frei: **der/die Umworbene** *„redet mit sich selbst"* und formuliert die von dem/der Werbenden intendierten Antworten. Das kann man sich auch am Beispiel vergegenwärtigen.

Auf die Frage Halsschmerzen, die der/die Umworbene erst einmal zu einer Frage umformulieren muss *„Habe ich Halsschmerzen? Was tue ich nur?"*, passt die Antwort *„Rot, rund, halsgesund"* nur sehr bedingt. Neue Fragen: *„Ja halsgesund möchte ich sein, aber womit denn? Mit was Rundem, Roten?"* Antwort: *„Ach ja, neo-angin, die roten runden Dinger, die muss ich haben!"*

Abb. 71 Neo-Angin (frei verkäufliche Arzneimittel)

Bei den zentralen Sprachhandlungen, die sich meist in Slogans äußern, handelt es sich, wie schon von Flader 1974 herausgearbeitet, um entsprechend den Werbefunktionen zweckvoll eingesetzte **appellative Sprechakte**, also um Beurteilungs-, Empfehlungs-, Aufforderungs-, Versicherungshandlungen u. ä. (siehe Kapitel 3.1). Hier einige mit Beispielen, Näheres siehe auch unten Kapitel 7:

- *Bongeronde – ein Wein wie Land und Leute* (**Beurteilungshandlung**)
- *Erst mal entspannen, erst mal Picon* (**Empfehlungshandlung**)
- *Wie das Land – so das Jever* (**Beurteilungshandlung**)
- *Frankfurter Allgemeine – Dahinter steckt immer ein kluger Kopf* (**Versicherungshandlung**)
- *Toyota – Nichts ist unmöglich* (**Versprechen**)
- *Nimm zwei!* (**Aufforderungshandlung**)
- *Petrus war hier* (**Behauptungshandlung**)
- *Bei uns sitzen Sie in der ersten Reihe* (**Versprechen**) usw.

Dabei wird deutlich, dass es sich nicht immer um direkte Sprechakte, sondern auch um **indirekte Sprechakte** handelt, d. h. der erste Anschein, entnommen aus der Sprachform, muss nicht mit dem wirklich Gemeinten, dem illokutiven Akt und der angestrebten Perlokution (vgl. Kapitel 2.2) übereinstimmen. Wir sprechen bei Slogans auch oft von „indirekter Kaufaufforderung".

Dass **in Werbebotschaften oft noch ganz andere Botschaften** stecken, z. B. **der Appell an frühkindliche Verhaltensmuster oder Suggestionen eines Zusatznutzens** des Produkts, ist in den vorangegangen Kapiteln bereits ausführlich dargestellt worden und kann nur in der Einzelanalyse ermittelt werden (siehe Kapitel 10). Dennoch ein Beispiel:

Appell an frühkindliche Allmachtsfantasien: *Nichts ist unmöglich – Toyota*, zugleich das Versprechen eines enormen Zusatznutzens.

Ja, das ist Manipulation.

6.3 Wortwahl, Wortbildung und Satzbau

In der Wirtschaftswerbung geht es um Dinge und Personen und um deren Charakterisierung: **Nomen/Substantive und qualifizierende Adjektive sowie diese ersetzende Formulierungen haben Vorrang.** Das sieht man u. a. an den vielen elliptischen Sätzen in der Wirtschaftswerbung, in denen das Verb weggelassen wird, wie: *Ritter Sport – quadratisch – praktisch – gut.* Oder: *Renault – Autos zum Leben* (mit Adjektiv-Ersatzform).

Gerade Slogans sind rhetorisch so aufgebaut, um Genanntes mit Qualifizierungen einzuprägen (vgl. Kapitel 7).

6.3.1 Wortbildung

Wortbildung beim Nomen

Nehmen wir uns zunächst die **Nomen (Substantive)** vor: Ruth Römer konstatiert hier viele neuartige Zusammensetzungen, die sie **Neologismen** nennt. Neologismen sind Wortbildungen, meist **Wortzusammensetzungen** und zwar oft von Wörtern, die normalerweise nicht zusammengehören, man könnte auch von **Spontanbildungen** sprechen. Ungewöhnliche Zusammenstellungen erregen Aufmerksamkeit, *„man stolpert* gewissermaßen *über sie".*

Solche Neologismen (bei Römer genannte und neue) sind z. B. *Frühstückskonfitüre, Esskultur, Wohnkultur, Leichtkost, Riesenpizza, Erlebnisparadies, Einkaufslandschaft, Einkaufsparadies, Spaßbad, Riesenrutsche, Atemdusche, Textilmix, Edelmarzipan, Neugerät, Neuwagen, Soßenfix, Großraumlimousine, Fruchtsaftgetränk, Fruchtnektar, Hörerlebnis, Schnellgericht, Edelmokka* usw.

Einige aus der Werbung stammende, bei Römer genannte Neologismen sind inzwischen, teils seit längerem, in die Allgemeinsprache übergegangen und stehen nun auch im Wörterbuch: *Breitwandreifen, Dosenmilch, Rasierschaum, Weckuhr, Frischhaltebeutel, Frischmilch, Edelmokka.*

Andere gehen gerade in die Allgemeinsprache über: *Zweitrad, Neuwagen, Schnellgericht, Großraumwagen, Einkaufsparadies, Esskultur, Spaßbad* u. a. m.

Die Werbesprache ist also sehr produktiv für die Allgemeinsprache und gelegentlich auch für die Fachsprache *(Breitwandreifen, Textilmix, Fruchtsaftgetränk),* sie erweitert unseren Wortschatz. Das Prinzip der neologistischen Nomenzusammensetzung wurde auf die Spitze getrieben von der seinerzeitigen Bundesbahn, die vor langer Zeit einmal in etwa so für Ihre Rückfahrkarte warb:

Umweglongtimeunterbrechungssparpreisrückfahrkarte

Bei der Einführung von Wortzusammensetzungen (und überhaupt, siehe Kapitel 6.3.1) sind die Werbetreibenden auch in der **Aufnahme von Anglizismen in die Wortbildung** führend. Ziel ist die Aufnahme von Wörtern aus „kulturführenden Sprachen", man denke an die *„Shopisierung"* der ehemaligen DDR nach der Wende 1990.

Man kannte dort für eine kleine Klientel zwar bereits den Intershop (Laden für „Westgeldbesitzer/innen"!), aber sonst gab es dort noch den normalen Laden als **HO** (Handelsorganisation) und **Konsum**, oder die **Kauf-**

halle, was heute differenziert in *Fotoshop, Electronic-Shop, Frisuren-Shop, Minishop* umbenannt wurde oder als *Einkaufscenter, Computercenter oder Mini-Markt, Supermarkt* usw. firmiert. All das diente der werbenden Aufwertung.

Aufgewertet wurde über Neologismen mit **Fremdwörtern aus der Fachsprache** und (französischen) *Luxussprache* auch das *Ehe-Institut, das Haar-Studio, das Gourmet-Restaurant und das Fitness-Studio*, weiter *der Textilmix, der Cheeseburger* und allerlei *Baguette*-Sorten oder gar der *Grand-Coiffeur* oder *Hairstylist*.

Die Werbung verheißt Action, gibt uns in den Produkten tatkräftige Helfer und bevorzugt deshalb neu gebildete **nomina-agentis**, „Täter-Nomen", wie (seit alters) Wörter auf *-er: Mixer, Fleckentferner, Staubsauger*; heute: *WC-* oder *Badreiniger, Entkalker, Teppichpflege(r), Druckspüler, Abbeizer, Haarfestiger, Deckenstrahler*, aber auch *Strahler-Küsse, Soundblaster*. Oder sie produziert inhaltlich gleichwertige Bildungen mit der Endung *-tod*, wie: *Tintentod, Insektentod, Fleckentod, Bakterientod* usw.: Hier wird wahrlich ganze Arbeit geleistet.

Zu werbetypischen Substantiv-Wortbildungen oder -Bezeichnungen gehören (heute mehr und mehr) die **Produktnamen**. Die Zeit, da der Name des Firmengründers oder -inhabers noch für die Güte eines Produkts stand, ist längst vorbei, auch wenn diese in Produktnamen wie *Grundig, Daimler Benz, Opel, Dr. Oetker, Dallmayr, Hipp, Henkel* noch auftauchen. Dafür gibt es werbende Produktbezeichnungen, die zusammengesetzt sind und Verkürzungen komplexer Bildungen zu modernen einprägsamen **Kurzwörtern (Akronymen), die aus Abkürzungen entstehen.**

Zu letzteren gehören *Edeka, DeBeKa, DiBa* (Direktbank), *Sparda-Bank, Alcan*, aber auch *BMW* oder *VW* als Buchstaben-Abkürzungen für längere Bezeichnungen, die man lernen muss.

Werbenden Charakter haben Produktnamen wie *Körper-Lotion, Drei-Wetter-Taft, Wellaform*; Abkürzungen wie *Sinalco, Fewa* (Feinwaschmittel), *Onko* (ohne Koffein, Kaffeemarke), *Raktiv* (Mineraldrink, der den Körper reaktivieren soll, das R verstärkt das Wort aktiv noch); *Blend-a-med* oder *Blendax* wertet das Wort *blenden* fremdsprachlich auf (Zahnpastamarken), *Lavamat* (Waschmaschine) ist ganz aus zwei lateinischen Wörtern zusammengesetzt und bedeutet Waschautomat.

Auch international gebräuchliche Endungen (Suffixe) helfen weiter: *Birkin* (kommt von der *Birke*, wie *Benzin* von *Benz*, vgl. auch *Terpentin*), *Blankin, Ajax, Blendax.*

Wortbildung beim Adjektiv

Adjektive sind besonders geeignet, Produkte und deren **Eigenschaften** detailliert zu **kennzeichnen**, ein Produkt von anderen zu **differenzieren** und eine Ware zu individualisieren.

Adjektive werden deshalb überdurchschnittlich oft gebraucht. Auch der **Gebrauch von adjektivischen Spontanbildungen, oft noch mit einem Bindestrich verbunden** und dadurch als solche erkennbar, ist besonders häufig.

In diesen Bildungen bleiben die Adjektive, durch Bindestrich getrennt, in ihrem semantischen Wert gut erhalten, vgl.: *cremig-frisch, herzhaft-knackig, sahnig-leicht.* Meistens steht in der Tiefenstruktur ein „und": *sahnig und leicht, herzhaft und knackig, cremig und frisch,* mindestens aber ein „wie": *leicht wie Sahniges.*

Gern werden auch Substantive mit Adjektiven verbunden, hier ist allerdings die Verbindung schon in der Tiefensyntax enger, vgl.: *atmungsaktiv, hautfreundlich, küchenfertig;* dahinter stehen folgende Satzglieder: *aktiv in der / für die Atmung, freundlich für die Haut, fertig für die Küche,* weshalb diese Ausdrücke zusammengeschrieben werden.

Den Adjektiven gleichzusetzen sind **Bildungen mit Verbaladjektiven** (Partizip Präsens oder Partizip Perfekt des Verbs), **in denen Vorgänge, Tätigkeiten zu Qualitäten, Eigenschaften gemacht werden. Die Verbaladjektive sind oft mit Nomen verbunden.** Dies ist gut zu beobachten bei den Zusammensetzungen: *hautschonend* (hat die Eigenschaft, *die Haut zu schonen), geruchshemmend* (hat die Eigenschaft, den *Geruch zu hemmen),* vgl. auch: *vakuumverpackt, sonnengereift, laborgetestet.* Hier wird jeweils der Eindruck erweckt, dass das Produkt vom Hersteller sehr sorgfältig behandelt, ausgesucht oder untersucht worden ist.

Nicht nur mit einfachen Nomen (Substantiven) werden Adjektive verbunden, sondern sogar mit Markennamen, dann allerdings wieder mit Bindestrich als Spontanbildungen gekennzeichnet und ohne Chance, jemals im Wörterbuch der Allgemeinsprache zu landen, vgl.: *Odol-frisch, Natreen-gesüßt, Fewa-gepflegt, Perwoll-gewaschen.*

Schließlich sind noch die **Bildungen mit Farbadjektiven** zu nennen, mit denen vor allem die Mode- und Autoindustrie, aber auch der Lebensmittel- und Kosmetikhandel wirbt. Immer wieder kommen neue „ansprechende" Farbtöne auf den Markt, wobei die Adjektive wieder entweder durch Nomen oder – seltener – auch durch Adjektive, erweitert werden. Die Wortbildung selbst kann auch als Nomen gebraucht werden (*in der Farbe Goldgelb*). Für jede Saison gibt es neue **Trendfarben:** *goldgelb, son-*

nengelb, ginstergelb oder *tizianrot-metallic, flashrot, azurmetallic, schwarzmetallic* oder ganz lang *dusty-move-perleffect-metallic* oder *smaragd-grün-metallic.*

Interessant ist, dass mit der dritten großen Wortart, dem Verb, kaum neue Wortbildungen hervorgebracht werden. Das Verb wird ohnehin etwas „stiefmütterlich" behandelt, es wird nämlich oft einfach weggelassen (siehe unten Kapitel 6.3.3).

6.3.2 Wortwahl

Die Wortwahl ist das semantische Mittel, der Werbebotschaft die nötige Durchschlagskraft zu geben. Aufgabe der Wortwahl ist es:

- den beworbenen **Produkten und Dienstleistungen die Aura von etwas Hochwertigem, Besonderem zu verleihen**, z. B. über Hochwertwörter oder Fremdwörter.

- durch Wahl geeigneter Wörter **Schlüsselreize** zu geben und so **weitere positive Assoziationen abzurufen**, z. B. über Schlüsselwörter.

- der Werbebotschaft, dem Produkt über den Gebrauch von **Fachwörtern Kompetenz und Unanfechtbarkeit** zu geben.

Gehen wir der Reihe nach vor.

Hochwertwörter

Gemeint sind damit Wörter, die, auf welche Weise auch immer, dem Produkt eine positive Konnotation (semantische Mitbedeutung) verleihen und damit u. a. einen gewissen Zusatznutzen oder einen gewissen „Adel" suggerieren. Das kann auf ganz verschiedene Weise geschehen: durch die Verwendung edlen Wortschatzes, durch Verwendung sprachlicher Wendungen aus der Leitkultur, durch Hinweis auf Exotik und Besonderheit oder durch den Einsatz von Wörtern und Begriffen aus geschätzten Lebensfeldern. Insofern ist ganz vieles in Werbebotschaften „Hochwert", und es müssen hier, damit für anderes noch genügend Raum bleibt, engere Grenzen gezogen werden.

Ganz einfach und schon von Anfang an in Gebrauch sind **wertsteigernde Adjektive**, also: *gut, neu, sicher, rein, edel, frisch, schnell, sportlich*; manchmal auch gesteigert: *das Beste am Norden, super, keiner wäscht reiner, das ist ja riesig.* Oder es werden Verbindungen gebildet, die **semantisch aufwerten**: *aprilfrisch, smaragdgrün, superschnell.* Auch die bereits genannten Verbaladjektive wie *faszinierend, beglückend, erhebend* usw.

fallen darunter. Auffällig sind auch komplexe Wendungen mit ungewöhnlichen Adjektiven: *die wilde Frische von Limonen, einfach riesig, der Kleine...*

Klassisch ist auch: Waren werden mit **Bezeichnungen und Titeln** hohen gesellschaftlichen Ranges versehen. Die Attribute *königlich* oder *royal* und *Krone* gehören dazu: *König unter den Bieren, Kir Royal, Jacobs-Krönung* – oder auch Fürst: *Fürst Metternich, Fürst Bismarck-Quelle* oder *Lord Extra* (Zigarette) gehören ebenfalls dazu, auch *Hansen Präsident,* wenn nicht gleich der **Name einer berühmten Persönlichkeit** gewählt wird: *Napoleon* (Weinbrand) oder *Gorbatschow* (Wodka), allerdings muss eine Bügelmaschine ja nicht unbedingt *Prometheus* (die Bügelmaschine als Halbgott?) heißen.

Nicht selten werden mit Rang-Namen ganze **Produktreihen** geschaffen, z. B. aus der Militärsprache bei *Opel* die Palette *Kadett, Kapitän, Admiral, Commodore, Senator,* nachdem es früher schon mal *Olympia* und *Record* gegeben hatte, auch Hochwert-Wörter.

Durch solche und andere Maßnahmen kann man das Produkt mit allerlei *„fremden Federn schmücken"* und damit aufwerten.

Eine weitere Möglichkeit, dem Produkt Wert zu verleihen, ist die Belegung mit **Wertbezeichnungen:** also *Goldbrand* (Weinbrand), *Eurocard Gold, Nescafé Gold, Diamant* (Fahrradmarke), *Edelmokka* (Kaffee), *Auslese* (Weinsorte und überall).

Fremdwörter

Auch Fremdwörter werden gern eingesetzt und zwar in dreierlei Weise: als **Fachwörter** (siehe unten), als **Wörter aus einer hochgeschätzten Leitkultur,** heute z. B. dem Englischen und **Wörter aus einem gehobenen Wortschatz,** weil aus einer als differenziert empfundenen Kultur stammend (z. B. der französischen, was Essen, Lebensart und Kosmetika anbelangt, der italienischen, was klassische Musik anbelangt).

So verleihen die Fremdwörter und Fremdwortfolgen wie *Fluid* und *After-Shave-Lotion* (Flüssigkeit), *Creme* (ganz alt für Salbe, heute sind die Begriffe differenzierter), *Champagner, Oil of Olaz* (Hautöl), *Friseur, Coiffeur, Hair-Stylist* (alles für *„Haarschneider"*), *Eau de Toilette, Obsession for men* (Unterwäsche) der Ware Exklusivität, die Bezeichnungen *Shop, Salon, Boutique, Center,* ja sogar *Market* verleihen Verkaufstätten (früher mal einfach *„Läden",* die *Shopisierung* der DDR ist noch in guter Erinnerung) einen höheren Wert.

Vielleicht ist Ihnen schon aufgefallen, dass manche dieser Wörter abweichend, nämlich *vornehm fremdsprachlich geschrieben* werden, auch das wertet auf, also *exclusiv, Café, Camera, Picnic* usw.

Auch viele moderne Produktnamen enthalten Fremdwörter, siehe gleich unten.

Produkt- und Firmennamen

Natürlich stehen auch Firmen- und Produktnamen im Dienste der Werbung, dies sei hier weitergeführt. Indirekt geht es natürlich auch um die Hochwertung eines Produkts, der Bereich hat aber seine ganz eigene Prägung.

Längst wird nicht nur **mit dem guten Namen**, dem Personennamen der Firmengründer geworben: *Metzler, Daimler-Benz, Grundig, Opel, Dr. Oetker, Bosch* oder *Krupp*. Diese Namen als Herkunftsbezeichnungen sollten schon von sich aus für Qualität bürgen. Früher waren ja Firmeninhaber auch zugleich Patrone ihrer Belegschaft.

Heute wird gern Firmen und Produkten ein für sich sprechender Firmen- und Produktname gegeben, allen voran *Volkswagen* (Assoziation: „also auch etwas für dich!", die Bezeichnung war ursprünglich eine NS-Propagandabezeichnung), *Bounty* (Schokoriegel, Assoziation: Abenteuer), *Mars* (Schokoriegel, Assoziation: Stärke), *Löwenbräu* (Bier, Assoziation: Stärke), *Eurosuper* (Assoziation: Besonderes für ganz Europa), *After eight* (Pfefferminzschokolade, Assoziation: für den Abend), *Puma* und *Nike* (Sportkleidung, Assoziation: starkes Tier, Siegesgöttin).

Sprechende Namen und Fremdwörter werden auch bei **Produktlinien innerhalb einer Firma** eingesetzt, man denke noch mal an die alte Produktreihe von Opel mit den Titelbezeichnungen – alles Fremdwörter – und sehe sich die neuen Produktlinien dieser Marke mit der „Endung" *-a* an: *Omega* (Buchstabe), *Astra* (Stern), *Corsa, Tigra, Vectra, Calibra*, obwohl dieses *-a* morphologisch oft nicht die Endung ist.

Volkswagen benennt eine Pkw-Produktreihe mit Sport- und „Wind"bezeichnungen: *Golf, Polo, Passat, Scirroco, Bora*, oder einfach *Vento*.

Und in der DDR gab es die Bezeichnung *Trabant* (Himmelskörper).

Zu den sprechenden Produktnamen gehören auch **Herkunftsbezeichnungen, die Tradition** und qualifizierte Herkunft **versprechen** sollen (heute allerdings nicht mehr), z. B. Biere: *Flensburger, Plochinger, Kulmbacher, Jever, Radeberger, Krotzinger, Münchner, Pilsener*; aber auch bei Weinen und Spirituosen findet sich dies: *russischer Wodka, französischer Champagner*, und sehr sprechende (ursprünglich) Lagebezeichnungen wie

Oppenheimer Krötenbrunnen oder *Kröver Nacktarsch* oder *Liebfrauenmilch* sind bekannt und waren mal berühmt, letzteres gilt auch für die Fahrradmarke *Vaterland*. Aber das ist vielleicht nur in sehr übertragenem Sinn eine Herkunftsbezeichnung.

Und schließlich greift *Seat* bei einer Produktlinie zu Ortsnamen: *Marbella, Arosa, Malaga, Toledo, Ibiza,* die uns an Sonne und Stadtkultur denken lassen, der Fahrzeugname *Wartburg* steht auch für einen historisch berühmten Ort.

Interessanterweise kommen auch einzelne **Tiernamen als Produktbezeichnungen** vor, wir alle kennen *Uhu*-Klebstoffe, *Frosch*-Reinigungsmittel oder vielleicht auch noch *Salamander*schuhe. Bekannt ist das Produkt *Red Bull* (Sportgetränk), das wohl ähnlich wie *Löwenbräu* oder *Puma* und *Wolfskin* Assoziationen zur Stärke der Tiere als Zusatznutzen herstellen soll.

Fachwörter oder Pseudo-Fachwörter

Der Gebrauch von Fachwörtern gibt **Dignität** („Würde" ist auch eine Form von Hochwert) und verhindert die innere Distanznahme der Umworbenen dadurch, dass eine (wissenschaftliche) Fundierung vorgetäuscht wird. Der/Die Werbende suggeriert, dass es sich um durch Forschung abgesicherte, sorgsam bereitete Produkte mit **wissenschaftlich garantiertem Nutzen** handelt. Dabei ist der Gebrauch von Fachwörtern manchmal geradezu abenteuerlich.

Die Zusammensetzung *Blend-a-med* garantiert keineswegs, dass es sich um ein medizinisch wirksames Produkt handelt, der Produktname *Blendax* ist gar kein Fachwort, ist aus „*Blend*" und der fremdartig wirkenden Endung *-ax* zusammengesetzt, kurz, hier wird ziemlich „*geblendet*".

Additiv heißt lediglich *Zusatz, liquid* lediglich *flüssig, Auto-Fokus* wurde für eine Kamera, die „*fest eingestellt*" war, vergeben, d. h. die Linse des Fotoapparates konnte sich gar nicht *auf etwas von selbst einstellen,* was die Übersetzung suggeriert.

Fungizid (wirksam gegen – irgendwelche – Pilze) und *bakterizid* (wirksam gegen – irgendwelche – Bakterien) beinhalten immerhin ein – harmloses – Körnchen Wahrheit, für Wirksamkeit im gegebenen Fall ist aber nicht garantiert.

Bei vielen Fachwort-Verwendungen sollen wir auch gar nicht erfahren, was das Wort beinhaltet und werden auch nicht aufgeklärt: Wissen Sie schon, was *Hyperband* (Rundfunkwesen: Fernsehen, nicht Computer) oder das *DECT-Verfahren* (Telekommunikation) bedeuten, es wird Ihnen ewig verborgen bleiben und das macht auch nichts.

Es gibt eine sehr einfache Methode, sich immer wieder zum Schmunzeln zu bringen: Übersetzen Sie die in einer Werbeanzeige gebrauchten Fremd-/Fachwörter mithilfe eines Wörterbuchs ins Deutsche, sie werden eine neue Welt des schönen Scheins, die Welt des fachlich-schönen Scheins kennen lernen – viele „Fachwörter" sind gar keine, sind *„Pseudo-Fachwörter"* oder einfach Inszenierungen. Und Sie haben zugleich die besten Argumente an der Hand, Ihrer Frau oder Freundin das teure Kosmetikum auszureden, sie aus der kosmetischen Zwangsjacke zu befreien.

Die soll keineswegs darüber hinwegtäuschen, dass es auch **informative Verwendungen von Fachwörtern in der Werbung** gibt, aber **dann verstehen Sie diese meistens gut aus dem Zusammenhang**: *Einspritzmotor* oder *Turbo-Diesel* (Motor mit Turbolader), auch wenn diese Wörter wie *Breitwandreifen* manchmal mit etwas zu viel Getöse daherkommen.

Schlüsselwörter

Neben der Kategorie der Hochwertwörter hat Römer auch den Begriff der Schlüsselwörter eingeführt. Mit ihnen werden **Schüsselreize, die weit reichende Assoziationen auslösen**, gegeben. Es sind zentrale Wörter, die unsere persönliche und gesellschaftliche Befindlichkeit thematisieren oder Trends und Stereotype ansprechen, ggf. auch Abneigungen kennzeichnen. Sie lösen ganze Assoziationsketten und -netze aus und verbinden sich mit semantischen Höfen. Schlüsselwörter kommen aus Diskurszusammenhängen (siehe Kapitel 5) und können dort „gefunden" oder wieder gefunden werden.

Zu den positiv mit Schlüsselwörtern besetzbaren Bereichen, die die Werbung aufgreift, gehören z. B. *Erotik, Macht, Prestige, Akzeptanz, Gemeinschaft, (Wohn)Kultur*, heute auch *Klimaschutz, Natur, Ökologie, Spiritualität, Sexualität*.

Zu den negativen Schlüsselwortbereichen gehören sicherlich *Gewalt, Umweltkatastrophe, Krankheit, Tod, Trennung*, diese sind eher was für die Versicherungswirtschaft mit ihren Drohkulissen.

Römer listet eine große Zahl von Schlüsselwörtern S. 131f sehr ausführlich auf, einige seien hier genannt: *frei, Leistung, jung, neu, jetzt, gesund, rein, frisch, stark, schön, natürlich, sparsam...* Im Übrigen ergeben sich Schlüsselwörter nicht statisch aus einer feststehenden Liste, sondern konkret im Werbezusammenhang.

6.3.3 Satzbau

In der Werbung bedient man sich meist einer **einfachen, klaren Syntax.** Es überwiegt der einfache Satz. *„Man gönnt sich ja sonst nichts"* ist eine solche einfache Äußerung.

Bis auf Werbungen im Public-Relations-Bereich oder mit Broschüren und Briefen oder für sehr hochwertige oder spezielle Güter verzichtet man auf komplexe Argumentationen; rasches eingängiges Verstehen ist Trumpf. Allenfalls im Fließtext kann es mal eine stärker gegliederte Beschreibung geben, aber auch die bleibt eher reihend.

Die syntaktische Sparsamkeit geht sogar so weit, dass nirgendwo öfter als in der Wirtschaftswerbung auch **unvollständige Sätze** vorkommen, die so genannten **Satzellipsen.** Der folgende Originaltext einer Saab-Anzeige zeigt das Verfahren:

Tonangebend
ohne anzugeben.

Ist die Pauke musikalischer als die Violine, weil sie größer und lauter ist? Format hängt nicht von der Länge ab. Vorn ist, wer über stärkere Argumente, überzeugende Problemlösungen, überlegene Ideen verfügt. Saab geht den Weg der beweisbaren Leis-tung. Außen lässt er anderen auch noch Platz. Innen bietet er mehr Platz als Größere. Voll-gepackt mit modernen und sinnvollen Ingeni-eurideen. Der Saab 99 kann auf Großspurigkeit verzich-ten. Wie seine Fahrer.

Das müssen Sie wissen, bevor Sie entscheiden. „Alles über den Saab 99". Eine Mappe voller Informationen. Fordern Sie sie an bei: Saab Deutschland GmbH, Berner Straße 89, 6000 Frankfurt/Main 56 (Niedereschbach), Telefon (0611)5071028

SAAB
Viel Vernunft und viel Vergnügen

Abb. 72 SAAB (Autohersteller)

Die Ellipsen in diesem Text beginnen schon mit der Überschrift: *Tonange-bend, ohne anzugeben.* Und setzen sich fort mit: *Voll gepackt mit moder-nen und sinnvollen Ingenieurideen.* Und: *Wie seine Fahrer.* Es gibt nur einen einzigen Gliedsatz, der das Subjekt bringt: *Vorn ist, wer mit...* Auch der Klammerausdruck ist ähnlich aufgebaut, nur ein kurzer Gliedsatz mit *„...bevor..."*.

Das zweite Beispiel *Philips porty* ist jetzt zum Selbst-Analysieren:

ROCKEFELLER

Ohne Zweifel hatte dieser Herr etwas mehr als andere. Na schön, reich macht der Besitz eines

Philips porty nicht (obwohl es die Chancen erheblich verbessert...). Dafür hat man mit

diesem Auto- und Mobiltelefon in anderen Bereichen mehr. So z. B. mit der Buch-

stabentastatur, die das Speichern von Namen zum Vergnügen macht. Nur

porty hat sie. Und mit der extra erhältlichen Sprachsteuerung wählt

es sogar auf Zuruf. Mehr Service dürfte auch Mr. Rockefeller

nicht genossen haben... Kein Vermögen, aber

mehr zum Thema mobile Kommuni-

kation erwartet Sie unter

Abb. 73 Philips Porty (Autotelefon)

Die Slogans, die einprägsamen, immer wiederkehrenden Schlusssätze in Werbungen, sind fast durchgehend Ellipsen, vgl.:

- *Saab – Viel Vernunft und viel Vergnügen*
- *Peugeot 106 – Einfach riesig, der Kleine*
- *Ritter-Sport – quadratisch, praktisch, gut*
- *Deutsche Bank – Leistung aus Leidenschaft...*

Meist wird das Verb ausgespart, häufig ist es auch nur die Kopula „*ist*", vgl. auch unten Kapitel 7.

Eine **reihende Satzstruktur** und die Aneinanderreihung einzelner Aussagen in einem unvollständigen Satz ermöglicht es, die Argumentation „rechtsverzweigend" zu führen (so kommt es in der Strukturanalyse heraus, hier nicht gezeigt), bei Leser/innen und Hörer/innen entsteht der Eindruck eines **Nachtragsstils**.

Dadurch wird das Verstehen erheblich erleichtert: der/ die Leser/in / Hörer/in muss nicht erst längere Sequenzen speichern, ehe er/sie das Ganze versteht, sondern er/sie kann die Information gewissermaßen **Häppchen für Häppchen** aufnehmen und jedes Häppchen wird im Zusammenhang mit dem Vorausgehenden voll verständlich.

7. Rhetorik und rhetorische Mittel in der Wirtschaftswerbung

Die Rhetorik und rhetorische Mittel – auch in der schriftlichen Kommunikation vorhanden – haben in der persuasiven (überredenden) Kommunikation schon seit dem Altertum eine große Rolle gespielt und sie haben auch heute noch eine wichtige Aufgabe.

Zur persuasiven Kommunikation gehören u. a. (politische) Reden, Gerichtsreden (Plädoyers), Verkaufsgespräche oder Verhandlungen, gerichtliche Schriftsätze, Aufrufe, politische Schriften und natürlich auch die Werbekommunikation.

Die Werbung für Waren und Dienstleistungen begann ja mit dem **Ausrufer und Marktschreier**, den wir als „Original" ja auch heute noch kennen und dem wir gern zuhören.

Schon die Antike hat, insbesondere für die Gerichts- und politische Rede eine eigene Wissenschaft entwickelt, die **klassische Rhetorik**, die sich besonders mit dem Philosophen Aristoteles und dem Politiker und Gerichtsredner Cicero verbindet, und diese hat bereits ein umfangreiches Instrumentarium an rhetorischen Mitteln hervorgebracht.

Von dort gibt es eine ungebrochene Tradition bis in die heutige Zeit, auch heute lernen Manager/innen, Jurist/innen oder Politiker/innen (und möglichst jedermann) in speziellen Rhetorik-Kursen das Ein-Mal-Eins des Redens und Überzeugens in Gesprächen als moderne Sozialtechnologie, die in einer Demokratie nicht wegzudenken ist.

Eines der vielen einführenden Werke dazu ist Clemens Ottmers' Buch *Rhetorik* 1996, das hier stellvertretend für ganz viele genannt sein soll, eine ganz einfache, anschauliche Einführung mit weiteren Literaturhinweisen befindet sich in meinem Buch *Kommunikation und Leben* (Wolfgang Eichler 2008).

7.1 Zur Rhetorik des Werbetext- / Werbespotaufbaus

Die klassische Rhetorik hat sowohl Regeln für die Vorbereitung der Reden als auch für ihren Textaufbau erarbeitet, von denen das Meiste auch für die strategische Anlage von Werbungen und ihren Aufbau – ob Spot oder Anzeige – typisch ist und dort wieder gefunden werden kann. Insofern hat der Aufbau persuasiver Texte und Veranstaltungen eine lange Tradition, noch vor der AIDA-Regel oder anderen strategischen Modellen (siehe oben Kapitel 2.3).

So unterscheidet die klassische Rhetorik im Textaufbau die folgenden Stufen:

1. Das *exordium*, den Redeanfang, in dem der Redner / die Rednerin den Kontakt zum Publikum herstellen und es für sich einnehmen (*captatio benevolentiae*) sowie den Hauptteil der Rede inhaltlich vorbereiten will. Es geht um Aufmerksamkeit, die Suggestion von Glaubwürdigkeit und die Herstellung einer positiven Grundstimmung beim Publikum.

2. Die *narratio* ist die Darstellung des Sachverhalts aus der Sicht des Redners / der Rednerin, also durchaus parteilich.

3. Die *argumentatio*: In der klassischen Rhetorik werden die Argumente meist pro und contra vorgebracht und am Ende eine ggbfs. synthetisierende Begründung versucht.

4. Die *peroratio* ist die Zusammenfassung am Schluss, in der die Emotionen der Zuhörer/innen noch einmal angesprochen und diese zu Handlungen aufgerufen werden sollen.

Wir sehen deutlich den Zusammenhang mit den Stufen des werbestrategischen Modells der AIDA-Formel:

Das *exordium* entspricht dem Wecken der *attraction*, das ist die Funktion der Schlagzeile oder des eye-catchers Bild in einer Werbeanzeige oder des Auftaktes im Werbespot.

Die *narratio* und *argumentatio* entspricht den Kategorien *interest* und *desire* der AIDA-Formel und ist in der Werbung oft miteinander im Fließtext, im darstellenden Teil des Werbespots vermischt.

Die *peroratio* entspricht der *action* in der Formel und wird als (indirekte) Kaufaufforderung durch den Slogan und das Product Placement in der Anzeige und im Spot geleistet.

7.2 Rhetorische Mittel

Viele rhetorische Mittel, die in der Wirtschaftswerbung heute eingesetzt werden, sind bereits in der Antike belegt und sie stehen heute auch in ihrer ästhetischen und stilistischen Qualität als **rhetorische Figuren** (vgl. Nina Janich *Werbesprache* 2001, S. 140) dem/der Werbetexter/in zur Verfügung. Sie haben bereits aus der Antike meist lateinische Bezeichnungen, unten in der Tabelle werden sie ausführlich erklärt und belegt.

Wesentliche Arbeiten bzw. Kapitel in Arbeiten zur rhetorischen Mitteln haben u. a. Ruth Römer (*Die Sprache der Anzeigenwerbung* 1968), Gabriele Bechstein *Werbliche Kommunikation* 1987, Manuela Baumgart *Die Sprache der Anzeigenwerbung* 1992 und Nina Janich *Werbesprache* 2001 geschrieben, besonders die beiden letztgenannten werden hier herangezogen.

Janich 2001, S. 142-145 unterscheidet von der Form und Funktion her die nachstehenden Arten von rhetorischen Figuren, die im Folgenden weitgehend nach ihrem Beispiel vom Autor ergänzt, vorgestellt werden:

- Positionsfiguren,

- Wiederholungsfiguren,

- Erweiterungsfiguren,

- Kürzungsfiguren,

- Appellfiguren.

Zu den **Positionsfiguren** gehört z. B. die **Anastrophe**, die ungewöhnliche Wortstellung, z. B. Eurocard: *Es gibt Dinge, die kann man nicht kaufen.*

Auch der **Parallelismus** (Parallelkonstruktion, z. B. *Ritter-Sport, quadratisch, praktisch, gut*) oder **Chiasmus** (spiegelbildliche Konstruktion, *Rot. Zauber. Zauber. Blond – Blond Innen. Außen Rot* Zigarette Roth-Händle Blond) gehören dazu.

Zu den **Wiederholungsfiguren** rechnen wir:

- die **Anapher** / Wiederholung eines Elements, z. B. *Kein Talent, kein Problem* (Baumarkt) oder *Immer da, immer nah* (Versicherung),

- die sehr häufige **Alliteration** (*Flora, Fauna, Feen, Fjorde*, Kreuzfahrt Aida),

- die Epipher (*Was passiert, wenn nichts passiert*, Versicherung)

- oder auch das Polysyndeton (*Sehr sicher oder sehr bequem oder sehr schnell, oder...?*, Autowerbung).

Auch die **Diaphora**, die Wiederaufnahme eines Wortes mit variierter Bedeutung gehört dazu, z. B. Auto-Kleinwagenwerbung: *Man muss nicht groß sein, um groß zu sein*, einmal die wörtliche und dann die metaphorische Bedeutung.

Zu den **Erweiterungsfiguren** gehören nach Janich z. B.

- die Antithese, z. B. *Einfach riesig, der Kleine* (Autowerbung)

- oder das sehr ähnliche Oxymoron, z. B. *Überraschend knusprig, lecker cremig* (Schokoriegel, zwei Gegensätze werden zusammengebracht).

Über die **Kürzungsfiguren** wurde bereits im Kapitel 6.3.3 ausführlich berichtet, sie kommen regelmäßig in Werbeslogans vor. Die klassische Kürzungsfigur ist die **Ellipse**, die Weglassung von Satzgliedern im Satz, vgl. oben Ritter-Sport-Schokolade: *Ritter-Sport ist quadratisch, praktisch und gut* müsste es vollständig heißen. Oder *Erst mal entspannen. Erst mal Picon,* hier gleichzeitig noch eine Anapher.

Um eine echte Kommunikationssituation zu suggerieren, werden oftmals in der Werbung **rhetorische Fragen** gestellt, auf die keine oder eine bereits feststehende Antwort verlangt wird. Man nennt solche Handlungen **Appellfiguren**, es werden Appelle gegeben. Wie sie vom Empfänger / von der Empfängerin behandelt werden können, darüber wurde in Kapitel 2.2 ausführlich gehandelt.

Andere Appellfiguren sind z. B. **Ausrufe** *Wählt DSF!* (Sportsender) oder die direkte Anrede *„Unser Lächeln erwartet Sie"* (Airlinewerbung).

Der größte Bereich der rhetorischen Mittel sind die so genannten **Tropen**, allgemein „besondere Stilfiguren". Nur wenige, sehr häufige seien vorab genannt, mehr in der folgenden Tabelle.

Häufig ist die **Personifizierung**: noch einmal *Einfach riesig, der Kleine* oder die **Litotes** (Verneinung des Gegenteils): *Nichts ist unmöglich* (beides Autowerbung).

Ebenso häufig ist der **Euphemismus** (Beschönigung), insbesondere auch in der Politik: *freisetzen* für entlassen, *Netz der sozialen Sicherheit* (Hartz IV, Rente!), *Versicherung, die pflegt und putzt* (Unfallversicherung), *Gesundheitskasse* (AOK).

Zu den Tropen gehört auch die **Entkonkretisierung** oder die **Hypostasierung** *Die wilde Frische von Limonen* (Seife) und die **Metapher** *Tai Ginseng: Die Kraftquelle für Körper und Geist.*

Und schließlich wäre die **Synekdoche** zu nennen. Das ist die Ersetzung eines Ausdrucks durch einen Gesamtbegriff, geläufig ist z. B.: *Die Feuerwehr, Polizei kommt* für Feuerwehrwagen, Feuerwehrleute, Polizist/innen kommen. Oder auch umgekehrt, der Teil für das Ganze: vgl. die bekannte FAZ-Werbung: *Dahinter steckt ein kluger Kopf.* Gemeint ist ein Mensch mit klugem Kopf.

Soweit die Aufgliederung von Janich, 2001.

Es wird deutlich, dass **rhetorische Figuren** als sprachliche Besonderheiten insbesondere **in Slogans, jenen kaufauffordernden Wiedererkennungsstücken** in der Werbung verwendet werden und es wird deutlich, dass, wie bereits ausgeführt, die rhetorische Werbesprache eine Sprache ist, die sich durch besondere Auswahl aus der Normalsprache und durch künstlerisch-stilistische Abweichungen davon offenbart.

Manuela Baumgart hat 1992 eine systematische Aufstellung von erheblich mehr rhetorischen Figuren sehr kompakt, informativ und anschaulich geleistet (*Die Sprache der Anzeigenwerbung*), so dass hier (mit wenigen Wiederholungen) ihre Aufzählung zu den *wort- und satzbezogenen rhetorischen Mitteln* in Slogans (S. 52-67) zum Ausgang genommen wird, natürlich manchmal schlanker formuliert und modernisiert.

	Rhetorisches Mittel	Beschreibung und Funktion	Beispiel
1	Neubildung (Neologismus)	Typen: a) tatsächlicher Neologismus; b) Spontanbildungen: für eine bestimmte Gelegenheit werden zwei Begriffe miteinander verbunden, zur Funktion siehe oben Kapitel 6.3.2	a) „*Maroditis*" (*Milch ist gegen Maroditis =* Ausdruck für alle möglichen physischen und psychischen Störungen) b) „*Leichtschwung-Kurzski*"
2	Veralteter Ausdruck (Archaismus)	altmodische Wörter und Wendungen als Abwechslung, Verfremdung zur Erregung von Aufmerksamkeit, Hinweis auf Tradition und Qualität	„*Alles für Ihr Heim*", „*Hausmannskost*"
3	Fremdwörter und Fremdwortschreibungen	„vornehme" Wörter, Funktion siehe Kapitel 6.3.2	„*Friseur*" statt „*Frisör*", *Coiffeur, Hair-Stylist*
4	Jargonwort	umgangssprachliche Ausdrücke werden zielgruppenspezifisch verwendet	„*Geiz ist geil!*", „*Megatrend*"
5	Fachwort	Wörter, die aus einer Fachsprache stammen, und im Falle ihres fremdsprachlichen Ursprungs kein deutsches Synonym besitzen; auch pseudo-fachsprachliche Neologismen, Funktion: siehe Kapitel 6.3.2	„*Sicherheitszone*", „*Spitzentechnologie*", „*Blendamed*", „*Bonaqa*

6	Metapher	Gebrauch eines Wortes in übertragener Bedeutung, siehe oben, oft bildhafte Sprache durch Zusammenstellung von Wörtern, die eigentlich nicht zusammengehören (bildliche Übertragung)	*„Einfach riesig, der Kleine!"* (tolles Beispiel mit zwei Metaphern, Autowerbung)
7	Beschönigung (Euphemismus), siehe oben Tropen	beschönigender Ausdruck, mitunter Verwendung von Hochwertwörtern (siehe Kapitel 6.3.3), die zur semantischen Aufwertung und zur positiven Aufladung dienen	*„Raumpflegerin"* statt *„Putzfrau"*, *„Hairstylist"* statt *„Haarschneider"*, *„Servicecenter"* statt *„Tankstelle/Schalter"*
8	Entkonkretisierung, siehe oben Tropen	Vertauschung von Mittel und Zweck mit (Ober)Begriffen, die weniger das Produkt als die versprochene Wirkung ausloben	*„Schönheitspflege"* statt *„Creme"*, *„Autokosmetik"* statt *„Autowäsche"*
9	Komparativ/ Superlativ, siehe Kapitel 6.3.3	dient zur semantischen Aufwertung und zur Abgrenzung gegenüber Konkurrenzprodukten	*„Besser als Golf"* (Renault)
10	Superlativ, siehe Kapitel 6.3.3	grammatisch die Höchststufe (2. Steigerungsstufe bei der Steigerung/Komparation), Funktion siehe oben	*„Das Beste am Norden"*
11	Doppelung (Gemination), siehe oben Wiederholungsfigur	Verdoppelung; unmittelbare Wiederholung eines Satzteiles (Wort oder Wortgruppe)	*„Dr. Koch's ist eben Dr. Koch's."* (hier: Tautologie)
12	Anspielung (Allusion)	versteckter Hinweis auf einen Zusammenhang, eine Person, die der/die Adressat/in kennt; indirekter Vergleich durch implizite oder explizite Anspielung auf Konkurrenzprodukte; dient der Hervorhebung und Alleinstellung des eigenen Werbeobjektes	*„An meine Haut lasse ich nur Wasser und CD"*, *„Es lebe der fraiche Unterschied"* (Creme fraiche), *„Besser als Golf"* (Renault)
13	Verdeutlichung	Wörter, Wortgruppen oder einzelne Lexeme werden übersetzt in Form einer ergänzenden Beifügung explizit wiederholt	*„Bonaqa. Das gute Wasser"*

14	Bekräftigung	mit Nachdruck versehene Wiederholung wichtiger Textelemente; euphorische und nachdrückliche Wirkung	*„Schmeckt gut. Tut gut. Ist gut. Krispollis von pagen"*
15	Steigerung (Klimax)	semantische Aufwertung auf Wortebene mit Hilfe von steigernden Konstruktionen; häufig mit Dreierfigur	*„Klar. Spritzig. Sprite."*
16	Übertreibung (Hyperbel)	semantische Aufwertung auf Wortebene, die bis zur Paradoxie gehen können; allerdings subjektiv unterschiedliche Einschätzung dessen, was als übertrieben gilt	*„Das einzig Wahre – Warsteiner", „Königspilsener – Das König der Biere"*
17	Vergleich (Simile)	Vergleiche, nicht nur mit „wie" oder „als" sollen häufig das Produkt mit etwas gleichsetzen	*„Ramend – fast schon wie ein Hausrezept"*
18	Sentenz (Vetustas)	Sinn- oder Denkspruch, leicht einprägsamer allgemeiner Satz, der sich an allgemein bekannte, stehende Redewendungen anlehnt, „Wahrheitsbehauptung"	*„Licher Bier. Aus dem Herzen der Natur."*
19	Hendiadyoin	semantische Überschneidung gleichbedeutender Wörter	*„Contrex Mineralwasser. Erfrischt und erquickt."*
20	Tautologie	„Mit sich selbst definieren". Lexikalische oder semantische Deckungsgleichheit einzelner Wörter; dient zur Abgrenzung und Alleinstellung des eigenen Werbeobjektes	*„Persil bleibt Persil"*
21	Litotes, siehe oben Tropen	Steigerung des Gemeinten durch die Negation des Gegenteils (verneinter Gegenbegriff); auch als doppelte Verneinung	*„Nichts ist unmöglich"* (Toyota)
22	Paradoxon	Aussagen, die in sich widersprüchlich oder unmöglich sind; entstehen durch Gegenüberstellung von eigentlich Unvereinbarem und Gegenläufigem	*„Die Zukunft heute"* (brother)

23	Wortspiel, siehe Kapitel 8	Zusammenspiel klangähnlicher, aber bedeutungsverschiedener Wörter, die eine Doppel- oder Mehrdeutigkeit (Ambiguität) ergeben; oft komisch, mit Verblüffungseffekt und mit hohem Unterhaltungswert	*„Aral. Alles super.",* *„Pack den Kefir in den Tank"*
24	Negation	verneinende Aussagen mit dennoch positivem Aussagewert	*„Kenner kennen keine Kompromisse"* (Berentzen), *„Bridel. Nicht für jeden."*
25	Asyndeton, (vgl. auch Polysyndeton), siehe oben Wiederholungsfiguren	Aneinanderreihung gleichgeordneter Wörter, Wortgruppen, Satzteile oder Sätze, die nicht mit Konjunktionen (Verknüpfungswörter) miteinander verbunden sind; Funktion: entweder Ausdruck einer unkompliziert ungezwungenen Sprechweise oder zur pathetisch wirkenden Stilerhöhung	*„Ritter Sport. Quadratisch. Praktisch. Gut."*
26	Antithese (Antitheton), siehe oben Erweiterungsfiguren	Entgegenstellung von Begriffen und Gedanken; kontrastiver Bezug	*„Für die wenigen, die mehr verlangen"* (Fürst Metternich)
27	Ellipse, siehe Kapitel 6.3.3	verkürzte Satzkonstruktion durch Auslassung eines Wortes oder Satzteiles; kann als Kurzsatz aus dem Sinnkontext verstanden werden, typisch für Slogans und leichter zu verstehen als die zugrunde liegenden Ganzsätze	*„Nonchalance – beflügelt die Sinne...",* *„Der Duft der großen weiten Welt"* (Peter Stuyvesant)
28	Zweierfigur	Slogans, die aus zwei Gliedern bestehen, die syntaktisch gegeneinander abgegrenzt sind und einander gegenübergestellt werden, oft Gleichsetzung	*„Das reinste Vergnügen. Platin",* *„Hamburg. Das Hoch im Norden"*

29	Enthymem	Argumentationsfigur des an sich dreigliedrigen Syllogismus, bei der aber eine, gelegentlich sogar zwei der drei Schritte ausgelassen werden; verlangt vom Leser / von der Leserin das logische Schließen	*„Die Feste ändern sich. Henkell trocken bleibt."*
30	Dreierfigur	Slogan, der aus drei syntaktisch voneinander abgegrenzten Elementen besteht; wirken abgerundet und in sich fest geschlossen	*„Sicher. Zuverlässig. Langlebig."* (Volvo), *„Vollendung. Leistung. Rolex.", „Einfach, sicher, seidig."* (Cristal)
31	Kreuzstellung (Chiasmus)	Überkreuzstellung von syntaktisch oder semantisch einander entsprechenden Satzgliedern; häufig auch dadurch Schaffung einer rhythmischen Struktur	*„Ist die Katze gesund, freut sich der Mensch."* (Kitekat)
32	Allgemeine Behauptung	wie Ellipse und Übertreibung quasi sloganimmanentes Mittel, da stets eine produktbezogene Behauptung vorhanden ist; oft Behauptung eines Zusatznutzens, siehe oben Kapitel 2.4	*„Aus lauter Lust am Leben"* (Glaabsbräu), *„Der stolze Geschmack"* (Freixenet), *„Becks Bier löscht Kennerdurst"*
33	Emphase, vgl. oben Positionsfiguren	will besonders nachdrückliche Wirkung erzielen durch Abweichung vom normalen Satzbau (Satzgliedverstellung/Inversion) oder Einsatz von Ausrufezeichen; damit wird auch der Eindruck gesprochener Sprache erzeugt	*„Mehr als Licht: Staff", „Mit freundlichem Diebels!"*
34	Satzbruch (Anakoluth)	Störung des Satzbaus, der grammatisch nicht folgerichtig aufgebaut ist; wirkt wie spontanes emotionales Sprechen	*„Konica. Macht einfach gute Fotos."*
35	Rhetorische Frage, siehe oben Appellfiguren und Kapitel 2.3	unter inhaltlichem Aspekt: Scheinfrage; Frage soll eigentlich gar nicht beantwortet werden	*„Campari. Was sonst?"*

36	Anruf (Anrede)	direkte Anrede des/der möglichen Konsumenten/ Konsumentin soll den Anschein einer persönlichen Beziehung zwischen (Kommunikations)Partner/innen erzeugen; verleiht der Aussage Intimität und wertet den/die Einzelne/n auf, siehe Kapitel 3.1	*„Gesundheit aus Ihrer Apotheke"*
37	Befehl (Imperativ/ Dictum)	zu imperativischen Formen zählen auch imperativische Empfehlungen und unpersönliche Infinitivkonstrukte	*„Erleben Sie Philips!",* *„Gesünder leben. Bewusster genießen. becel", „Kaufen – marsch, marsch!"* (Mediamarkt)
38	Bescheidenheit (Humilitas)	antiquierte Form aus der Rhetorik; durch selbst auferlegte Demut wird der/die Umworbene emporgehoben und wird ihm/ihr zugleich geschmeichelt; in moderner Werbung als Trend zum Understatement wieder aktuell	*„Zu Diensten Madame"*
39	Anheimstellung	explizite Eröffnung einer Möglichkeit, die dem/der potentiellen Konsumenten/ Konsumentin Entscheidungsfreiheit einräumt und damit dessen/deren Wunsch nach Selbstbestimmung befriedigt; auch wenn in Richtung Kauf gesteuert wird, glaubt der/die Konsument/in doch an seine/ ihre freie Wahl	*„Auf diese Steine können Sie bauen!"* (Schwäbisch Hall)
40	Personifizierung (Personifikation), siehe oben Tropen	Vermenschlichung einer Ware soll die Gefühle des/ der Rezipienten/Rezipientin ansprechen; häufig: vermenschlichende Adjektive oder Verben, die die Waren zu aktiv handelnden Subjekten machen, suggeriert: „Die Ware arbeitet für Sie."	*„Der clevere Haushalt."* (Candy), *„Belinda macht Beine"*

41	Zugeständnis	wie Bescheidenheit und An- heimstellung schmeichelt man dem/der möglichen Konsu- menten/Konsumentin hier mit dem Eingestehen eines Scheinfehlers; soll (All)Machtfantasien stärken (siehe Kapitel 2.6	*„Sie haben es schon immer gewusst"*
42	Reim, siehe oben Wiederholungs- figuren	Gleichklang eines Verses in der Lyrik; gebundene und rhythmisierte Sprache zur besseren Einprägung von Werbebotschaften; verwendet werden u. a.: Endreim, unrei- ner Reim, Stabreim (Alliterati- on), Binnenreim, Assonanzen, Schüttelreim	*„Tut echt gut"* (Neu- selters), *„Unbestritten bei den Dritten"* (Pro- tefix), *„Lust auf Duft"* (Zino Davidoff), *„Deli- al pflegt ideal"*
43	Bezeugung (Testimonium)	vermeintliche Kundenaussa- gen, die als sekundäre Kom- munikatoren (siehe oben Kapi- tel 3.2) eingesetzt werden; meist in der 1. Person Singu- lar, seltener 1. Person Plural; soll Identifizierung des Rezi- pienten / der Rezipientin mit der Aussage ermöglichen	*„Ich rauche gern"*, *„So mag ich Schmuck"* (Christ)
44	Definition	Begriffsbestimmung, die prä- zisieren oder auch benachbar- te oder gegensätzliche Begrif- fe abgrenzen (Verblüffungsef- fekt, siehe Kapitel 8) soll	*„8-Zylinder sind brav, behäbig oder teuer. Oder von Volkswa- gen."*

Soweit die Aufzählung bei Baumgart. Wir sehen, dass die Werbung spe- ziell über rhetorische Mittel ihre Botschaften sprachlich „aufpeppt" und eingängiger macht. Es lohnt sich, mit dem gegebenen methodischen In- strumentarium Werbeanzeigen und Werbespots immer wieder durchzu- forsten, man/Frau merkt dann: *„Jetzt ist es Rhetorik und nicht die reine In- formation."*

Analyseübung Slogans:

Versuchen Sie, folgende Slogans rhetorischen Mitteln zuzuordnen! Sagen Sie auch etwas über den Satzbau, die Wortbildung und Wortwahl, wo Sie etwas finden. Bestimmen Sie ebenfalls Hochwert- und Schlüsselwörter!

- Brisk: *„Es gibt nichts Besseres als Brisk."*
- Lätta: *„Weil's Lätta schmeckt."*
- Loft: *„Mit Loft und Laune."*
- Obi: *„Alles in Obi."*
- Paulaner: *„Gut, besser, Paulaner."*
- Bitburger: *„Bitburger. Ein Besonderes unter den Besten."*
- Deutsche Bahn: *„Unternehmen Zukunft. Deutsche Bahn."*
- Erasco: *„Erasco. Das Gute daran ist das Gute darin."*
- Hertie: *„Hertie. Gut ist uns nicht gut genug."*
- Krombacher: *„Krombacher. Eine Perle der Natur."*
- L'Tur: *„L'Tur. Nix wie weg."*
- Blendax: *„Blendax Antibelag. Wirkt. Stärkt. Schützt."*
- General: *„General. Der Schmutz geht. Der Duft kommt."*
- Nissan: *„Er kann. Sie kann. Nissan."*
- Oldesloher: *„Oldesloher. Wind, Wasser, Weizenkorn."*
- Ritter Sport: *„Ritter Sport Rum. Das Knusperstück zum Rumknuspern."*
- Warsteiner: *„Warsteiner. Das einzig Wahre."*

8. Verblüffungseffekte als besondere Elemente der Wirtschafts-werbung

8.1 Verblüffungseffekte allgemein

Das Werben mit Verblüffungseffekten, mit überraschenden Wendungen und Sprachspielen begegnet uns immer häufiger.

Ich will nicht behaupten, dass das geschieht, weil den Werbetreibenden sonst nichts mehr einfällt – sicher ist es auch Ausdruck der Variation, der Abwandlung ins immer wieder Neue –, aber diese Entwicklung hat auch etwas mit verändertem Konsumverhalten, veränderten Publikumsbedürfnissen zu tun. Es ist heute so, dass einfach nur Werbebotschaften zu versenden nicht mehr genügt – die Umworbenen werden damit voll geschüttet –, nein, es ist das Bedürfnis nach Unterhaltung, nach immer neuen Events, nach direkter Ansprache und *„Man wird abgeholt, wo man sich gern befindet"*, kurz: nach interessanter, mitreißender Interaktion, das viele Menschen *„bei der Werbung hält"*.

Damit wird aber auch deutlich, dass Werbung zu einem Alltagsphänomen in unserer heutigen Gesellschaft geworden ist, dass sie nicht sorgsam gemieden, sondern auch als Anregung empfunden wird. Und sie muss die üblichen Ablenkungen in unserer Zeit übertrumpfen. Der in Kapitel 4.4 geschilderte anspruchsvolle Umgang von Jugendlichen mit Werbung ist wohl für das gesamtgesellschaftliche Verhalten voraus weisend.

Über kleine sprachliche Stolperschritte oder merkwürdige Fragen und Rätsel, wie auch ggbfs. über kleine Aufgaben, die zu lösen sind, wird ein interaktiver Prozess eingeleitet. Der/Die Umworbene soll – gewissermaßen zur Weckung von *attraction* und *interest* und meist weit vor der Kaufaufforderung oder gar dem Product Placement – „etwas tun in der Werbe-Anzeige", ein kleines (Sprach)Problem lösen oder Bild und Text doch noch irgendwie in Einklang bringen oder sich wenigstens wundern. Das bewirkt fast immer eine Verblüffung, weil man darauf nicht vorbereitet ist, dies nicht erwartet.

Die Verblüffung kann auf verschiedene Weise erreicht werden, durch ein Wortspiel, einen Verstoß gegen sprachliche Regeln, durch eine ungewöhnliche/unlogische Argumentation wie *„Hähnchen ist gut, Kontrolle ist besser"* oder eine argumentative Kehrtwendung in der Anzeige oder im Werbespot, die sich erst bei intensiverer Betrachtung *(interest)* erschließt.

Fast immer geht es um den Zusatznutzen (siehe oben Kapitel 2.4), nicht so sehr um den realen Nutzen eines Produkts, die eigentliche Werbebotschaft beginnt später.

8.2. Pragmatische und semantische Verblüffungseffekte

Zu den **semantisch motivierten Verblüffungseffekten** ist oben unter rhetorischen Mitteln bereits einiges angeführt worden. Gemeint sind oft witzige, aber auch widersprüchliche oder mehrdeutig auslegbare, paradoxe Wortzusammenstellungen.

Das folgende Beispiel appelliert in ganz schön komplexer Weise an verschiedene Inhalte unseres Weltwissens, verborgene Triebe und Fantasien, wobei die Bildbotschaft das natürlich mitkonstituiert:

Abb. 76 HB (Zigaretten)

Der sprachliche Ausdruck *„Offen für Kammerspiele"* ist ja zunächst einmal eindeutig auf ein Musikereignis festgelegt, hat aber noch eine verborgene Bedeutung, nämlich *offen für Spiele in der Kammer.*

Dies wird durch das Bild gestützt, der Bassgeigenkasten *ist offen*, darin steht ein (für bestimmte Fantasien) attraktiver Mann.

Der Leser / die Leserin ist (hoffentlich) *„offen"* und der Mann im Kasten auch, und die *„Kammerspiele"* sollen ja letztlich mit der Zigarette sein. Ein ganz „verborgener Zusatznutzen" des Produkts wird angesprochen.

So kommen heute viele Verblüffungseffekte auch durch ein ungewöhnliches, widersprüchliches Bild-Text-Arrangement, oft zusätzlich durch ein Sprachspiel induziert, zustande:

SchmEiss keiNe BrenneNden CaMels aus deM FeNsTer.

Da werden brennende Kamele aus dem Fenster geworfen, sehr eigenartig ist das Wort geschrieben (orthographische Verfahren) und merkwürdig ist der Plural (morphologische Verfahren) und was bedeutet das Ganze eigentlich?

Abb. 77 Camel (Zigaretten)

Der Bauer gern den Keiler hält.
Dem Tier das Spiel ganz gut gefällt.

Keiler gut. Alles gut.

Oder da wird schon mal ein Keiler am Schwanz festgehalten und ein altertümlicher Spruch angebracht. Mit welchem Image (siehe Kapitel 2.3) wird da das Produkt versehen?

Abb. 78 Hardenberg (Alkohol)

Oder es werden sprachlich und bildlich untergründige sexuelle Fantasien aufgerufen, wie z. B. auf dem werbenden Titelblatt einer TV-Zeitschrift.

Abb. 79 TV-Spielfilm (Cover einer Fernsehzeitschrift)

Und nicht zuletzt sind es auch mal ganz pragmatische Dinge, die uns überraschen, verblüffen:

Da wurde per Headline in einer Anzeigenserie zur Verabredung eines Dates aufgerufen, die Telefonnummer war tatsächlich eine Zeit lang besetzt, der Autor hat angerufen.

Oder man erhält gleich einen überraschenden Anruf aus dem Call-Center, *„Sie sind doch ein Sammler schöner Dinge!"* oder *„Hurra, Sie haben gewonnen!"*, aber Vorsicht, das ist kein Spiel mehr, am besten auflegen.

8.3 Sprachspiele

Die meisten Verblüffungseffekte werden mit Sprachspielen bewirkt, diese haben schon eine alte Tradition und speziell dazu gibt es eine ausgebaute Forschung, besonders Nina Janich hat sich (*Werbesprache* 2001, S. 146ff) darum bemüht.

Sie (2001, S. 146) definiert das Sprachspiel wie folgt:

> „Von der Form her stellt es eine irgendwie geartete (= spielerische) Abweichung von der sprachlichen Norm oder zumindest von den Erwartungen der Kommunikationsteilnehmer dar, weshalb es [...] grundsätzlich geeignet ist, Aufmerksamkeit zu erregen. Zum Anderen erfolgt diese Abweichung absichtlich mit dem Ziel, eine komische, witzige oder – wird >Sprachspiel< weiter gefasst – allgemein persuasive Wirkung zu erzeugen."

Janich hat die Sprachspiele (2001, S. 147f) in zwei große Klassen eingeteilt, die Wortspiele und die Kontextspiele, die wiederum aus Untergruppen bestehen.

So kann man die Wortspiele, die ja innerhalb des Sprachsystems stattfinden, nach Ebenen des Sprachsystems und einer Repräsentationsebene einteilen, was Janich auch tut, wenn sie hier

- phonetische Verfahren,
- graphische und orthographische Verfahren (als Repräsentationsebene)
- morphologische Verfahren und
- syntaktische Verfahren

unterscheidet.

Natürlich ist das System auch zur nächstgrößeren sprachlichen Einheit, den Texten, hin offen, diese behandelt Janich unter den Kontextspielen (2001, S. 152), wo sie zwei Untergruppen unterscheidet:

- intertextuelle Gattungsreferenzen und Textmischungen und
- Spiel mit Textsortenkombinationen.

Im Folgenden versuchen wir eigene Erläuterungen und Veranschaulichungen.

8.3.1 Wortspiele

Janich (2001, S. 149) definiert Wortspiele folgendermaßen:

> „Die Erwartungen der Rezipienten hinsichtlich der sprachlichen Form werden verletzt, indem Veränderungen am Wort oder Syntagma vorgenommen oder sprachliche Elemente in überraschender oder normwidriger Weise kombiniert werden."

1. Phonetische Verfahren

Ein Beispiel hierfür ist die **Lautverschriftlichung** (Onomatopöie), die aus Sichtweise der Orthografie und Wortart in der Regel unkorrekt ist: *Klick Klick Chill* (Anzeige des AOL Music Downloads) – hier werden Laute, die bei der Computerbenutzung entstehen, verschriftlicht, und es wird ein Jargonwort für Genießen, Ausruhen, Entspannen benutzt.

Es werden auch Onomatopoetica des Genießens beim Essen: *„Hm, das schmeckt – Joghurt Naturale"* oder Ausrufe: *„Oooh, gut!"* eingesetzt.

Oder es werden Ausspracheprobleme, hier der Chinesen/innen, persifliert: *Lass dil laten, tlinke Spaten. Plost! (Lass dir raten, trinke Spaten, Prost!).*

Zu den phonetischen Verfahren gehören auch Spiele, die Reime ungewöhnlich einsetzen (siehe oben Kapitel 7 und das Beispiel dort).

2. Morphologische Verfahren

Hierzu gehört z. B. das Spiel mit der **Komparation**, vgl. die Plakatwerbung für Hamburger von McDonald's: *Wieder, größer, satter, lecker.* Das erste und vierte Wort sehen wie Komparative aus, es sind aber keine.

Oder es gibt ein Wortspiel in der **Wortformenbildung**: *„Heute schon geschweppt?"*, abgeleitet von *Schweppes* (Tonic Water) mit einem Verb *schweppen*, dort die dritte Person Präsens. Die Marke *Schweppes* brachte eine ganze Serie im etymologisierenden Stil rund um den Markennamen heraus.

Oder die **Wortbildung** wird hergenommen (siehe Kapitel 6.3.2): Die Firma Citroen warb für einen Pkw mit der beziehungsreichen (metaphorischen) Wortbildung *„Mein Abschleppwagen"*.

3. Phraseologische Verfahren

In diesem Beispiel wird der **Phraseologismus** (alltagssprachlich feste Syntagmen, z. B. Sprichwörter, literarische Zitate, Slogans) verändert, um somit die Aufmerksamkeit der Rezipient/innen zu erzielen: *Es gibt Momente, da zählen die äußeren Werte* (Anzeige für einen Sport-BH von Triumph).

Hier ein komplexes Beispiel:

In der nebenstehenden Anzeige wird für Sponsorfilme (Kombiwerbung Kulmbacher und Sat 1) geworben und es wird mit den Filmtiteln gespielt vgl.:

- *Gefährliche Deoroller / Gefährliche Liebschaften*

- *Der mit dem Waschmittel tanzt / Der mit dem Wolf tanzt*

- *Internal Aftershave / Internal Affairs*

Außerdem wird der Phraseologismus *die lange Nacht* erweiternd genutzt.

Abb. 74 Kulmbacher Filmnacht auf SAT 1
(von Bierhersteller gesponsertes Fernsehprogramm ohne Werbeunterbrechung)

4. Graphische und orthographische Verfahren

Hier wird die **Schreibweise** und mit ihr die Lexembedeutung **verfremdet**, z. B.: *Blick-Fang* aus einer Anzeige für Mokassin-Stiefel von Deichmann. Ein Stiefelpaar, das von einem Lasso umgeben ist, wird abgebildet. Durch die Einführung des Bindestriches und die Großschreibung bekommt das Wort „Blickfang" eine neue Bedeutung (Spontanbildung, siehe Kapitel 6.3.2).

Ein weiteres Beispiel mit spielerischem Witz ist *Po-Made* statt *Pomade*. Es wird mit Buchstaben gespielt und damit Aufmerksamkeit oder eine komische Wirkung erzielt:

- *Traumreise-Traumpreise, Kururlaub-Kurzurlaub*
- *Badewonne statt Badewanne – LTU*

Oder es werden **Palindrome**, Wörter, die man von rechts nach links und von links nach rechts lesen kann (*Imi, Otto, Ata, Rot – Tor*), genommen oder solche Sequenzen angeboten:

> - *Einsteigen...*
> - *Dabeisein...*
> - *Vorankommen...:* **EDV**

5. Syntaktische Verfahren

Das Spiel mit **normwidriger Syntax** gehört hierzu: *Der Held, was er verspricht* (Schlagzeile eines Werbeplakates für den Walt-Disney-Film *Herkules*, vgl. Janich, 2001, S. 150).

Ein gutes Beispiel ist auch die Neukonstruktion in dieser Anzeige:

Weiter gehören dazu die bereits in Kapitel 6.3.3 geschilderten ungewöhnlichen (reihenden, elliptischen) Konstruktionen, aber hier mit spielerischen Elementen, zumeist paradoxen Inhalten versehen: *Ein gutes deutsches Hähnchen erkennen Sie nicht am Putzfimmel. Sondern am Gütezeichen.*

Abb. 75 Lucky Lights (Zigaretten)

8.3.2 Kontextspiele

1. Intertextuelle Gattungsreferenzen und Textmischungen

Ein Beispiel hierfür ist eine Anzeige für den neuen Hyundai Getz, die in Form einer Wohnungsanzeige verpackt ist: *Moderne Eigentumswohnung auf vier Rädern: frisch gestrichen, komplett möbliert (inklusive großem Stauraum), atemberaubende Aussicht, perfekt geschnitten, Raum für vier bis fünf Personen. Ideal für Jung und Alt. Ab 10.390 €.*

2. Spiel mit Textsortenkonventionen

Dies wird dadurch möglich, dass generell die Werbeintention verschleiert wird, um erfolgreich zu sein. Bei dem Spiel mit Textsortenkonventionen wird hingegen explizit auf die Intention hingewiesen:

> **Dieses eine Mal verzichten wir auf die Abbildung der neuen E-Klasse. Sonst liest das ja doch wieder keiner**

Schlagzeile einer doppelseitigen Mercedes-Anzeige, die nur aus diesem Text besteht, vgl. Janich S. 152.

9. Anleitung zur Analyse von Werbespots

9.1. Erste Schritte

„Das Fernsehen ist dadurch charakterisiert, dass es kombiniert auf die Sinnesorgane des Zuschauers wirkt. Zu der visuellen Sinnesebene kommt die akustische hinzu. Bewegte Bilder und gesprochenes bzw. gesungenes Wort bilden die Grundlagen der Fernsehwerbung."

(Jakob Wolf *Werbung und Public Relation* 1992, S. 101)

Die Wochenzeitschrift *Die Zeit* (Ulrich Stock in *Die Zeit* am 11.02.1999, S. 70) widmete einem Produkteinführungswerbespot der Bahlsen Werke folgenden Artikel (gekürzt), wir merken gleich, dass wir ein ganz neues thematisches Feld begehen:

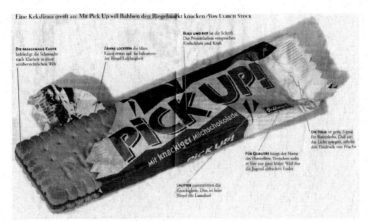

Abb. 80 Pick Up von Bahlsen (Keksriegel)

Die Nötigung wird beginnen in den Nachmittagsstunden des 22. Februar 1999. Die Bildschirme der deutschen Fernsehapparate werden sich verdunkeln, bis nur noch eine schwarze Fläche zu sehen ist. Dann wird, aus dem Nichts heraus, eine tiefe, lüsterne Männerstimme ihre Forderungen nennen:
Hoch vom Sofa. Und direkt vor den Fernseher knien. Keine Widerworte. Los jetzt. Ganz weit auf den Mund.
Ein dickes, langes Ding wird ins Blickfeld kommen, wird seine Außenhaut zurückschieben.
Jaa. Mmh. Pick Up ist neu. Pick Up hat diese herrlich dicke, richtig knackige Schokolade. Und jetzt: Tun Sie's! Mmh.
Seit zwei Jahren hat man bei der Keksfirma Bahlsen in Hannover auf diesen Höhepunkt hingearbeitet. Vom 22. Februar an sollen sich über drei Jahre hin-

> weg 100 Millionen Mark in Pick-Up-Spots ergießen. Unter Einsatz aller Mittel
> will der alte Onkel Bahlsen, der bislang für sein solides Gebäck bekannt war, in
> den Riegelmarkt eindringen. Weg da, Duplo und Hanuta, Mars und Snickers,
> Corny und Nuts: Platz für neues Backwerk!
> *Sie könnten schon wieder? Gut. Aber schön knien bleiben. Pick Up! Die Macht des*
> *Knack.*

Bemerkung: *Warum ist das Kapitel wie gestaltet.*

Mit der Forschung zu Werbespots ist es für den allgemeinen Gebrauch
nicht sehr weit her, **Insiderwissen** gibt es natürlich, vor allem (zunächst
einmal unspezifisch für Spots) aus der Film- und Kameratechnik und
Dramaturgie, genug, und etwas davon wird im Folgenden auch angeboten. So fußen die folgenden Begrifflichkeiten und Definitionen z. T. auf
Lexikon- und Handbuchwissen, eine **Einteilung in Spotarten** (siehe unten) nimmt Jakob Wolf 1992 vor.

Die **Kategorisierung** und die genauere Verschriftlichung, das **Sequenzprotokoll** eines Spots, ist ein zentrales Element der Analyse, denn darin
steckt schon viel an **Interpretation,** und genauso wird dieses Kapitel deshalb gestaltet.

Außerdem gibt es für die Vororientierung einen guten, in die Gestaltung
von Spots und die Technik ihrer Herstellung einführenden Film von Reinhold Rühl *„Die Welt des schönen Scheins"* (Deutschland 1994), der öffentlich zugänglich ist. Mein Rat: Ausleihen und ansehen.

Vieles in den folgenden Beispielen wurde mit Studierenden (der Germa-
nistik und Kunstwissenschaft) in Seminaren des Autors erarbeitet: ein
Beispiel für forschende Lehre. Und da der Autor zudem im Rahmen einer
Summerschool in Florida Gelegenheit hatte, selbst an der Erstellung von
Werbespots (für ein Aufklärungsprogramm der Regierung von St. Lucia)
mitzuarbeiten, war es ein spannendes gemeinsames Geschäft.

9.2 Aufbau einer Werbespotanalyse

1. **Analyseschritt:** *Den Spot ein-, zweimal ansehen und auf sich wirken*
   lassen, dann nach Spotart kategorisieren. Welche Spotart über-
   wiegt? Mischformen sind möglich.

Der Commercial und seine Unterarten – Versuch einer Klassifikation

Der Werbespot ist die im Rundfunk und Fernsehen häufigste Form der
Werbung, wenn man vom **Product Placement**, dem Versuch, Abbildungen oder Erwähnungen des Produkts oder des Firmennamens/Firmen-

logos in Sendungen unterzubringen, einmal absieht (Näheres dazu siehe unten und oben Kapitel 2.4).

Und: Sehen Sie sich auch das Product Placement oben im Auftakt noch einmal daraufhin an, was alles an Werbung schon in einer Verpackung steckt, der *Zeit*-Autor hat es kommentiert.

Es handelt sich beim so genannten **Commercial**, dem üblichen Begriff für Werbesendungen in Rundfunk und Fernsehen, um einen **Kurzfilm oder ein Kurzhörspiel**, der/das wegen seiner Kürze und wegen der Intention, eine Botschaft rasch und intensiv herüberzubringen, besondere Techniken der Darbietung enthält.

Die Länge von Werbespots variiert stark, es gibt solche, vor allem Produktspots, die nur ca. zehn bis 15 Sekunden lang sind, und solche, die mehr als 30 Sekunden dauern.

So enthält der Commercial, im Allgemeinen und auch im Folgenden (wieder) Werbespot genannt, meist nur kurze und oft viele Schnitte und ganz kurze, rasch wechselnde Einstellungen.

Wolf 1992, S. 106 unterscheidet folgende Unterarten:

Produktspot

Beim Produktspot ist das Produkt der Protagonist. Es agiert im gesamten Spot. Dabei wird um das Produkt eine Geschichte konstruiert, bei der das Produkt auch immer im Bild bleibt bzw. ein Teil des Produktes genauer betrachtet und vorgestellt wird oder als Variante sich selbst vorstellt. Dem Produkt werden manchmal menschliche Züge verliehen, wobei seine Vorteile demonstriert werden. Die Gestaltungsmöglichkeiten dieser Produktspots sind vielfältig. Einige Firmen benutzen dabei Comic-Animationen, um ihr Produkt vorzustellen, andere lassen im Hintergrund einen Text von einem/einer nicht sichtbaren Sprecher/in (siehe Kapitel 3.2) sprechen, der/die die Besonderheiten des Produkts vorstellt. Eine Variante dabei ist, dass dieser gesprochene Text auch als geschriebener Text auftaucht, so dass die Zuschauer/innen mitlesen können und sich dadurch die Merkmale eines Produktes besser einprägen. Beispiele für Produktspots sind der oben behandelte *Bahlsen*-Spot und der beschriebene *Bahncard*-Spot.

Präsenterspot

Der Präsenterspot unterscheidet sich vom Produktspot dahingehend, dass das zu bewerbende Produkt von einer Person demonstriert bzw. präsentiert wird. Diese Person sollte gut zum Produkt passen. Dabei darf diese Person aber nicht so stark in den Vordergrund geraten, dass vom Produkt abgelenkt wird. Ein anschauliches Beispiel hierfür ist Klementine von Ariel, die nach Jahren der Abstinenz „reaktiviert" wurde.

Testimonialspot

Ein/e „Verbraucher/in" macht eine Zeugenaussage für das Produkt, das er/sie bewirbt. Meist sind dies prominente Personen, die als Zeug/innen auftreten (Ilona Christen für *Ariel Futur*, Jutta Speidel für *Slim-Fast*, Uschi Glas für *Zewa*).

Slice-of-life-Spot

Hier werden Alltagsgeschichten dargestellt, in denen ein Problem mit dem beworbenen Produkt gelöst wird und selbiges aus diesem Grund weiter empfohlen wird (*Perwoll*).

Problemlösungsspot

Es wird eine Antwort auf ein Problem gegeben, mit der sich die Zielperson identifizieren kann. Die Lösung liefert das umworbene Produkt (*Henkell*, *Ace*).

Jingle-Spot

Das Produkt wird durch eine gesungene oder gespielte Werbemelodie hervorgehoben. Der große Vorteil an dieser Werbeart ist, dass dieser Spot in mehreren Medien geschaltet werden kann, auch wenn das Bild fehlt. Im Hörfunk erkennt der/die Zuhörer/in gleich am Jingle, um welches Produkt es sich handelt. Der Wiedererkennungswert ist unheimlich groß, so dass der/die Zuhörer/in automatisch den Commercial im Kopf ablaufen lässt (*Veltins, Bitburger, Milka, Müller-Milch, Melitta*).

Emotionsspot

Nostalgie, Charme und/oder Sentimentalität sind Inhalt dieser Spots (*Diamant, Radeberger, Hanuta, Asbach Uralt, Ristorante, Telekom, Merci, Mon Chéri*).

Direct-response-Fernsehen

Hier sind Werbungen gemeint, bei denen die Zuschauer/innen das Produkt gleich bei einer Hotline bestellen können (*Timelife CD, Göde*).

Product Placement

Product Placement ist im eigentlichen Sinn kein Commercial. Bei dieser Art von Werbung wird scheinbar unabsichtlich immer wieder ein Produkt, ein Firmenlogo oder ein Markenartikel in Filmen oder anderen Sendungen gezeigt. Diese Präsenz ist von den einzelnen Firmen erwünscht. Die Hersteller der Produkte bezahlen dafür, dass ihr Produkt dort platziert wird. Ein Beispiel hierfür sind die *Schwarzwaldklinik* und Rosamunde-Pilcher-Verfilmungen.

Verbal Product Placement

Entspricht dem Product Placement, nur dass es artikuliert wird (Hörfunk).

Teleselling

Hier werden in einer als Dauerwerbesendung gekennzeichneten Sendung Produkte beworben, die dann auch gleich telefonisch bestellt werden können. Ein Beispiel hierfür ist das Quantum-Fernsehen, das im deutschen Fernsehen meist nachts und in den frühen Morgenstunden gesendet wird.

Sponsoring von Filmen und Sendungen (siehe Kapitel 2.3)

Sponsoring ist eine Mischform, die mehrere Arten vorweist. Eine Art hierfür ist, dass Equipment für einen Film bereit- bzw. zur Verfügung gestellt wird (z. B. Autos einer bestimmten Marke) oder die Rechte an der Vorführung des gesamten Films werden direkt von einer Firma bezahlt. Ein Beispiel hierfür sind die *„Kulmbacher Nächte"*, in denen keine Werbeunterbrechungen durch andere Firmen vorhanden sind (siehe Kapitel 8) oder Ankündigungen von Wettersendungen.

Soweit die Vorstellung der Spotarten.

Die Unterscheidung erfolgt, wie sich bei näherer Betrachtung herausstellt, **nach Oberflächenkriterien: nach Intentionen, nach Sujets und nach spotinternen Kommunikationssituationen.** Der Produktspot platziert das Produkt, der Präsenterspot und Testimonialspot wird von einem sekundären Kommunikator (vgl. Kapitel 3.2) getragen, wobei letzterer noch eine spezielle „Testierintention" hat, der *Slice-of-Life-Spot* und der Jingle-Spot haben jeweils bestimmte Sujets oder Begleitelemente, der Problemlösungsspot und der Emotionsspot bestimmte Intentionen.

Wenn Sie sich dieser Kategorien analytisch bewusst sind, fällt es Ihnen auch nicht schwer, **Mischformen** zu bestimmen, die häufig sind.

Es macht Ihnen nun sicher keine Mühe, den *Bahlsen*-Spot oben und den gleich beschriebenen *Bahncard*-Spot zuzuordnen: es sind Produktspots.

2. Analyseschritt: *Den Spotablauf genau verschriftlichen*

Der zweite Analyseschritt kann ganz schön aufwendig werden: Um sich das, was im rasch (und zunächst einmal unwiederbringlich) ablaufenden Film-/Hörspielgeschehen abläuft, zu vergegenwärtigen, muss man ein so genanntes **Sequenzprotokoll** von einem aufgezeichneten Spot erstellen, d. h. jede kleine Einstellung, jeden Schnitt zunächst erkennen und dann parallel Folgendes beschreiben:

- das, was zu sehen ist,
- das, was gesagt wird und von wem,
- Begleitgeräusche und Musik (Nicht-Sprachliches),
- und ggf. Bemerkungen zur Kameraführung

Man schreibt gewissermaßen ein **Drehbuch** nach.

Wir kennen solche **Sequenzprotokolle** aus der Gesprächsforschung (Konversationsanalyse), wo es bei der Erforschung auch genau darauf ankommt, **wer wie was zu wem in welcher Weise sagt,** sonst kommt man nie zu einer detaillierten Interpretation, allenfalls zu einem Gesamteindruck.

Nun ist ein Sequenzprotokoll in der Film- und Kunstwissenschaft ein ziemlich komplexes Ding, vgl. das Buch von Knut Hickethier, *Film- und Fernsehanalyse*, 2001. Es protokolliert und zeigt die Gleichzeitigkeit der filmischen Gestaltungsmittel in ihrer vollen Differenziertheit – insofern enthüllt es **Subtexte** (der Kameraperspektive z. B.), **Bedeutungsebenen** (der Farbgestaltung z. B.), **Sinnpotentiale** (eines Ausschnitts z. B.) u. a. m.

Man unterscheidet **Thema, Botschaft, Aussage, Intention** und **Interpretation**. Man trennt **Plot** und **Story** und arbeitet die **Spannungsdramaturgie** heraus. All das hilft zur analytischen Erkenntnis.

Dies alles können wir hier (und müssen wir wohl auch nicht) nicht nachbilden, eine vereinfachte Version, wie wir sie in Seminaren mit Studierenden entworfen haben, tut es vielleicht auch.

Versuchen Sie sich selbst an ähnlichen Spotverschriftlichungen bei Ihren eigenen Analyseversuchen, Sie werden gute analytische Erkenntnisse davon haben.

Die beiden folgenden Spotverschriftlichungen eines einfach und eines komplizierter aufgebauten Werbespots (in jeweils fast gleicher Länge) sind das Ergebnis dieses Versuchs (durch Student/innen). Versuchen Sie, sich darin hinein zu vertiefen und sich den Spotablauf vorzustellen.

Verschriftlichung Bahncard (20 Sekunden)

	Bild	Text
1 14 Sek.	A B　A B　AC B H CA BAH CA BAH CAR BAH CARD BAHNCARD *Die Buchstaben erscheinen in weißer Schrift, scheinbar handschriftlich, vor schwarzem Hintergrund. Bei der Nennung eines Wortes, das den jeweiligen Buchstaben am Anfang hat, fügt sich der Buchstabe in das entstehende Wort an entsprechender Stelle ein.*	(Off, sonore Männerstimme) „Für die Hälfte von **A** nach **B** ist Ihnen zu wenig? Dann können Sie **C** unterwegs auch zahlen. Im Hotel, bei der **Au**tovermietung, im **R**estaurant, in ganz **D**eutschland. Das ist nämlich n**eu**."
2 3 Sek.	*Hintergrund: Am unteren Rand der abgebildeten Bahncard beginnt ein schwarzer Balken, der obere Teil geht – von unten nach oben – von einem leuchtenden Blau in ein Schwarz über (Horizont). Bahncard zentriert. Zu sehen sind darauf Logos der „Deutschen Bahn" (DB), „Citibank" und „Visa" sowie die Daten eines fiktiven Bahncardinhabers.*	„Die neue Bahncard – mit Zahlungsfunktion."
3 3 Sek.	*Auf schwarzem Hintergrund in weißer Schrift: „Unternehmen Zukunft" und das Logo „DB".*	„Unternehmen Zukunft. Deutsche Bahn."

Verschriftlichung Vereinsbank (25 Sekunden)

	Bild	Text (sichtbar)	Text (hörbar)	Musik
1	*undefinierbarer weißer Raum* *Frau, ca. 30 Jahre alt, dunkle, lose zusammengesteckte Haare, orange-rotes Hemd, leger getragen (bis unter die Brüste sind die Knöpfe geöffnet, zu sehen ist weiße Unterwäsche)*			elektronische Musik
2	*amerikanische Einstellung, frontal* Frau stützt sich links gegen eine Wand, weit aufgerissene Augen und Mund schwungvoll bewegt sich die Frau, indem sie sich von der Wand abstößt, nach rechts vorn auf die Kamera zu und verschwindet rechts aus dem Bild		Frauenstimme: „Ich fackel' nicht lang' 'rum."	
3	*Nahaufnahme, Profilportrait (bis zum Ohr sichtbar)* gespitzter Mund Gesicht schaut aus dem linken Bildrand nach rechts und zieht sich nach links wieder zurück weiße Fläche			

4	*Nahaufnahme, Büste, Halbprofil (oberer Kopfteil, ab Haaransatz, und rechte Schulter sind dabei nicht sichtbar), überwiegend rechter Bildteil* *leichte Untersicht* Frau schaut in die Kamera, dabei einen Zeigefinger an die Nasenspitze drückend (überlegender, aber auch „Kleinmädchengestus") Ansicht verändert sich, als ob die Frau sich geringfügig nach unten bewegt, da die Haare sichtbar werden, während die Schultern nicht mehr zu sehen sind währenddessen dreht sich der Kopf mit Tendenz zum Vollprofil		„Meine Bankgeschäfte, die mach' ich deshalb immer sofort." (3 Sek.)
5	*Nahaufnahme, Büste, en face, zentriert* Zeigefinger weist in Richtung Kamera, dabei nickt Frau einmal kurz (Geste: Genau! Richtig! Siehst du!)		

6	orange-rote Fläche, leicht wellig (erinnert an Fleisch, Blut, das Innere einer Rosenblüte) Struktur verändert sich, es wird offenbar, dass es sich bei der farbigen Fläche um Dekolleté handelt; es bleibt unklar, ob sich die Kamera oder das Model bewegt hat *leichte Untersicht, Nahaufnahme des Gesichtes am rechten Bildrand* Frau hat den Mund leicht geöffnet, vom Halbprofil ins Profil und anschließend in en-face-Position aus rechtem Bildrand heraus		
7	*Portrait, leichte Untersicht* Frau schaut direkt in Kamera Bewegung von rechts nach links, am Bildrand heraus	M	
8	Portrait von rechts, geöffneter Mund („O" – Erstaunen) Portrait weicht nach rechts hinten aus dem Bild	MIT	Pause (8 – 14 Sek.)
9	von links, keilförmig: orange-roter Stoff diagonale Kopfhaltung von links oben kommend, dabei „Kussmund" machend, in Richtung Bildmitte	MITDEN	

10	Frauengesicht weist nach oben (linker Bildteil wird dominiert) plötzliche Drehung nach rechts, Frau blickt geradeaus in die Kamera (genussvoll, zufrieden)	MITDENK	
11	*Portrait, Körper: Profil, Kopf: Halbprofil* Frau lacht (sympathisch) in die Kamera Bewegung nach rechts unten, lächelndes Gesicht bewegt sich Richtung Kamera	MITDENKEN	
12	Frauenbüste von links unten nach rechts oben, dabei werden die Haare mit den Händen nach hinten aus dem Gesicht gestrichen	MITDENKEN! V	
13	*leichte Untersicht* Gesicht: lächelnd, nach unten schauend Gesicht dreht sich nach rechts ins Halbprofil, geht nach links aus dem Bild von links reicht ein Paar Hände ins Bild, Juwelenring am Zeigefinger wird augenfällig, Hände öffnen sich leicht, Dekollete ist sichtbar	DENKEN! VEREINS	

14	*Büste, en face* vor der Brust hält die Frau (für die Betrach- tenden einsehbar) ei- nen aufgeschlagenen Prospekt, in dem eine Abbildung derselben Frau zu sehen ist, die Frau schaut irritiert und belustigt leicht rückwärtige Be- wegung, dabei öffnet die Frau den Mund und zeigt die Zunge	Im Prospekt erscheint Logo der Vereins- bank. EN! VEREINS- BAN	
15	*Nahaufnahme des Ge- sichtes* Gesicht beschreibt eine Diagonale von links unten nach rechts oben (konzentrierter Ge- sichtsausdruck)	VEREINSBANK	„Mal in der Filiale, mal am Telefon und mal am Computer." (5 Sek.)
16	*Büste, en face* Frau verzieht Gesicht (Augenrollen, Mund verziehen) Frau dreht sich über rechts oben nach links unten aus dem Bild	VEREINS- BANK.	
17	*Nahaufnahme der Frau, en face* zufrieden lächelnd nach links drehend aus dem Bild	REINSBANK	
18	*Portrait am rechten Bildrand* leichte Bewegung nach links oben bis Bildmitte *etwas Zoom* Frau berührt sich mit der Hand am Dekollete	INSBANK	
19	*Detailaufnahme des rechten Augenberei- ches, ¾ des linken Bild- teiles* Bewegung waagerecht nach rechts	SBANK	

20	*Portrait am rechten Bildrand, etwas Zoom* Bewegung nach links	BANK (12 – 13 Sek.)	
21	*Frauenbüste um 90° gedreht, Ausrichtung von links nach rechts (des Bildes)* Drehung in „Normalausrichtung", dabei blickt die Frau in die Kamera, Lachen, Hände werden kurz vor den Mund gehalten, Frau bückt sich (sichtbar bis Hüfte) Bewegung nach rechts aus dem Bild		
22	*Nahaufnahme des Frauengesichtes (verträumt, raffiniert?!)* leichte Drehung nach rechts, Blick weist über rechten Bildrand hinaus Frau verschwindet über linken Bildrand		Pause (2 Sek.)
23	sichtbar wird: Logo	Logo: Vereinsbank (3 Sek.)	Männerstimme: „Mitdenken! Vereinsbank."
24	aus dem Hintergrund wird wie aus dem Nichts Frauenbüste sichtbar, während das Logo verschwindet, Frau schaut nach unten, dreht sich schwungvoll nach links, blickt Richtung Kamera Bewegung nach links rechte Hand wird gehoben zu „Victory"-Geste		Ende der Musik erscheint als tonale Punktsetzung!

3. Analyseschritt: *Das Sequenzprotokoll fachlich hocharbeiten*

Dafür brauchen Sie zunächst Fachbegriffe, die (später) in einer gesonderten Kommentarspalte der Tabelle angegliedert werden.

Hier sind einige nach Werner Lippert 1994 (*Lexikon der Werbebegriffe*) gegliederte Fachbegriffe, die mit der technischen Anlage des Spots zu tun haben und solche, die der Werbeintention und Platzierung des Gesamtspots in einem größeren Zusammenhang dienen. Sie werden merken: alles haben wir von den Angelsachsen / meist Amerikanern gelernt.

Es wird bei einigen angemerkt, ob sie für die beschriebenen Spots zutreffen, versuchen Sie weitere zuzuordnen.

a) Technisches im Spot

- **Crawtitel:** Text, der von der Seite her in ein Bild hineinläuft – *in beiden Spots vertreten*

- **Rolltitel:** Text, der in einem Film von unten nach oben läuft

- **Freeze frame:** eingefrorene Filmszene, z. B. am Ende eines Spots

- **Pack-Shot:** Packungsabbildung, z. B. in einer Anzeige oder am Ende eines TV-Spots – *im Vereinsbankspot nicht möglich, im Bahncardspot?*

- **Jingle:** *im Vereinsbankspot*

- **Ohrwurm:** Melodie, die sich schnell einprägt – *im Vereinsbankspot, hier auch zugleich Jingle*

- **Off:** Text in einem Film oder TV-Spot, der von einem/ einer unsichtbaren Sprecher/in gesprochen wird – *in beiden Spots enthalten*

- **On:** Text in einem Film oder TV-Spot, der von einem/ einer sichtbaren Sprecher/in gesprochen wird – *wo enthalten?*

- **Voice over:** Text aus dem Off, der einen Werbespot über mehrere Schritte und Blenden begleitet und von einem/einer nicht sichtbaren Sprecher/in gesprochen wird – *enthalten?*

- **Schwenk:** Kamerabewegung, kann als Vertikal-, Horizontal-, Diagonal-, Panorama-, Reiß-Schwenk erfolgen: *Versuchen Sie zuzuordnen!*

b) Gesamtrahmen und Intention

- **Strategie DAGMAR** (Defined Advertising Goals For Measured Advertising, eine der vielen Werbepräsentationsformeln) oder AIDA: Lässt sich der jeweilige Spot in Teile aufgliedern und wenn ja, wie? Hier können Sie Interpretationen leisten, besonders, wenn Sie in

Kapitel 2.3 noch einmal nachlesen und auch schon einmal in Kapitel 10 hineinschauen.

- **Direct-Response**: *trifft auf keinen der beiden Spots zu*
- **Muzak** (Werbemusik in Kaufhäusern, die die Kaufbereitschaft steigern soll, zusammengestellt nach psychologischen Kriterien): *trifft nicht zu, anderes Medium*
- **Prime time**: *beide Spots liefen in der besten Werbezeit*
- **Visual transfer**: *vom Vereinsbankspot gab es u. W. eine verkürzte Version*
- **Laienwerbung**: Werbung, die sich nicht an Fachkreise richtet: *beide Spots*
- **OTC-Werbung** (over the counter): Werbung für Produkte, die in der Apotheke frei verkäuflich sind. *Keiner der beiden Spots.*

4. Analyseschritt: *Weiterführende Interpretation aus der Gesamtübersicht und dem Gesamtwissen*

Hierzu sollten Sie das folgende Kapitel, in dem die Interpretation an Werbeanzeigen durchgeführt wird, verwenden. Dort finden Sie ausführliche Hinweise. Natürlich können Sie Ihr eigenes Interpretationswissen, aus der Sprach- und Literaturwissenschaft, Psychologie, Soziologie und aus den bisherigen Kapiteln dieses Buches einbringen.

- Sie können eine Sprachanalyse versuchen (Wortwahl, Satzbau, rhetorische Mittel...).
- Sie können darüber handeln, welche Partien des Spots mehr informieren, welche mehr Emotionen ansprechen,
- Untersuchen, ob einem bestimmten Strategiemodell und ggbfs. wie weit gefolgt wird.
- Oder ob und wie ein Zusatznutzen des Produkts herausgearbeitet wird (Bahncard!),
- ob und mit welchen Mitteln eine Vertrauensbeziehung hergestellt wird,
- ob mehr Einführungs- oder Erinnerungswerbung getrieben wird

und vieles andere mehr.

Nur zu!

10. Feinanalysemodelle und Interpretation

Wir haben uns in mehreren Schritten der genaueren, systematischen Analyse von Wirtschaftwerbung genähert. Es ist nun möglich, komplexe, systematische Modelle, die die Forschung für die Analyse von konkreten Wirtschaftswerbungen bereitgestellt hat, vorzustellen und vor allem exemplarisch anzuwenden. Das soll im Folgenden geschehen.

Die **Entwicklung von Feinanalysemodellen** für die Forschung hat Tradition. Bereits 1973 stellte Wolfgang Brandt in der Reihe Germanistische Linguistik 1-2, ein *Operationelles Modell zur Analyse und Interpretation von Werbungen für den Deutschunterricht* vor, das besonders auf die „Sprache der Werbung" zielte.

1999 erweiterte Angelika Hennecke unter dem etwas irreführenden Titel *Im Osten nichts Neues* dies um *Eine pragmalinguistisch-semiotische Analyse ausgewählter Werbeanzeigen* und 2001 griff Nina Janich in ihrem schon mehrfach zitierten Buch *Werbesprache* beide Modelle im Sinne einer Synthese und Modifizierung (Janich 2001, S. 202) auf und erweiterte sie auch zu einem umfassend einsetzbaren Modell. Nach dem letzten Modell soll auch die Feinanalyse einer Werbeanzeige erfolgen.

Zu Brandts Entwurf

Brandts Modell (1973, S. 130-196) ist ein in der damaligen Zeit, vgl. auch Kapitel 2.5, übliches **zeichentheoretisches Modell**, stark auf die **semiotische und semantische Untersuchung der Realisierung von Werbebotschaften** konzentriert. Die sprachliche Seite wird knapper und formaler angegangen, die pragmatische Seite eher gestreift. Die Pragmalinguistik, die genauere Untersuchung der Beziehung der Sprache zu ihren Benutzer/innen und der mit Sprache verbundenen Handlungen, gab es damals in Deutschland erst in Anfängen, dennoch finden sich bei Brandt eher intuitive Ansätze.

Insgesamt will Brandt (vgl. 1973, S. 90) genauer untersuchen, welche (sprachlichen, visuellen) Werbeformen jeweils zur Verwirklichung der kommunikativen Absicht der Werbetreibenden, der dahinter stehenden Produzenten-Intention eingesetzt werden.

Nach Brandt (1973, S. 131)

> „hat der Werbeform-Ansatz den entscheidenden Vorteil, dass er
> den realen Rezeptionsvorgang mit seiner Reihenfolge zunächst

Dekodierungsvorgang der Signale, dann Interpretation und Bewertung der einzelnen Zeichen, Zeichenkombinationen und der Gesamtaussage im Prinzip nachvollzieht."

Mit **Werbeformen** meint Brandt im Falle der Anzeigenwerbung mit der Benutzung des optischen Kanals die in Schrift erscheinenden Botschaften im lingualen System und die ikon(nograph)ischen (Bild) Botschaften im visuellen System, ausgedrückt in statischer Form, Farbe, Bild, ganz wie es oben in Kapitel 2.5 näher beschrieben wurde.

Auch die verschiedenen Zeichensysteme werden bei Brandt analog wie in Kapitel 2.5 unterschieden und zur Analyse eingesetzt.

Brandts Modell ist ein **Stufenmodell aufeinander aufbauender Arbeitsphasen** und sieht zwei Analysestufen und drei Synthesestufen vor, die hier, bezogen auf die Anzeige, kurz skizziert werden.

1. Analysestufe

a) **Äußerliche linguale Ausdrucksformen** beschreiben, Schriftmerkmale, Typ, Groß-/Kleinbuchstaben, Schriftart, -größe und -farbe. Auch die Layout-Anordnung der Schriftelemente gehört dazu (vgl. auch Beispiel unten).

b) Beschreibung der **Bildkomponente(n)**: d. h. der „dem Gesamtaufbau zugrunde liegenden Proportionen optischer Signalkombinationen, Bild- und Schriftanordnungen" (Brandt 1973, S. 137). Außerdem müssen jetzt, (im Gegenteil zu den sprachlichen) die visuellen Zeichen dekodiert und interpretiert werden und in linguale Zeichen umgesetzt, also **verschriftlicht werden** wie in Kapitel 9 beim Spot vorgeführt.

c) Die **lingualen Komplexe** müssen isoliert und gekennzeichnet werden:

> „dabei ist zu beachten, dass die Abgrenzung weitgehend nach äußerlich sichtbaren [...] Kriterien erfolgt und nicht nach primär semantischen Gesichtspunkten. Der Slogan wird z. B. demzufolge an dieser Stelle der Untersuchung nicht wegen seiner spezifischen Aussage vom übrigen Werbetext isoliert, sondern wegen seiner durch Schriftgröße, Farbe, Platzierung herausgehobenen Stellung."

(Brandt 1973, S. 146).

Ebenfalls ist der Bezug zur „Kommunikationssituation" (primärer, sekundärer Kommunikator, siehe Kapitel 3.2, siehe auch unten) festzustellen.

Es wird deutlich: **wir erhalten am Ende der ersten Analysestufe eine Beschreibung der Anzeige** ähnlich der Beschreibung des Werbespots in Kapitel 9.

2. Analysestufe

In der zweiten Analysestufe unterscheidet Brandt (je vier!) **zeichenkombinatorische Analyseebenen** auf der sprachlichen und auf der visuellen „Seite". Konkret geht es um die Aneinanderreihung und Verschränkung der Zeichen und ihrer semantischen Gehalte, Bedeutungen, allerdings ein wenig mit Einschränkungen.

Kombinatorik: Sprachliche Ebenen

Die sprachliche Untersuchung findet nämlich zunächst / auch auf der **graphemischen Ebene** statt und Grapheme haben bekanntlich keine Bedeutungen, aber die oben in Kapitel 8 diskutierten graphischen Verfahren (*abweichende Rechtschreibung, Zeichensetzung, die Graphemkombination*) sind schon zu berücksichtigen und haben, wie wir gesehen haben, dann doch ihre „Bedeutung".

Weitere Ebenen sind dann die Analyse der **Kombination von Sprachzeichen und ihrer Kombinationen** (*Wörter, Wortbausteine, Wortbildung*), und der **syntaktischen Besonderheiten** (*Satzbau, aber auch Satz- / rhetorische Figuren, Assonanzen, Reime*), vgl. die entsprechenden Kapitel 6.3, 7 oben.

Die vierte sprachliche Analyseebene ist die **Textebene**. Hier gebraucht Brandt in Anlehnung an die semiotische Theorie den Begriff **Superzeichen**: der Text wird als ein solches gesehen. Es geht um die Reihenfolge von Aussagen, ihre Verknüpfung (oder Nicht-Verknüpfung), Kohäsion und Kohärenz und die Schlüssigkeit der Gesamtaussage.

Kombinatorik: Visuelle Ebenen

Brandt möchte, entlang der frühen semiotischen Theorien, eine Parallelität zum sprachlichen System und seinen Systemebenen auch für das visuelle System berücksichtigt wissen, er spricht von Chromemen und Formemen (Farb-, Formelemente) als Bildbausteine und entsprechenden Inhalten. Das Ganze wirkt aber heute so nicht mehr überzeugend und es sollte nur das für unsere Arbeit „Nützliche" herausgegriffen werden.

Und: Letztlich wird dann doch die Gesamtkomposition der Bilder und Abbildungen betrachtet und gedeutet.

Am Ende haben wir hier eine genaue, **analytisch „hochgearbeitete" Be-schreibung dessen, was eine Anzeige enthält, nach Schriftbesonder-heiten, Wortbau, Wortklassengebrauch, Satzbau, Textkonstitution und visuellen Elementen.**

Semantische Analyse für Bild und Text

All dies wird anschließend in Teilen (und wieder für die linguale und visu-elle Elemente unterschieden) und als Gesamtes semantisch gedeutet und auf die **Sachbedeutungen (Denotate)** und auf die **emotionalen Mitbe-deutungen (Konnotationen)** und **Assoziationen,** die sich beim Leser, bei der Leserin einstellen können, untersucht. So werden hier Konnotationen und Assoziationen, die Schlüsselwörter, Hochwertwörter und Fachwörter hervorrufen, beschrieben oder die kommunikationsemotionalisierende Wirkung von Jargonwörtern, die Einprägsamkeit verkürzter Sätze und Wiederholungen, die Assoziationen, die Bilder freisetzen, herausgearbei-tet. Und es kann natürlich auch gefragt werden, was an Sachbedeutungen in der Anzeige „rüberkommt".

Die Synthesestufen

In den Synthesestufen werden die Ergebnisse der Analysestufen „stufen-weise" zusammengeführt und „zusammengesehen", in ihrem Zusam-menhang gedeutet.

Da die Stufen bei der konkreten Arbeit nicht eindeutig trennbar erschei-nen (die systematischen Trennungen bei Brandt erscheinen manchmal eher künstlich/ bremsend, Wiederholungen sind dann nötig), hier die Zu-sammenfassung.

Es geht um die **Zusammenführung der lingualen und visuellen Einzel-komplexe mit dem Ziel, die eingesetzten Überredungsmittel und Ü-berzeugungsstrategien herauszuarbeiten und die Gesamtaussage und Wirkung der Anzeige zu kennzeichnen.**

Dazu fertigt man u. a. eine **Distributionsskizze** der Anzeige (vgl. Abb. un-ten) an, auf der das Layout und die Verteilung der einzelnen Komplexe mit Zahl und Zugehörigkeit zum visuellen versus lingualen Code angege-ben sind.

Sie und die Inhalte der lingualen und visuellen Elemente werden auf ihren **Zusammenhang und ihr Zusammenwirken** hin interpretiert. Außerdem wird nach kommunikativen Arrangement und Produktaussagen getrennt und inhaltlich nach den beiden Großkategorien **persuasiv** und **informativ** semantisch gewertet. Dann kann u. a. entschieden werden, ob die Anzei-ge eher emotional oder rational anspricht.

So weit das Modell von Brandt, dessen Verständnis wichtig ist, da die Einzelkomponenten auch in den weiterentwickelten Modellen wieder aufgenommen werden.

Das Modell von Hennecke

Angelika Hennecke greift 1999 das Modell von Brandt auf, erweitert es aber um den handlungstheoretischen Aspekt des „semiotisch komplexen Supertextes".

Sie möchte den Textbegriff semiotisch auch auf die visuellen Elemente ausweiten, da

> „verbale und nonverbale Zeichen (sich wechselseitig) ergänzen oder determinieren [...], jedes Zeichensystem spezifisch an der Konstituierung der Textbedeutung beteiligt ist [...] (und) der verbale und nonverbale Textteil oft erst durch den Gesamttext verständlich (wird)."

(Hennecke 1999, S. 113)

Sie bietet auch eine übersichtliche Darstellung der Modellkonstituenten an, in die sich die bisherigen Ausführungen gut einordnen lassen, ja diese z. T. wesentlich übersichtlicher macht als es verbale Umschreibungen möglich machen.

Versuchen Sie zuzuordnen, wenn Sie das interessiert.

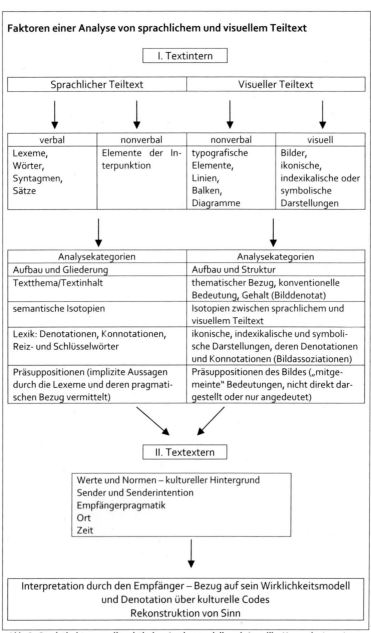

Faktoren einer Analyse von sprachlichem und visuellem Teiltext

I. Textintern

Sprachlicher Teiltext		Visueller Teiltext	

verbal	nonverbal	nonverbal	visuell
Lexeme, Wörter, Syntagmen, Sätze	Elemente der Interpunktion	typografische Elemente, Linien, Balken, Diagramme	Bilder, ikonische, indexikalische oder symbolische Darstellungen

Analysekategorien	Analysekategorien
Aufbau und Gliederung	Aufbau und Struktur
Textthema/Textinhalt	thematischer Bezug, konventionelle Bedeutung, Gehalt (Bilddenotat)
semantische Isotopien	Isotopien zwischen sprachlichem und visuellem Teiltext
Lexik: Denotationen, Konnotationen, Reiz- und Schlüsselwörter	ikonische, indexikalische und symbolische Darstellungen, deren Denotationen und Konnotationen (Bildassoziationen)
Präsuppositionen (implizite Aussagen durch die Lexeme und deren pragmatischen Bezug vermittelt)	Präsuppositionen des Bildes („mitgemeinte" Bedeutungen, nicht direkt dargestellt oder nur angedeutet)

II. Textextern

Werte und Normen – kultureller Hintergrund
Sender und Senderintention
Empfängerpragmatik
Ort
Zeit

Interpretation durch den Empfänger – Bezug auf sein Wirklichkeitsmodell und Denotation über kulturelle Codes
Rekonstruktion von Sinn

Abb. 81 Semiotisch-pragmalinguistisches Analysemodell nach Angelika Hennecke (1999)

Neu ist, wie wir sehen, im Wesentlichen die Kategorie der **semantischen Isotopien** (in etwa „Gleichklang") zwischen sprachlichem und visuellem Teiltext. Neu sind auch die **handlungs- und kulturtheoretischen Elemente** (Präsupposition, in etwa „Vorausannahme", die bei Sprechern für eine sprachliche Handlung angenommen werden muss, kultureller Hintergrund, Empfänger-/Senderpragmatik).

Janichs sechsstufiges Modell, angewendet auf eine Werbeanzeige

Nina Janich (*Werbesprache* 2001) verbindet beide vorangegangenen Modelle zu einem sechsstufigen Analysemodell, modernisiert aber deutlich im Abrücken von Brandts weitgehend zeichentheoretischem Ansatz die einzelnen Analyseschritte. Die semiotische Ausrichtung und die handlungstheoretische Auffassung von Werbebotschaften als Supertexte bleibt, insgesamt wirkt Janichs Modell aber ganzheitlicher, im Einzelnen genauer und in der pragmatischen Seite umfassender.

Sie unterscheidet **drei Analysestufen**, grob kennzeichenbar mit:

1. **Pragmatik** des jeweiligen Werbeaktes,

2. **Aufbau, Struktur und formale Gestaltung** der Teil„texte" (sprachliche und visuelle),

3. **Inhalte und Bezug** der Teiltexte aufeinander.

Sie unterscheidet **drei Synthesestufen**, grob benennbar mit:

1. **Zusammenspiel** der textexternen Faktoren und Beschreibung der **Argumentationsweise**,

2. **Beziehung und Korrelation von textexternen und textinternen Faktoren** sowie

3. **Interpretation der Wirkung** von Werbeinhalt und Werbeintention.

Wir haben mit Studierenden in einem aufwändigen Prozess dieses Modell an einer Werbeanzeige für ein Auto ausprobiert und intensiv diskutiert. Dies soll im Folgenden hier, noch einmal stark überarbeitet, nachgezeichnet werden: Anschauung ist immer noch die beste Unterrichtung.

Zunächst die Werbeanzeige für den Mazda2 bitte genau betrachten, vieles in den vorigen Kapiteln Genannte fällt sicher schon auf.

Abb. 82 Mazda (Autohersteller)

Analysestufe 1: Pragmatischer Kontext der Werbung

Marktsituation:

Es wird für ein Automobil, einen hochpreisigen Gegenstand, eine langfristige Investition geworben. Es gibt eine große Konkurrenz vergleichbarer Produkte, die ähnlich ausgestattet sind. Wahrscheinlich stagnierende Nachfrage.

Werbeziel:

Der Mazda 2 ist ein eingeführte Produkt, es geht um Erinnerungs- und Erhaltungswerbung (siehe oben Kapitel 2.3). Ziel ist auch die Differenzierung von der Konkurrenz.

Zielgruppe:

Jüngere Leute, vor allem Frauen, mit mittlerem bis unterem Einkommen, bei Frauen auch Zweitwagen. Wendet sich an Singles oder (jüngere) Frauen in Partnerschaften. Selbstbild: Auf Sicherheit bedacht, emotional ansprechbar, etwas konservativ, nicht risikofreudig, zurückhaltende Konsumbereitschaft.

Werbemittel:

Farbige Anzeige in Zeitschriften, evtl. Plakat, daneben im Einsatz: Prospekte, Schaufenster (Spots?).

Primärsender (Kommunikator) aus dem Off (die Werbeagentur), sekundärer Kommunikator nicht abgebildet (innere Stimme der zufriedenen Mazda-Besitzerin).

Analysestufe 2

Janich macht zu diesem Punkt die ausführlichsten Vorgaben, hier etwas verkürzt.

- Bestimmung und Beschreibung der sprachlichen und visuellen Teil„texte" (= semiotische Teiltexte), jeweils Angaben über äußere Gestaltung, Struktur, ggbfs. Aufbau. Einteilung nach Brandt in Primärtexte und Sekundärtexte (Kommunikatoren), ggbfs. auch Tertiärtexte gemäß der Kommunikationssituation.

- Bei sprachliche Texten: Aussagen über die sprachliche Gestaltung, Wortwahl, Wortbau, Syntax, Phraseologie, ggbfs. Rechtschreibung, auch Typographie und Textzusammenhang (Kohärenz und Kohäsion).

- Beschreibung der Verteilung der Bildelemente, Arten der Bildzeichen (ikonische, konventionalisierte Zeichen), Farbe und Formgebung.

Man beginnt am besten mit einer Distributionsskizze, in der die einzelnen Text-/Bildelemente positioniert und beziffert sind, damit sie erläutert werden können.

Schauen Sie die Anzeige noch einmal an und vergleichen Sie:

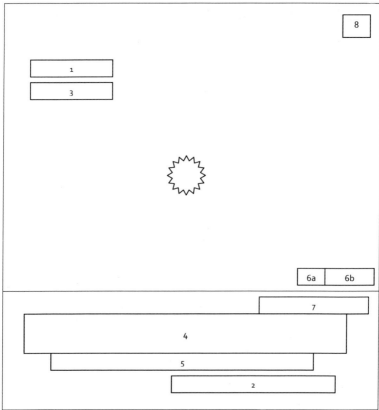

Abb. 83 Distributionsskizze der Mazda-Werbung

Die Studierenden kamen zu folgenden Erläuterungen (vom Autor überarbeitet):

- 1 = handschriftlicher weißer Schriftzug, Schriftgröße ca. 16 Punkt, verkürzter Satz ohne Interpunktion: *„Mein Schutzengel"*, sekundäre Kommunikatorin. Funktion: Die Schlagzeile ist das Textelement, das beim flüchtigen Blättern in der Zeitschrift Aufmerksamkeit und weiteres Leseinteresse wecken soll. *„Schutzengel"* ist ein hier metaphorisch gebrauchtes Kompositum zweier Hochwertwörter: *„Schutz"* und *„Engel"*. Es ist mit dem positiv besetzten Possessivpronomen *„mein"* verbunden. *„Schutzengel"* hat die Funktion eines Schlüsselwortes (siehe unten und Kapitel 6.3.1).

- 2 (am Ende der Anzeige unten rechts) = weißer Schriftzug, Druckschrift, ähnlich Times New Roman, aber weicherer Schrifttyp, ca. 14 Punkt: *„Mazda2. Mein Klein und Alles."* Der verkürzte Satz enthält kein Verb und ist durch einen Punkt unterbrochen. *„Mein Klein und Alles"* ist eine einprägsame Zweierfigur. Das Phrasem *„Mein Ein und Alles"* ist hier spielerisch abgewandelt worden. Funktion: Der Slogan fasst in kurzer und prägnanter Form die Werbeaussage zusammen und dient der Wiedererkennung des Produkts, er wirkt imagebildend.

- 3 = unvollständiger Satz, weiße Schrift, ähnlich Times New Roman (jedoch „weicher"), Schriftgröße ca. 12 Punkt: *„Mazda2 mit ABS, EBD, mechanischem Bremsassistenten und bis zu 6 Airbags".* Funktion des Primärtextes: Als Unterüberschrift enthält er Produktinformationen. „ABS, EBD und Airbags" sind Fachwörter, sie stellen eine Aufzählung technischer Details dar. „Mechanischer Bremsassistent" ist kein Fachwort.

- 4 = Fließtext, schwarze Schrift (ähnlich Times New Roman, aber „weicher", ca. 12 Punkt): Ein unvollständiger Fragesatz *„Auf der Suche nach einem guten Beschützer?"* stellt eine Appellfigur bzw. hier eine rhetorische Frage als kommunikative Ansprache dar. Dann folgen drei vollständige Aussagesätze: *„ABS, die elektronische Bremskraftverteilung EBD [...]."* Der erste dieser Sätze enthält Fachwörter (*ABS, EBD* und *mechanischer Bremsassistent*), also eine Aufzählung technischer Details. Eine Streckformel wird gebraucht: *„geben Ihnen das Gefühl".* Im zweiten Satz, der auf die Airbags eingeht, wird eine Metapher verwendet: *„die starke Schulter".* Der dritte Aussagesatz ist eine Ankündigung eines Mazda-Sondermodells. Funktion des Fließtextes: Er greift den in der Schlagzeile thematisierten Aufhänger als Textthema auf und führt dieses in einer stilistisch und semantisch kohärenten Form und Sprache aus.

- 5 = farblich abgesetzte Zeile unter dem Fließtext (hellblaue Schrift, ähnlich Times New Roman, aber „weicher", ca. 12 Punkt): *„Infos unter...".* Funktion: Insert (Einklinker) enthält Zusatzinformationen zu Beratungsangeboten.

- 6a = Textelement: *„3 Jahre Garantie".* Funktion dieses Primärtextes: Zusatz mit Rechtscharakter.

- 6b = Schriftzug: *„Mazda / Mazda Bank".* Funktion: Schrift und Logo der Marke zeigen und Insert (Zusatzinformationen).

- 7 = Schriftzug: *„Zoom-Zoom"* (gelbe Schrift, handschriftlich, ca. 14 Punkt, verwischte Anfangsbuchstaben). Die verwischte Schrift ist ein ikonisches Zeichen für „schnell" (deshalb verwackelt). Der Anglizismus (direkte Entlehnung aus der englischen Sprache) erinnert an den Comicstil. Funktion: Erweiterung der Wahrnehmungsdimension in Richtung Bewegung und Laut(verschriftung). Es werden im schriftlichen Medium assoziativ weitere, nämlich die akustische und die Bewegungsdimension eröffnet. Konkret bedeutet das: *„Zoom-Zoom"* evoziert gelesen das Motorengeräusch eines fahrenden Kleinwagens.

- 8 = Markenschriftzug und Firmenlogo. Funktion: a) produktbezogen: Abgrenzung zu anderen Produkten, b) senderbezogen: Handhabung als Name, Werbe- und Imagefunktion, c) empfängerbezogen: Identifikation, Wiedererkennung, Qualitäts- und Herkunftsgarantie.

- ✺= Das Bildelement, welches bis auf das untere Sechstel die ganze Anzeige einnimmt, ist eine Fotomontage. Den Bildhintergrund bilden eine verschwommene Landschaft mit angedeutetem Sonnenschatten und eine von links nach rechts ansteigende Straße am unteren Bildrand mit vorbei fliegenden Häuserumrissen dahinter. Im Vordergrund fährt ein Mazda auf der ansteigenden Straße. Dem Mazda sind Flügel aufgemalt, im Auto sitzt eine Fahrerin. Die Flügel sind ikonische Zeichen (gezeichnet, angedeutet). Sie befinden sich auf der Höhe des Hintergrundes (blauer Himmel). Das Auto und auch der Hintergrund stellen konventionalisierte Zeichen dar (leicht veränderte Realfotografie oder Fotomontage).

Soweit das Ergebnis der zweiten Analysestufe.

Analysestufe 3: Inhalt der semiotischen Teiltexte und ihr Bezug

Es wird zunächst, wie schon oben bei Brandt beschrieben, nach Denotaten, Konnotaten und Assoziationen in den einzelnen Textelementen gefragt.

Dann oder damit verbunden erfolgt die Untersuchung vor allem der semantischen Bezüge zwischen Bild und Text (vgl. oben Kapitel 2.5), man kann auch sagen der **intratextuellen Bezüge** im Supertext.

Wiederholen sich oder überschneiden sich (semantische) Merkmale und Gehalte der visuellen und lingualen Ebene?

Wir kamen zu folgenden Ergebnissen.

Das Nominalkompositum „*Schutzengel*" in der Schlagzeile ist ein Schlüsselwort für diese Werbeanzeige. Es hat nicht nur eine aufwertende Funktion, sondern es nimmt auch eine Schlüsselstellung im Gedanken- und Sprachfeld der Werbung ein. Zudem trägt es entscheidend zur Argumentation bei. „*Schutzengel*" in der Schlagzeile hat die zusätzliche Eigenschaft, individuelle und emotionale Imaginationen und Assoziationen anzuregen und damit eine Steuerungsfunktion in der Argumentation einzunehmen. Durch das Possessivpronomen „*mein*" wird der Eindruck erweckt, als gäbe es bereits einen/eine Rezipienten/Rezipientin, welche/r die „Schutz- und Engelfunktion" des Mazda schon erfolgreich in Anspruch genommen hat.

Die Koreferenzkette der Werbeanzeige beginnt mit dem Schlüsselbegriff „*(Mein) Schutzengel*". Der Begriff erfährt eine zweifache Referenzauflösung: einmal durch die dem Mazda aufgemalten (Engels)Flügel, aber auch durch die Unterüberschrift. Da die Interpunktion in der Schlagzeile fehlt, könnte man lesen: „*Mein Schutzengel Mazda 2 mit...*".

Die Koreferenzkette wird in anderen Textelementen weitergeführt: im Fließtext durch die rhetorische Frage nach einem Beschützer und die Metapher der starken Schulter. Auch die Formulierung „*... geben Ihnen das Gefühl, gut aufgehoben zu sein*" gehört in die Koreferenzkette hinein, denn es geht um das Beschütztsein des/der Umworbenen.

Ein Referenzspiel, das hier angewandt wird, ist auch die Personifizierung des Mazdas. Der Mazda wird als der (männliche) Engel personifiziert, der aktiv beschützt, das Gefühl gibt, *gut aufgehoben zu sein* und der in jeder Situation *eine starke Schulter zum Anlehnen* ist. Der Schutzengel ist eine relativ profane, märchenhafte Figur, auf eine Interpretation des religiösen Hintergrunds Engel (siehe Kapitel 5.2.1) wird verzichtet.

Synthesestufe 1: Zusammenspiel der textinternen Faktoren

Hier wird das Ergebnis der zweiten und dritten Analysestufen in Richtung Text- und Sinnkonstitution zusammengeführt, sodass ein ganzheitliches Bild des Supertextes entsteht. Es geht, siehe auch oben bei Brandt, vor allem um die Herausarbeitung der Leistung und Funktionen der einzelnen Elemente, auch nach Kategorien der AIDA-Formel. Bei Janich werden auch die einzelnen Teilhandlungen charakterisiert.

Und dann geht es natürlich um die Gesamtargumentation und das Zusammenwirken der Elemente zur persuasiven Funktion der gesamten Anzeige. Dazu legt man am besten eine Liste der Elemente und Teilhandlungen wie folgt an.

Äußerung	Teilhandlung	Zusatzhandlung	Funktion
1 Mein Schutz-engel	Emotionen ansprechen	Emotionen an Produkt binden, Zusatznutzen	Aufmerksamkeit und Interesse wecken
2 Mein Klein und Alles	Emotionen ansprechen	Emotionen an Produkt binden, Zusatznutzen	Aufmerksamkeit und Interesse wecken, Erinnerungsfunktion
3 Mazda 2 mit ABS...	Produkt beschreiben	Produkteigenschaften aufzählen	Akzeptanzfunktion
4 Auf der Suche nach...	Pseudokommunikation, Emotionen ansprechen, Produkt beschreiben	Vertrauen herstellen, Zusatznutzen	Informationsfunktion, Aufmerksamkeit, Interesse und Wunsch nach dem Produkt wecken
5 Infos unter...	zur vertieften Information auffordern	auf Informationsmöglichkeiten verweisen	Rezipient/innen zur aktiven Auseinandersetzung mit dem Produkt bewegen
6a Drei Jahre Garantie	informieren	weiteren Zusatznutzen benennen	Rezipient/innen indirekt zum Kauf des Produktes führen
6b Mazda / Mazda Bank	Produkt explizit nennen, informieren (über Vorhandensein einer Bank)	auf Finanzierungsmöglichkeiten hinweisen	Erinnerungsfunktion
7 Zoom	Emotionen ansprechen	Emotionen auf „schnell" und „toll" lenken	Vorstellungsaktivierung
8 Mazda	Produkt explizit nennen, indirekte Kaufaufforderung	Hersteller nennen	Erinnerungsfunktion und Bewegung zum Kauf

Wir schließen daraus: Die Anzeige ist überwiegend auf die Erweckung von Emotionen ausgerichtet. Zwar finden sich, wie bei einem Gegenstand hochpreisiger Langzeitinvestition üblich, auch informierende Elemente, für das konkrete Produkt Mazda2 sind es vier, das sind sehr wenige und davon werden drei wiederholt und selbst die Produktabbildung ist emotional idealisiert. Dieser Eindruck wird auch durch die formale und inhaltliche Beschreibung der Argumentationsweise in der Anzeige gestützt.

Die argumentativ gehaltene Frage ist:

Wie versucht die Anzeige, die Rezipient/innen davon zu überzeugen, dass der Mazda wünschenswert, brauchbar und zu haben notwendig sei und ihm darum vor anderen Produkten seiner Art Vorzug zu geben sei? In der Anzeige findet sich das Verfahren der **Enthymen**argumentation (siehe Kapitel 2.5). Als Hauptargument für den Kauf eines Mazdas wird die beschützende Funktion angeführt. Gestützt wird diese (bestreitbare) Werbeaussage durch wenige unstrittig erscheinende Produktinformationen, die aber sehr vage und wenig verständlich sind. Außerdem wird, um das Argument, das Auto beschütze den/die Fahrer/in, schlüssig zu machen, eine konventionalisierte Schlussregel, nämlich der Topos der Analogie (siehe Kapitel 8) angewandt: Das Klischee des Schutzengels wird auf den Mazda als Projektion übertragen. Eine scheinbare Ähnlichkeitsbeziehung zwischen dem Wesen eines Schutzengels und dem Mazda wird durch Behauptungen argumentativ suggeriert und bildlich wird genau das dargestellt: ein Mazda, dem Engelsflügel aufgemalt sind.

Inhaltlich sind es einmal **produktbezogene Argumente**, eine Mischung aus Nennung von Produkteigenschaften (*"ABS, EBD..."*) und eine emotionale Beschreibung der Wirkungsweise des Produktes (*"... geben Ihnen das Gefühl, immer gut aufgehoben zu sein."*). Als **empfängerbezogene Argumente** werden Vorzüge angeführt, in deren Nutzen ein/e Mazda-Fahrer/in kommt: Schutz und Sicherheit und *"in jeder Situation eine starke Schulter zum Anlehnen"*. Der/Die imaginäre, zufriedene Mazda-Besitzer/in, der/die als Sprecher/in in der Anzeige auftritt, wertet den Mazda emotional auf. Durch das Possessivpronomen „mein" (*"Mein Schutzengel"*, *"Mein Klein und Alles"*) beschreibt er/sie seine/ihre emotionale Gestimmtheit, die durch den Mazda ausgelöst wird: er/sie fühlt sich wie durch einen Engel beschützt und ist davon so angetan, dass er/sie entzückt ausruft, der Mazda sei sein/ihr *"Klein und Alles"*.

Synthesestufe 2: Korrelation von textexternen und textinternen Faktoren

Drei Fragen stehen für Janich hier im Mittelpunkt:

- Wie ist das Zusammenspiel der Texte, Bild(er) und der dominanten Texthandlung des Supertextes, der ganzen Anzeige?

- Wie ist das Verhältnis der pragmatischen Rahmenbedingungen der Analysestufe 1 zur zentralen Werbebotschaft?

- Können die Aussagen/Vermutungen über das Werbeziel und die Intention des Senders durch die Analyse konkretisiert und korrigiert werden?

Zu 1. Zusammenspiel:

Die **Anzeige ist textzentriert**, es gibt relativ viele Teiltexte, und das Bild hat eine illustrierende Funktion zu den Textinhalten, hier die Koreferenzkette, die mit Schutzengel beginnt und die Koreferenzkette Schutzsuchende/r, imaginärere sekundärere Kommunikatorin.

Das Fahrzeug wird als Beschützer und Engel personifiziert, sowohl durch die zentralen Texte, als auch durch das Bild, den visuellen Teiltext.

Dominante Supertextfunktion:

Die Anzeige soll die Umworbenen überwiegend emotional ansprechen. Insofern ist die Funktion des Supertextes, der Anzeige ein **Appell an die Umworbenen**, der auch durch den Versuch der direkten Ansprache (*Auf der Suche...*) und den Versuch, eine (innere) dialogische Kommunikation (*Mein Schutzengel...*) aufzubauen, zum Ausdruck kommt.

Zu 2. Die zentrale Botschaft und ihre Rahmenbedingungen

Die Werbebotschaft ist folgende: *„Der Mazda beschützt mich (gemeint ist der Sekundärsender) so, wie ein Schutzengel es tun würde, denn er hat bis zu sechs Airbags, ABS, EBD etc. Hier bin ich gut aufgehoben, denn der Mazda ist wie ein guter Freund, der mir jederzeit seine starke Schulter zum Anlehnen bietet. Deshalb habe ich ihn so lieb gewonnen, dass ich ihn mein Klein und Alles nenne."*

Die **Werbebotschaft ist leicht zu dekodieren** und deshalb gut für den Werbeträger (Zeitschriften, Plakatwände, Schaufenster) geeignet. Der Mazda ist ein eingeführtes und bereits bekanntes Produkt. Das Werbeziel der Erhaltungs- und Erinnerungswerbung wird hier auf klassische Weise realisiert. Das Mazda-Unternehmen und seine Werbeagentur als Sender möchten mit dieser Anzeige eine Zielgruppe mit den Merkmalen jung, mittleres Einkommen, hauptsächlich Frauen, auch Singles, Bedürfnis nach Sicherheit, konservativ, wenig risikofreudig, zurückhaltendes Konsumverhalten erreichen.

Zu 3. Mögliche Korrekturen der Ausgangsvermutungen

Am Ende der Analyse kann man das fast so bestätigen, jedoch mit der Korrektur, dass **ein weiteres wichtiges Merkmal der Zielgruppe ein starkes Bedürfnis nach sozialem Kontakt und sozialer Bindung** zu sein scheint, da der Mazda personifiziert wird und durch eine Projektion Attribute zugeschrieben bekommt, die dem oben genannten sozialen Bedürfnis in besonders signifikanter bzw. übernatürlicher Weise entgegenkommen würden.

Die Tatsache, dass die Anzeige in der Frauenzeitschrift *Brigitte* erschienen ist, legt nahe, als **Hauptadressaten** doch **Frauen, und zwar den Leserinnentypus von *Brigitte*** (vgl. Kapitel 4.2) anzunehmen. In Werbekampagnen werden die Anzeigen oft direkt auf die vermutete Leserschaft formuliert, variiert.

Synthesestufe 3: Ausblick auf die anzunehmende Werbewirkung

Hier geht es um eine eher global orientierte **Gesamtinterpretation von Werbeinhalt und Werbeintention** in Hinblick auf die Werbewirkung auf die Zielgruppe und in der Kommunikationssituation.

Wir kamen hier zu folgendem Ergebnis:

Die Anzeige ist in einer Frauenzeitschrift (*Brigitte*) erschienen, die von einem Publikum gelesen wird, das der Zielgruppe der Mazda-Werbung weitgehend entspricht. Die Mazda-Werbeanzeige hat ihren **Schwerpunkt** auf der **Vermittlung von Atmosphäre und positiven Stimmungsgehalten**. Argumentative, rationale und aktuelle Information spielt eine untergeordnete Rolle. Der Mazda ist ein eingeführtes, bekanntes Produkt, das weiterhin beworben wird, um den Absatz zu erhalten und zu fördern. Es geht also um Erinnerungswerbung und das Differenzieren des Produktes von der Konkurrenz. Die Anzeige setzt, um den Mazda von anderen Kleinwagen seiner Art abzuheben, einen Akzent auf das Thema Sicherheit, die der Mazda angeblich bietet. Praktisch jeder andere Kleinwagen derselben Preisklasse ist jedoch genauso mit ABS, Airbag etc. ausgerüstet.

Die **Strategie**, die in dieser Anzeige angewandt wird, ist, den Mazda als das Auto hervorzuheben, das nicht nur technisch sicher ist, sondern den/die Fahrer/in so beschützt wie ein **Schutzengel**. Schon beim ersten Blick auf die Anzeige zieht die Kombination blauer, glänzender Mazda mit gemalten Engelsflügeln die Aufmerksamkeit auf sich (der/die Betrachter/in *„steigt quasi auf der Höhe des Autodaches in die Werbung ein"*). Der Blick könnte dann nach links oben zur Schlagzeile wandern, welche das

Interesse des Betrachters / der Betrachterin weckt, der/die wissen möchte, warum der Mazda als Schutzengel bezeichnet wird und Flügel hat. Im weiteren Text der Anzeige liest der/die Rezipient/in über die Sicherheitseinrichtungen des Mazdas, die scheinbar begründen, warum dieses Auto ein *„Beschützer"* und *„eine starke Schulter zum Anlehnen"* sei. Der Mazda wird von der Werbeagentur als Mittel präsentiert, mit dem man sich den Wunsch nach Schutz und Geborgenheit erfüllen kann; er wird also mit Macht ausgestattet und personifiziert. Dies soll dazu führen, dass der/die Rezipient/in seinem/ihrem emotionalen Bedürfnis nach Sicherheit und einem Beschützer einen Moment lang nachspürt und es auf den Mazda projiziert. *„Infos unter..."* gibt dem/der Betrachterin die Möglichkeit, sich näher mit dem Mazda zu befassen und möglicherweise eine Kaufhandlung einzuleiten. „Verkauft" werden soll dem/der Betrachter/in, der/die diese Anzeige sieht, der **Zusatznutzen** des Mazdas, nämlich **Schutz, Absicherung und sozialer Halt**. Die Anzeige sorgt dafür, dass in dem/der Betrachter/in solche Schutzfantasien ausgelöst werden und bietet den Mazda zur Stillung des Bedürfnisses an (siehe allmächtige Elternfigur, Kapitel 2.6).

Nur noch ein kurzes Schlusswort:

Feinanalysen von Werbungen führen nicht nur zu interessanten Einsichten über den feinsinnigen Umgang mit Menschen sowie über die Weisen, wie sie manipuliert werden (können). Insofern kann man für das eigene (Kommunikations)Verhalten auch etwas davon lernen...

Feinanalysen helfen, Abstand und einen kühlen Kopf bei Kaufentscheidungen zu wahren, den wirklichen Informationsgehalt herauszufiltern und den wirklichen Nutzen eines Produktes zu erkennen und sich rational in einer Welt werblicher Verführung zu bewegen.

Werbungen lassen uns aber auch etwas über die Menschen, ihr gesellschaftliches Umfeld, ihr Selbstbild, ihre Wünsche, Wertvorstellungen und Sehnsüchte erahnen, das Buch ist voll davon. Feinanalysen bringen Menschenkunde hervor. Wenn mir das mit diesem Buch auch gelungen sein sollte, wäre ich glücklich.

Literaturverzeichnis

Abromeit, Heidrun: Das Politische in der Werbung. Opladen 1972.

Albus, Volker; Kriegeskorte, Michael: Kauf mich. Prominente als Message und Markenartikel. Köln 1999.

Altenbach, Malte: Kommunikation neu denken – Werbung, die wirkt. Der dritte Weg zur Zielperson. Göttingen 2006.

Baltes, Martin; Böhler, Fritz; Höltschl, Rainer; Reuß, Jürgen (Hrsg.): Medien verstehen. Der McLuhan-Reader. Mannheim 1997.

Barber, Benjamin: Consumed. Wie der Markt Kinder verführt, Erwachsene infantilisiert und die Demokratie untergräbt. München 2008.

Barthes, Roland: Mythen des Alltags. Frankfurt am Main 1964.

Barthes, Roland: Rhetorik des Bildes. In: Schiwy, Günther: Der französische Strukturalismus. Hamburg 1969, S. 158-166.

Barthes, Roland: Das semiologische Abenteuer. Frankfurt am Main 1988.

Baszczyk, Evelin: Werbung. Frau. Erotik. Marburg 2003.

Bauer, Judith: Werbung: unter besonderer Berücksichtigung der Jugend in der Werbung. 1996.

Baumgart, Manuela: Die Sprache der Anzeigenwerbung. Eine linguistische Analyse aktueller Werbeslogans. Heidelberg 1992.

Bechstein, Gabriele: Werbliche Kommunikation. Grundinformationen zur semiotischen Analyse von Werbekommunikaten. Bochum 1987.

Behrens, Karl Christian: Absatzwerbung. Wiesbaden 1963.

Behrens, Karl Christian: Handbuch der Werbung. Wiesbaden 1975.

Bieber-Delfosse, Gabrielle: Kinder der Werbung: die Einflüsse der Mediengesellschaft auf das Aufwachsen von Kindern. Zürich 1999.

Birkenbihl, Vera F.: Kommunikationstraining: zwischenmenschliche Beziehungen erfolgreich gestalten. München 1990.

Bonsiepe, Gui: Visuell/verbale Rhetorik. 1965.

Borstnar, Nils: Männlichkeit und Werbung. Inszenierung – Typologie – Bedeutung. Kiel 2002.

Brandt, Wolfgang: Die Sprache der Wirtschaftswerbung. Hildesheim 1973.

Brandt, Wolfgang: Zur Erforschung der Werbesprache. In: Zeitschrift für germanistische Linguistik, 7, 1979, S. 66-82.

Brigittestudie. Hamburg 1990 und 1991.

Burda (Hrsg.): Frauen und ihre Zeitschriften: Frauenzeitschriften in Deutschland. 1987.

Buschmann, Gerd; Pirner, Manfred L.: Werbung, Religion, Bildung: Kulturhermeneutische, theologische, medienpädagogische und religionspädagogische Perspektiven. München 2005.

Buss, Malte: Manipulationen mit Millionen. Frankfurt am Main 1994.

Bußmann, Hadumod: Lexikon der Sprachwissenschaft. Stuttgart 1983.

Bußmann, Ingrid: Werbepsychologie. 1993.

Büttner, Petra: Die Frauendarstellung in der Werbung. Eine Inhaltsanalyse der Anzeigenwerbung in den Zeitschriften Brigitte und Stern im Hinblick auf das Geschlechterbild. Marburg 1996.

Cöster, O.: Frohe Botschaft. In: Klie, Thomas (Hrsg.): ...der Werbung glauben? Rehburg-Loccum 1995. S.

Cronau, 1887. In: Seyffert, Rudolf: Werbelehre: Theorie und Praxis der Werbung. Stuttgart 1966.

Daniels, Dieter: Kunst als Sendung. Von der Telegrafie zum Internet. München 2002.

Dastyari, Soheil: Antimaterie Mann: Männlichkeit in der Werbung. 1999.

de Saussure, Ferdinand: Grundfragen der Allgemeinen Sprachwissenschaft. Berlin 1967.

Deggerich, Markus: Stern Heft 13, 1999, S. 9of.

Dierks, Sven; Hallemann, Michael: Werbewirkung: Die Bild-Sprache der Werbung – und wie sie wirkt. Projektion aus den Blickwinkeln dreier Analysemethoden. Frankfurt am Main 2005.

Doswald, Christoph; Banz, Stefan: Happy: Das Versprechen der Werbung. Zürich 2002.

Eco, Umberto: Einführung in die Semiotik. München 1972.

Ehmer, Hermann K.: Doornkaart-Werbung im Kunstunterricht. In: Kunst und Unterricht, Sonderheft, 1970, S. 111-115. (Nachdruck in: Nusser, Peter (Hrsg.): Anzeigenwerbung. Ein Reader für Studenten und Lehrer der deutschen Sprache und Literatur. München 1975.)

Ehmer, Hermann K.: Visuelle Kommunikation: Beiträge zur Kritik der Bewusstseinsindustrie. Köln 1974.

Eichholz, Susanne: Automobilwerbung in Frankreich: Untersuchung einer ästhetisierenden Sprache. Münster 1995.

Eichler, Wolfgang: Einführung in die theoretische Linguistik auf fachdidaktischer Grundlage. Hannover 1972.

Eichler, Wolfgang: Sprachdidaktik Deutsch: ein kommunikationswissenschaftliches und linguistisches Konzept. 2. Auflage München 1979.

Eichler, Wolfgang: Kommunikation und Leben. Hamburg 2008.

Eicke, Ulrich: Werbung: Dumm, ärgerlich, wirkungslos? In: Psychologie heute, April 1993. S. 28ff.

Falconnet, Georges; Lefaucheur, Nadine; Edschmid, Ulrike: Wie ein Mann gemacht wird. Berlin 1977.

Fanderl, Harald S.: Prominente in der Werbung. Wiesbaden 2005.

Fegebank, Barbara: Werbung in den Massenmedien und das Image der Frau am Beispiel der Zeitschriften und Buchliteratur. In: Hauswirtschaft und Wissenschaft, Heft 23, 1975, S. 177-181.

Felser, Georg: „Sag deiner Mama: nächste Woche ist der Weihnachtsmann bei Hertie!": zur Ethik der Werbung. Trier 1994.

Femers, Susanne: Die ergrauende Werbung: Altersbilder und werbesprachliche Inszenierungen von Alter und Altern. Wiesbaden 2007.

Flader, Dieter: Strategien der Werbung. Ein linguistisch-psychoanalytischer Versuch zur Rekonstruktion der Werbewirkung. Kronberg 1974.

Flader, Dieter: Pragmatische Aspekte von Werbeslogans. In: Wunderlich, Dieter (Hrsg.): Linguistische Pragmatik. Wiesbaden 1975. S. 341-376.

Foucault, Michel: Die Ordnung des Diskurses. Frankfurt am Main 1991.

Foucault, Michel: Archäologie des Wissens. Frankfurt am Main 1992.

Franke, Michael: Erotik in der Werbung. Grundlagen und Praxis. Saarbrücken 2006.

Frenzen, Stefan: Kinder als Zielgruppe – Die Bedeutung der Kinder für die Werbung. München 2007.

Fritz, Thomas: Die Botschaft der Markenartikel: Vertextungsstrategien in der Werbung. Tübingen 1994.

Gaede, Werner: Abweichen... von der Norm. Enzyklopädie kreativer Werbung. München 2002.

Gede, E.: In: Handbuch der Werbewirtschaft. Wiesbaden 1982. S. 1001-1028.

Gerken, Gerd: Die Trends für das Jahr 2000: Die Zukunft des Business in der Informationsgesellschaft. Düsseldorf 1990.

Goffman, Erving: Geschlecht und Werbung. Frankfurt am Main 1981.

Goldhammer, Klaus: Hörfunk und Werbung. Berlin 1998.

Golle, Silvia: Kinder und Werbung – Studie über die manipulative Macht der Werbung. München 2001.

Greule, Albrecht; Janich, Nina: Sprache in der Werbung. Heidelberg 1997.

Gries, Rainer; Ilgen, Volker; Schindelbeck, Dirk: „Ins Gehirn der Masse kriechen!" Werbung und Mentalitätsgeschichte. Darmstadt 1995.

Günther, W: Männer in der Werbung. 1998.

Hager, Charlotte: Imagery-Werbung: syntaktisch-semantische Analyse von Werbeprints ohne Slogan, Headline und Body Copy. Hamburg 2001.

Hantsch, Ingrid: Textformanten und Vertextungsstrategien von Werbetexten. Ein systematisches Analyserepertoire. In: Nusser, Peter (Hrsg.): Anzeigenwerbung. Ein Reader für Studenten und Lehrer der deutschen Sprache und Literatur. München 1975. S. 160-166.

Hantsch, Ingrid: Zur semantischen Strategie der Werbung. In: Nusser, Peter (Hrsg.): Anzeigenwerbung. München 1975, S. 137-159.

Hartmann, Hans A. (Hrsg.): Bilderflut und Sprachmagie: Fallstudien zur Kultur der Werbung. Opladen 1992.

Hartwig, Heinz: Wirksames Werbetexten. München 1989.

Haseloff, Otto W.: Kommunikationstheoretische Probleme der Werbung. In: Behrens, Karl Christian: Handbuch der Werbung. Wiesbaden 1975, S. 157-200.

Hastenteufel, Regina: Das Bild von Mann und Frau in der Werbung. Bonn 1980.

Häusel, Hans-Georg: Neuromarketing: Erkenntnisse der Hirnforschung für Markenführung, Werbung und Verkauf. Freiburg 2007.

Hauswaldt-Windmüller, Brigitte: Sprachliches Handeln in der Konsumwerbung. Weinheim/Basel 1977.

Heerdegen, Jenny: Das Bild in der Werbung. Gestaltung – Potentiale – Entwicklung. Saarbrücken 2006.

Heller, Eva: Wie Werbung wirkt: Theorien und Tatsachen. Frankfurt am Main 1995.

Hellmann, Kai-Uwe; Schrage, Dominik (Hrsg.): Konsum der Werbung: zur Produktion und Rezeption von Sinn in der kommerziellen Kultur. Wiesbaden 2004.

Hennecke, Angelika: Im Osten nichts Neues? Eine pragmalinguistisch-semiotische Analyse ausgewählter Werbeanzeigen für Ostprodukte im Zeitraum 1993 bis 1998. Frankfurt am Main 1999.

Hickethier, Knut: Film- und Fernsehanalyse. Stuttgart/ Weimar 2001.

Hillmann, Karl-Heinz: Wertewandel. Darmstadt 1986.

Hoffmann, Hans-Joachim: Psychologie der Werbekommunikation. Berlin/New York 1981.

Hollunder, Gerda: Das Bild der Frau in Fernsehen und Hörfunk. In: Hauswirtschaft und Wissenschaft, Heft 23, 1975, S. 175-176.

Hölscher, Barbara: Lebensstile durch Werbung?: zur Soziologie der Life-Style-Werbung. Opladen 1998.

Holtz-Bacha, Christina: Stereotype? Frauen und Männer in der Werbung. Wiesbaden 2008.

Holzschuher, Ludwig von: Psychologische Grundlagen der Werbung. Essen 1956.

Horn, Lydia: Generation 50+ in der Werbung. Visuelle Stereotypen in der Printwerbung. Saarbrücken 2006.

Horx, Matthias: Trendbuch. Düsseldorf 1993.

Horx, Matthias; Wippermann, Peter; Trendbüro Hamburg: Markenkult: Wie Waren zu Ikonen werden. Düsseldorf 1995.

Huber, Hans Dieter: Kommunikation in Abwesenheit. Zur Mediengeschichte der künstlerischen Bildmedien. In: Hirmer, René (Hrsg.): Vom Holzschnitt zum Internet. Die Kunst und die Geschichte der Bildmedien von 1450 bis heute. Heidenheim 1997.

Hundhausen, Carl: Wirtschaftswerbung. Wesen und Form der Werbung. Essen 1963.

Hundhausen, Carl: Public Relations: Theorie und Systematik. Berlin 1969.

Hundhausen, Carl: Werbung: Grundlagen. Berlin 1969.

Huth, Rupert; Pflaum, Dieter: Einführung in die Werbelehre. Stuttgart 1980.

Iversen, Margret: Saussure versus Peirce: Models for a Semiotics of Visual Arts. In: Rees, A. L.; Borzello, Frances (Hrsg.): The New Art History. London 1986.

Janich, Nina: Werbesprache: ein Arbeitsbuch. 4. Auflage Tübingen 1999, 5. Auflage Tübingen 2001.

Januschek, Franz: Werbesprache, erklärt aus ihrer Funktion und ihren Rezeptionsbedingungen. In: STZ 51, 1974, S. 241-260.

Januschek, Franz: Sprache als Objekt. „Sprechhandlungen" in Werbung, Kunst und Linguistik. Kronberg i. Ts. 1976.

Kaiser, Andreas: Werbung – Theorie und Praxis werblicher Beeinflussung. München 1980.

Katz, Gitte: Wer's glaubt, wird selig – oder?: Die Glaubwürdigkeit von Öko-Werbung aus Rezipientensicht; eine qualitative Erkundungsstudie. Opladen 2002.

Kaupp, Peter: Ältere im Schatten der Werbung?: Eine Literaturstudie zur Seniorendarstellung in der Werbung. Berlin 1997.

Kellermann, Mario: Suggestive Kommunikation. Unterschwellige Botschaften in Alltag und Werbung. Bern 1997.

Kirchmann, Joachim: Reizwelle. Sex in der Werbung. In: Schmerl, Christiane: Frauenfeindliche Werbung. Reinbek bei Hamburg 1983, S. 114-121.

Klie, Thomas (Hrsg.): ...der Werbung glauben? Mythenmarketing im Zeitalter der Ästhetisierung. Rehburg-Loccum 1995.

Klie, Thomas (Hrsg.): Spiegelflächen: Phänomenologie – Religionspädagogik – Werbung. Münster/Hamburg /Berlin /Wien/Zürich/London 1999.

Klieber, Manfred: Prototypentheorie. Frankfurt am Main l996.

Kloss, Ingomar: Werbung: Handbuch für Studium und Praxis. München 2007.

Knopf, Kerstin; Schneikart, Monika: Sex/ismus und Medien. Herbolzheim 2007.

Kohlweiß, Ulrike: Frauen in der Werbung: Realismus vs. Idealismus. Wie sieht sich die Zielgruppe lieber? Saarbrücken 2007.

Könches, Barbara: Ethik und Ästhetik der Werbung: Phänomenologie eines Skandals. Frankfurt am Main 2001.

Koppelmann, Udo: Produktwerbung. Stuttgart/Berlin /Köln/Mainz 1981.

Korn, Ludwig: Religion und Werbung. In: Klie, Thomas (Hrsg.): ...der Werbung glauben?. Rehburg-Loccum 1995.

Kreutzer, Dietmar: Kauf mich! Männer in der Werbung. Berlin 1998.

Kriegeskorte, Michael: Werbung in Deutschland 1945-1965. Köln 1992.

Kriegeskorte, Michael: 100 Jahre Werbung im Wandel: eine Reise durch die deutsche Vergangenheit. Köln 1995.

Kroeber-Riel, Werner; Meyer-Hentschel, Gundolf: Werbung. Steuerung des Konsumentenverhaltens. Würzburg/Wien 1982.

Kroeber-Riel, Werner: Werbung, die nicht wirken kann. Typische Mängel der Werbung erkennen und verhindern. In: Marketing Journal 3, 1984, S. 258-266.

Kroeber-Riel, Werner: Bildkommunikation. Imagerystrategien für die Werbung. München 1993.

Kroeber-Riel, Werner: Strategie und Technik der Werbung. Verhaltenswissenschaftliche Ansätze. Stuttgart/ Berlin/Köln 1993.

Kroll, Lody H.: Jugendliches Konsumverhalten: Verschuldung und die Rolle der Werbung. Wiesbaden 2007.

Kropff, Hanns Ferdinand Josef: Die Werbemittel und ihre psychologische, künstlerische und technische Gestaltung. Essen 1953.

Lange, Rainer; Didszuweit, J. Rainer: Kinder, Werbung und Konsum. Offenbach 2004.

Langer-El Sayed, Ingrid: Frau und Illustrierte im Kapitalismus. Köln 1971.

Langner, Paul W.: Strukturelle Analyse verbal-visueller Textkonstitution in der Anzeigenwerbung. Frankfurt am Main/Bern/New York 1985.

Lersch-Schumacher, Barbara; Schumacher, Michael: Slogans, Reizworte, Appelle... Die Sprache der Werbung. Aachen 2007.

Lippert, Werner: Lexikon der Werbebegriffe. Hamm 1994.

Maas, Utz; Wunderlich, Dieter: Pragmatik und sprachliches Handeln. Frankfurt am Main 1972.

Mangasser-Wahl, Martina (Hrsg.): Prototypentheorie in der Linguistik. Tübingen 2000.

Martiny, Anke: Die Diskriminierung von Frauen in der Werbung. In: Beilage zum Parlament, B 32-33, 1979, S. 33-42.

Maslow, Abraham Harold: Der Bedürfnisturm. In: Birkenbihl, Vera F.: Kommunikationstraining: zwischenmenschliche Beziehungen erfolgreich gestalten. München 1990.

Mattenklott, Axel; Schimansky, Alexander (Hrsg.): Werbung: Strategien und Konzepte für die Zukunft. München 2002.

Mayer, Hans: Konsequenzen sexuell ansprechender Werbung. In: Jahrbuch der Absatz- und Verbraucherforschung, 25. Jahrgang, Nr. 1, 1979, S. 11-18.

Mayer, Hans; Huber, Stefan; Schuhmann, Gert: Darstellungsformen der Frau in der Zeitschriftenwerbung. In: Jahrbuch der Absatz- und Verbraucherforschung, 26. Jahrgang, Nr. 3, 1980, S. 203-220.

Mayer, Hans; Däumer, Ute; Rühle, Hermann: Werbepsychologie. Stuttgart 1982.

Mayer, Hans: Das Bild der Frau und des Mannes in der Werbung. In: Tietz, Bruno (Hrsg.): Handbuch der Kommunikations- und Werbewirtschaft. Landsberg am Lech 1982, S. 1073-1096.

Meister, Dorothee M.; Sander, Uwe; Baacke, Dieter (Hrsg.): Kinderalltag und Werbung: zwischen Manipulation und Faszination. Köln 1997.

Menge, Wolfgang: Der verkaufte Käufer. Zürich 1971.

Mertin, Andreas; Futterlieb, Hartmut: Werbung als Thema des Religionsunterrichts. Göttingen 2001.

Meyer-Herrmann, Rolf: Zur Analyse metakognitiver Sprechakte im Sprachunterricht. In: Henrici, Gert; Meyer-Herrmann, Rolf (Hrsg.): Linguistik und Sprachunterricht. Paderborn 1976.

Meyer-Hentschel, Gundolf: Erfolgreiche Anzeigen. Wiesbaden 1988.

Michligk, Paul: Geheimnisse der Werbesprache. Essen 1967.

Mitscherlich, Alexander zitiert in: Flader, Dieter: Strategien der Werbung. Ein linguistisch-psychoanalytischer Versuch zur Rekonstruktion der Werbewirkung. Kronberg 1974.

Möckelmann, Jochen; Zander, Sönke: Form und Funktion der Werbeslogans. Untersuchung der Sprache und werbepsychologischen Methoden in den Slogans. Göppingen 1975.

Möller, Barbara von: Hausfrau oder „Karrieregirl"? Werbung und Rollenverständnis der Frau. In: Der Markenartikel, Nr. 11, 1979, S. 678-680.

Moser, Klaus: Werbepsychologie. Eine Einführung. München 1990.

Moser, Klaus: Sex-Appeal in der Werbung. Göttingen 1997.

Müller, Melissa: Die kleinen Könige der Warenwelt. Kinder im Visier der Werbung. Frankfurt am Main 1997.

Müller, Stephanie: Werbung für Kinder. Saarbrücken 2007.

Niemann, Christoph: Geschlechterrollen in der Werbung. Saarbrücken 2006.

Nimmergut, Jörg: Werben mit Sex. München 1982.

Nusser, Peter (Hrsg.): Anzeigenwerbung. München 1975.

Opilowski, Roman: Intertextualität in der Werbung der Printmedien: Eine Werbestrategie in linguistisch-semiotischer Forschungsperspektive. Frankfurt am Main 2006

Ottmers, Clemens: Rhetorik. Stuttgart 1996.

Packard, Vance: Die geheimen Verführer. Der Griff nach dem Unbewussten in jedermann. Düsseldorf 1992 (Erstauflage 1969).

Pauser, Wolfgang: Wo sich die Werbung mit dem Leben kreuzt. In: Die Zeit, 15.08.1997, S. 91.

Pepels, Werner: Marketing- und Kommunikationsplanung in der Werbepraxis. Frankfurt am Main 1987.

Petersen, Lars: Werbung als Mythos und Symbol: theologische und religionswissenschaftliche Interpretationsmuster zur Werbung; dargestellt an ausgewählten Beispielen. 1996.

Ploetz, Anke von: Werbekompetenz von Kindern im Kindergartenalter: ein Experiment zum Erkennen von Werbung. München 1999.

Prokop, Dieter: Das Nichtidentische in der Kulturindustrie: neue kritische Kommunikationsforschung über das Kreative der Medien-Waren. Köln 2005.

Prokop, Dieter: Der kulturindustrielle Machtkomplex: neue kritische Kommunikationsforschung über Medien, Werbung und Politik. Köln 2005.

Quasthoff, Uta: Zum Begriff und zur Funktion des Stereotyps. Berlin 1972.

Quasthoff, Uta (Hrsg.): Soziales Vorurteil und Kommunikation – eine sprachwissenschaftliche Analyse des Stereotyps: ein interdisziplinärer Versuch im Bereich Linguistik, Sozialwissenschaft und Psychologie. Frankfurt am Main 1973.

Rademacher, Peter: Die besten Werbekampagnen. Landsberg am Lech 1990.

Radisch, Iris: Vom Glück der Erleuchtung. In: Die Zeit, 19.12.2007, S. 15-17.

Raffée, Hans; Wiedmann, Klaus-Peter: Wertewandel und Marketing. Mannheim 1986.

Rastner, Eva Maria: Werbung. Innsbruck 1998.

Ratiu, Camelia: Sterbende Aidskranke und blutverschmierte T-Shirts – Eine Erläuterung der Provokation in der Werbung am Beispiel der Benetton-Kampagnen. München/Ravensburg 2005.

Reeves, Rosser; Bullinger, Hermann: Werbung ohne Mythos. Berlin 1963.

Rein, Kurt: Wortbildung und Wortwahl im heutigen Werbedeutsch. In: Munske, Horst H. u. a. (Hrsg.): Deutscher Wortschatz. Lexikologische Studien. Berlin/ New York 1988. S. 464-489.

Reis, Nathalie: Kinder und Werbung, auch schon ein Thema für die Grundschule. München/Ravensburg 2007.

Rogge, Hans Jürgen: Grundzüge der Werbung. Berlin 1979.

Rogge, Hans Jürgen: Werbung. Ludwigshafen 1988.

Römer, Ruth: Die Sprache der Anzeigenwerbung. Düsseldorf 1968.

Rosa, Hartmut: Beschleunigung. Die Veränderung der Zeitstrukturen in der Moderne. Frankfurt 2006.

Rosa, Hartmut: Wir wissen nicht mehr, was wir haben. In: Die Zeit, 19.12.2007, S. 15-17.

Rösgen, Petra; Schäfer, Hermann; Reiche, Jürgen: Prominente in der Werbung. Da weiß man, was man hat. Mainz 2001.

Rothe, Maria: Rhetorik in der Werbung. München 2004.

Röthlingshöfer, Bernd: Marketeasing. Werbung total anders. Berlin 2006.

Rühl, Reinhold: Die Welt des schönen Scheins: Werbung und ihre Macht (Film). Deutschland 1994.

Ruhland, Andrea: Prominente in der Werbung – Wäscht Hollywood weißer?. München 2007.

Rühle, Christian: Sekundarstufe II: Rund um Werbung. Berlin 2004.

Sahihi, Arman; Baumann, Hans D.: Kauf mich! Werbe-Wirkung durch Sprache und Schrift. Weinheim/Basel 1987.

Sauer, Nicole: Werbung – wenn Worte wirken: ein Konzept der Perlokution, entwickelt an Werbeanzeigen. Münster 1998.

Schaefer, Thomas: Lucky Strike – Die Werbung. Göttingen 2004.

Schalk, Willi; Thoma, Helmut; Strahlendorf, Peter: Jahrbuch der Werbung 2008 für den deutschsprachigen Raum. Berlin 2008.

Schalk, Willi; Thoma, Helmut; Strahlendorf, Peter: Jahrbuch der Werbung 2007. Berlin 2008.

Scheier, Christian; Held, Dirk: Wie Werbung wirkt. Freiburg 2006.

Schierl, Thomas: Werbung im fernsehen. Eine medienökonomische Untersuchung zur Effektivität und Effizienz werblicher TV-Kommunikation. Köln 2003.

Schifko, Peter: Die Werbetexte aus sprachwissenschaftlicher Sicht. In: Tietz, Bruno (Hrsg.): Handbuch der Kommunikations- und Werbewirtschaft. Lansberg am Lech 1982, S. 982-996.

Schlüter, Stefanie: Die Sprache der Werbung. Entwicklungen, Trends und Beispiele. Saarbrücken 2007.

Schmerl, Christiane: Frauenfeindliche Werbung. Reinbek bei Hamburg 1983.

Schmerl, Christiane: Das Frauen- und Mädchenbild in den Medien. Opladen 1984.

Schmerl, Christiane (Hrsg.): Frauenzoo der Werbung: Aufklärung über Fabeltiere. München 1992.

Schmidt, Siegfried J.; Sinofzik, Detlef; Spieß, Brigitte: Wo lassen Sie leben? In: Thomsen, Christian W. (Hrsg.): Aufbruch in die neunziger. Köln 1991.

Schmidt, Siegfried J. (Hrsg.): a(e)ffektive Kommunikation: Unterhaltung und Werbung. Münster/Hamburg/ Berlin u. a. 2004.

Schmidt, Siegfried J.; Gizinski, Maik; Heidbrede, Marcel; Zierold, Martin: Handbuch Werbung (Medienpraxis). Münster/Hamburg/Berlin/Wien/Zürich/London 2004.

Schneider-Schwäbisch, Susann: Werbung in einer alternden Gesellschaft. Saarbrücken 2007.

Schnibben, Cordt: Die Reklamerepublik. In: Spiegel, Heft 52, 1992. S. 114-125.

Schöberle, Wolfgang: Argumentieren – Bewerten – Manipulieren. Eine Untersuchung in linguistischer Kommunikationstheorie am Beispiel von Texten und von Text-Bild-Zusammenhängen aus der britischen Fernsehwerbung. Heidelberg 1984.

Schrembs, Edigma: Die Rolle der Frau in der westdeutschen Illustrierten. In: Der Deutschunterricht, 24:2, 1972, S. 77-99.

Schrodt, Richard: Lehrerbegleitband Thema Sprache neu. In: Informationen zur Deutschdidaktik, 3, 1992. S. 58ff.

Schunke, Michael: Schlüsselworte erfolgreicher Anzeigen. 2000 Anzeigen und was sie gebracht haben. Bonn 1986.

Schütte, Verena: „50 plus" in der Werbung. Wie die Best Agers ins Bild gesetzt werden. Saarbrücken 2006.

Schwartau, Silke; Valet, Armin: Vorsicht Supermarkt! Wie wir verführt und betrogen werden. Reinbek 2007.

Schweiger, Günter; Schrattenegger, Gertraud: Werbung. Eine Einführung. Stuttgart 2005.

Searle, John R.: Sprechakte. Ein sprachphilosophischer Essay. Frankfurt am Main 1971.

Seifert, Thomas: Kommunikationsstrategien in der Werbung: die Oberfläche der Massenmedien und die Autonomie des Beobachters. Essen 2000.

Seyfarth, Horst: Bild und Sprache in der Fernsehwerbung. Eine empirische Untersuchung der Bereiche Auto und Kaffee. Münster 1995.

Seyffert, Rudolf: Werbelehre. Stuttgart 1966.

Sowinski, Bernhard: Werbeanzeigen und Werbesendungen. München 1979.

Sowinski, Bernhard: Werbung. Tübingen 1998.

Spörri, Hansruedi: Werbung und Topik: Textanalyse und Diskurskritik. Frankfurt am Main 1993.

Stabbert, Rebecca: Massenmedium Fernsehen – Einflüsse von Werbung und Konsum auf Denken und Handeln der Kinder. München/Ravensburg 2007.

Stellamanns, Sabine: Sprechakttheorie und Werbeanalyse auf der Grundlage von Dieter Fladers Strategien der Werbung. München 2002.

Stock, Ulrich: Meuterei auf dem Bounty. In: Die Zeit, 11.02.1999, S. 70ff.

Stöckl, Hartmut: Werbung in Wort und Bild: Textstil und Semiotik englischsprachiger Anzeigenwerbung. Frankfurt am Main 1997.

Stolt, Birgit; Trost, Jan: Hier bin ich! Wo bist du? Heiratsanzeigen und ihr Echo, analysiert aus sprachlicher und stilistischer Sicht. Kronberg 1976.

Titze, Christina: Frauenbilder – Männerbilder – Einbildung? Saarbrücken 2007.

Urban, Dieter: Kauf mich!: visuelle Rhetorik in der Werbung. Stuttgart 1995.

Watzlawick, Paul; Beavin, Janet H.; Jackson, Don D.: Menschliche Kommunikation: Formen, Störungen, Paradoxien. Bern 1972.

Weinrich, Harald: Linguistik der Lüge. Heidelberg 1966.

Weisgerber, Leo: Unsere Welt in unserer Sprache. Düsseldorf 1958.

Weisser, Michael: Wirksam wirbt das Weib. Die Frau in der Werbung. Achim 2002.

Werner, Klaus; Weiss, Hans: Schwarzbuch der Markenfirmen. Wien/Frankfurt am Main 2001.

Wilk, Nicole M.: Körpercodes. Die vielen Gesichter der Weiblichkeit in der Werbung. Frankfurt am Main 2002.

Willems, Herbert: Die Gesellschaft der Werbung: Kontexte und Texte, Produktionen und Rezeptionen, Entwicklungen und Perspektiven. Wiesbaden 2002.

Willems, Herbert: Theatralität der Werbung. Berlin 2003.

Wilpert, Gero von: Manipulation dokumentarischer Bilder. In: Sachwörterbuch der Literatur. 1969

Wolf, Jakob: Werbung und Public Relation. München 1992.

Wunderlich, Dieter (Hrsg.): Linguistische Pragmatik. Wiesbaden 1975.

ZAW (Hrsg.): Werbung in Deutschland 1990. Bonn 1990.

Zimmermann, Hans Dieter: Die politische Rede. Stuttgart 1969.

Zurstiege, Guido: Zwischen Kritik und Faszination. Was wir beobachten, wenn wir die Werbung beobachten, wie sie die Gesellschaft beobachtet. Köln 2005.

Zurstiege, Guido: Werbeforschung. Konstanz 2007.

Internetquellen (Stand: April 2008)

ARD Richtlinien: http://www.wdr-mediagroup.com/showfile.phtml/marketing/tv/sonderwerbeformen/ard-werberichtlinien.pdf?foid=4680

Bundesverband Deutscher Zeitungsverleger e. V. Berlin: http://www.bdzv.de/

Gesamtverband Kommunikationsagenturen e. V. Frankfurt am Main: http://www.gwa.de/index.php?id=380

Horizont.Net (Deutscher Fachverlag GmbH Frankfurt am Main): http:/www.horizont.net/marktdaten/charts/pages/show.prl?id=4145&backid=26

Movie College der Allary Film, TV & Media München: http://www.movie-college.de/filmschule/medien/tv-werbung.htm

Online-Magazin Absatzwirtschaft (hrsg. vom Deutschen Marketing-Verband, Fachverlag der Verlagsgruppe Handelsblatt GmbH): http://www.absatzwirtschaft.de/content/_pv/_p/1003214/_t/ft/_b/63474/default.aspx/index.html

Promobil Reisemobilmagazin Stuttgart: www.promobil.de

Zentralverband der Deutschen Werbewirtschaft e. V. Berlin: http://www.zaw.de, http://www.zaw.de/index.php?menuid=33